# L'emploi et les politiques de développement en Guinée

5-7, rue de l'École-Polytechnique – 75005 Paris

www.harmattan.fr

ISBN : 978-2-336-51322-5
EAN : 9782336513225

RÉPUBLIQUE DE GUINÉE

# L'emploi et les politiques de développement en Guinée

Sous la direction de

**Naïma PAGES**

Préface d'**Aminata KABA**

L'Harmattan Guinée

AFRICAN DEVELOPMENT BANK GROUP
GROUPE DE LA BANQUE AFRICAINE DE DÉVELOPPEMENT

PNUD

# L'emploi et les politiques de développement en Guinée

*L'emploi et le développement des compétences sont au cœur des politiques publiques de développement et des réformes structurelles portées par le gouvernement guinéen.*

*La centralité de l'emploi dans les politiques publiques, dans les programmes d'investissement sectoriels, dans les stratégies régionales et les plans locaux de développement, est un enjeu majeur pour garantir des transformations durables et inclusives de la société et de l'économie guinéennes.*

*La promotion de l'emploi décent, l'adéquation des compétences et l'égalité pour tous dans l'accès à un emploi productif, à travers des mesures actives en faveur de l'insertion socioprofessionnelle des jeunes, et des dispositifs d'appui aux PME locales, sont des leviers essentiels de l'efficience économique et de l'équité sociale, à l'heure des transitions technologiques et écologiques.*

*Aussi, l'emploi en tant que variable de convergence des interventions, appelle à une approche intégrée des politiques publiques et des programmes d'investissement, pour un développement durable et inclusif en République de Guinée.*

-------------

*Cet ouvrage a bénéficié de l'appui de la BAD dans le cadre du Projet d'Assistance technique à l'emploi des jeunes (PATEJ) et du Programme Emploi, Formation, Entrepreneuriat et Jeunesse (PEFEJ) du Cluster Transformation économique et développement durable (TEDD) du PNUD Guinée.*

*Le PATEJ (2021-24) a été émis en œuvre par les départements en charge des questions d'emploi, de jeunesse, et de développement des PME. Le projet a notamment apporté un appui technique à l'élaboration de la Politique nationale de l'emploi, de la Politique nationale de la Jeunesse, de la Stratégie nationale de l'emploi des jeunes, et de plusieurs stratégies sectorielles centrées sur l'emploi.*

Ouvrage publié sous l'égide du Gouvernement de la République de Guinée

**Aminata KABA**
Ministre de l'Enseignement Technique,
de la Formation Professionnelle et de l'Emploi

**Keamou Bogola HABA**
Ministre de la Jeunesse et des Sports

**Diaka SIDIBE**
Ministre du Commerce, de l'Industrie
et des Petites et Moyennes Entreprises

*Avec le concours du PNUD et de la BAD en Guinée*

**Les coordonnateurs de l'ouvrage**

Léandre BASSOLE, Représentant Pays de la BAD Guinée

Luc-Joël GREGOIRE, Représentant Résident du PNUD Guinée

Naïma PAGES, Team Leader du Cluster *Transformation économique et Développement durable* du PNUD Guinée

# Sommaire

# Préface

**Aminata KABA**

Ministre de l'Enseignement Technique, de la Formation Professionnelle et de l'Emploi,
République de Guinée

*Le renforcement du capital humain favorise la promotion de l'emploi décent. C'est l'une des raisons pour lesquelles Son Excellence, le Président de la République, le Général Mamadi DOUMBOUYA, a instruit que 20 % des revenus du projet minier Simandou soient alloués au développement du système éducatif, à travers* **SIMANDOU ACADEMY**. *Cette mesure témoigne de l'importance qu'accorde l'État guinéen à l'éducation et à la formation, notamment pour les jeunes et les femmes, afin de créer un environnement propice à l'employabilité de toute la population en âge de travailler.*

*En effet, le* **Programme Simandou 2040**, *qui ambitionne de servir de catalyseur pour le développement socio-économique de la Guinée sur les quinze prochaines années, exige une main-d'œuvre qualifiée et compétitive, capable de répondre aux besoins et exigences des secteurs clés de l'économie nationale. Il s'agit ainsi de stimuler le développement des capacités productives locales et d'accélérer la création d'emplois, en particulier pour les jeunes et les femmes.*

*Dans cette optique, la création d'emplois et/ou d'opportunités économiques ne saurait se limiter à un simple objectif : elle constitue un indicateur clé de performance pour toutes les politiques sectorielles. D'où la nécessité d'intégrer, de manière systématique, des critères spécifiques permettant d'évaluer l'impact de chaque programme de développement sur l'insertion professionnelle et l'entrepreneuriat, devenus une exigence stratégique. Une telle approche garantit une meilleure coordination et une plus grande efficacité des actions publiques en matière de développement économique et social.*

*Cet ouvrage met en exergue les politiques mises en œuvre pour favoriser la création d'emplois, l'insertion professionnelle et l'adéquation des compétences aux besoins de l'économie nationale. Il détaille également les modalités opérationnelles des programmes sectoriels, dans le cadre des Objectifs de Développement Durable (Agenda 2030) et des objectifs de l'Agenda 2063 de l'Union africaine.*

*Les efforts du gouvernement guinéen se renforcent notamment à travers la mise en œuvre de la* **Politique Nationale de l'Emploi (PNE, 2024 – 2030)**, *sous la conduite de* **Monsieur**

*__Amadou Oury BAH__, Premier Ministre, Chef du Gouvernement. Ces efforts s'inscrivent dans une collaboration étroite avec le secteur privé et les partenaires sociaux, afin de placer le capital humain, la plus grande richesse d'un pays, au cœur des politiques publiques et des partenariats public-privé. Cette démarche vise à accélérer la transformation structurelle de l'économie et à atteindre les objectifs de développement inclusif et durable définis par le gouvernement, en parfaite adéquation avec le __Programme Simandou 2040__. L'ambition est de faire de la Guinée un modèle de développement responsable et résilient sur les quinze prochaines années.*

*La vision portée par le gouvernement se veut transformatrice : il s'agit de repenser les modes de production, de consommation et de gouvernance, en faisant de l'inclusion, de l'égalité de genre et de la durabilité des axes stratégiques incontournables. Cette vision entend répondre efficacement aux effets des chocs extérieurs (pandémies, changements climatiques, crises économiques…).*

*L'insertion dans l'emploi ne se limite pas à l'emploi salarié. La promotion de l'auto-emploi et de l'entrepreneuriat est une priorité stratégique, afin de créer un écosystème favorable au développement des travailleurs indépendants et des jeunes entrepreneurs. À ce titre, le Ministère en charge de l'Emploi dispose de plusieurs structures opérationnelles pour la mise en œuvre de stratégies encourageant toutes les formes d'insertion socioprofessionnelle en faveur de l'emploi décent.*

*Il est important de souligner que les jeunes et les femmes sont des acteurs incontournables de cette transformation, à l'ère du numérique, de l'innovation et des transitions technologiques, écologiques et institutionnelles. Ces évolutions impactent progressivement les secteurs productifs et les modes de gouvernance. Bien maîtrisées, elles accéléreront la création d'opportunités économiques, renforceront l'inclusion et la résilience face aux défis environnementaux et économiques à venir.*

*La Guinée a rapidement pris la mesure de ces enjeux, traduisant son engagement au travers de politiques économiques et sociales ambitieuses, malgré les défis imposés par les chocs extérieurs et le changement climatique. Cet ouvrage met en lumière la nécessité de poursuivre ces efforts et de placer au cœur des politiques publiques les questions d'emploi, d'éducation, de formation, ainsi que la durabilité des modes de production et l'efficacité des dispositifs de gouvernance. Ces éléments constituent les piliers d'une transformation économique et sociale en faveur d'un développement inclusif et durable.*

*Nous saluons les initiateurs et les partenaires ayant contribué à cet ouvrage, notamment le Programme des Nations Unies pour le Développement (__PNUD__) et la Banque Africaine de Développement (__BAD__). Ce document apporte un éclairage essentiel sur le cadre stratégique et programmatique en place. Il illustre également l'engagement ferme du gouvernement à faire du capital humain un levier structurant du développement. Il constitue un plaidoyer manifeste pour la centralité de l'emploi et de la formation, ainsi que pour la promotion de l'entrepreneuriat des jeunes et des femmes, moteurs d'une transformation socio-économique durable et inclusive.*

*Ce défi collectif requiert l'engagement actif de l'État, du secteur privé et des partenaires techniques et financiers, afin de concrétiser cette vision et de bâtir une Guinée plus prospère et résiliente.*

# Préambule


## Luc-Joël GREGOIRE

Représentant Résident du PNUD

(2019-2024)

## Léandre BASSOLE

Représentant Pays de la BAD

(2017-2024)


Le gouvernement guinéen a conduit des réformes importantes, marquées par l'amélioration de la stabilité macroéconomique, l'adoption d'un cadre juridique et institutionnel favorable au climat des affaires et à l'essor du secteur privé, d'un cadre réglementaire en faveur de la promotion du contenu local des investissements étrangers, et de réformes institutionnelles pour une bonne gouvernance et des services publics efficaces.

Face aux impacts socio-économiques des chocs extérieurs (pandémies, crises internationales…) et aux défis posés par les transitions (écologique, technologique, sociopolitique), les autorités guinéennes ont lancé des réformes institutionnelles et des mesures sociales et économiques majeures, qui visent particulièrement l'emploi et l'employabilité, l'entrepreneuriat et le développement du secteur privé dans les secteurs productifs clés de l'économie nationale.

Ces mesures sont d'importance compte tenu de la structure de l'économie nationale, caractérisée par une faible diversification, une faible remontée des chaines de valeur productives et une informalité prédominante des activités économiques et de l'emploi. L'émergence notable d'initiatives locales de transformation agro-alimentaire et artisanale et l'essor d'un secteur privé industriel, méritent d'être renforcés, pour accroitre les opportunités d'emplois productifs et décents.

La Guinée bénéficie d'un dividende démographique important avec une population très jeune. La moitié de la population en âge de travailler (15 et plus) a moins de 35 ans et reste majoritairement sous-utilisée. De fait, la société guinéenne est marquée par une forte vulnérabilité et des risques de tensions sociales continus. En effet, sur les 300 000 jeunes entrant sur le marché du travail chaque année (ceux ayant atteint l'âge de 15 ans à la recherche d'un emploi, et ceux sortant du système éducatif), près de 80 % occupent des emplois inadéquats, précaires ou informels, avec une majorité de femmes.

La sous-utilisation de la force de travail notamment parmi les jeunes et les femmes, impliquent des coûts économiques et sociaux élevés. La vulnérabilité dans l'emploi concerne la grande majorité des jeunes et des femmes, et l'accès aux services sociaux de base de qualité demeure encore faible. Or des opportunités d'emploi productif existent dans une multitude de métiers (agro-industrie, artisanat, tourisme, économie verte et bleue, économie digitale, services sociaux...) et elles peuvent être saisies, dès lors que le cadre institutionnel, les politiques publiques et les programmes de développement placent l'emploi et le développement des compétences au centre de leurs dispositifs.

Les attentes des jeunes sont multiples telles que l'accès à une éducation de qualité et une qualification professionnelle pertinente, l'accès à un emploi productif, l'accès à des activités sportives et culturelles, l'engagement citoyen et la représentation dans la vie politique. Les femmes très engagées dans la vie économique, n'ont pas les mêmes chances d'accéder à l'éducation, à la formation professionnelle et à des emplois de qualité, que les hommes. La prise en compte des besoins spécifiques des jeunes et des femmes, est un enjeu majeur pour le renforcement de la citoyenneté et de la cohésion sociale. Cette priorité mobilisatrice et d'inclusion reste au centre des priorités du Gouvernement et des partenaires économiques et agences de développement.

Le Gouvernement a adopté le Plan de Relance économique en appui au Programme de Référence intérimaire (2022-2025), aligné à la *Vision Guinée 2040*, et faisant suite au PNDES (2016-2021). Il a récemment lancé le Programme Simandou 2040, qui vise la transformation structurelle de l'économie, et la résilience économique, sociale et environnementale. L'emploi et le capital humain sont prioritaires, en tant que facteurs de développement inclusif.

Des initiatives mobilisatrices et partenariales ont été établies pour renforcer les capacités des institutions et structures en charge de l'emploi, de l'éducation et la formation professionnelle, de l'insertion socioprofessionnelle des jeunes dans les filières porteuses, pour créer les conditions d'un développement durable et d'une économie résiliente aux chocs exogènes.

En Guinée, le Programme des Nations Unies pour le développement (PNUD) et la Banque africaine de développement (BAD) se sont engagés avec le concours de certains partenaires comme la Banque mondiale (BM), l'Union européenne, le Bureau international du travail (BIT), l'UNICEF, le FNUAP et d'autres agences du système des Nations-Unies, à coopérer pour accompagner les mesures gouvernementales en faveur de l'emploi, du développement des compétences, de l'entrepreneuriat des jeunes, de la protection sociale, de l'innovation et du développement durable.

Les actions conjointes du PNUD, de la BAD et du BIT viennent renforcer les acquis et promouvoir des appuis significatifs en faveur d'un cadre institutionnel et politique centré sur l'emploi et l'employabilité, tels que l'élaboration d'une Politique nationale de l'emploi (PNE) et d'une Stratégie nationale pour l'emploi des jeunes, un programme d'urgence de création d'emploi et d'appui à l'entrepreneuriat - le Programme accéléré pour l'emploi (PAE), des programmes de renforcement des compétences et de professionnalisation des jeunes dans les métiers porteurs, de renforcement de la qualité de la formation professionnelle en partenariat avec le secteur privé, des programmes d'extension de la couverture de la protection sociale et d'inclusion sociale, et des stratégies sectorielles centrées sur l'emploi et le capital humain.

Sur la dernière décennie, des programmes en faveur de l'emploi et de l'employabilité des jeunes ont été mis en œuvre, tels que le programme INTEGRA (financé par l'Union européenne), ciblant la création d'emplois et l'insertion des jeunes migrants (de retour ou potentiels) à travers des parcours d'intégration, incluant les chantiers-jeunes et des formations qualifiantes, valorisant le savoir-être, le savoir-faire, les compétences digitales, l'éducation financière et la gestion d'entreprise, avec des mesures d'accès au financement et aux marchés, sans oublier les dispositifs de renforcement des capacités des acteurs de l'écosystème emploi-formation.

D'autres projets appuyés par les agences du système des Nations-Unies et agences de coopération, accompagnent les dispositifs nationaux et structures locales pour mettre en place des mesures adaptées aux réalités des micro et petites entreprises, des femmes entrepreneures, des groupements et coopératives de femmes et de jeunes dans des filières de production et de transformation de produits locaux.

Les partenaires apportent leur soutien pour promouvoir la centralité de l'emploi dans les politiques publiques et la priorité à une croissance durable redistributrice et créatrice d'emplois, y compris dans les plans de développement local. Ils apportent un appui au renforcement des capacités des structures en charge de l'emploi, l'emploi des jeunes, la formation et l'entrepreneuriat. On peut citer, le projet PATEJ (Programme d'assistance technique à l'emploi et l'employabilité des jeunes) financé par la BAD et le PNUD, l'initiative *Jobs and Skills Facility Guinea* portée par le BIT, le PNUD, la BAD, l'UNESCO et l'IFEF, et les projets d'appui à la formation professionnelle, à l'insertion et à l'entrepreneuriat féminin dans des filières porteuses (AFD, ENABEL, GIZ, USAID, BID, BM...).

La Politique nationale de l'emploi (PNE) a été élaborée pour la première fois et validée par le gouvernement en 2024, car elle fédère et souligne les synergies d'actions autour d'axes prioritaires qui embrassent les réformes macroéconomiques, les stratégies sectorielles, les mesures d'appui au secteur privé, les mesures actives d'insertion dans l'emploi, de formalisation et de renforcement du tissu local des micro et petites et moyennes entreprises (MPME), ainsi que le dispositif de gouvernance du marché de l'emploi. La PNE repose sur le principe que l'emploi « c'est l'affaire de tous ».

La PNE est une politique horizontale qui met en synergie les mesures ciblant la demande (secteur productif) avec les mesures ciblant l'offre (système de formation) pour une meilleure adéquation des compétences et une meilleure qualité des emplois et des revenus générés, en tenant compte de l'environnement juridique et institutionnel, en particulier celui des MPME et des opérateurs économiques. La PNE intègre les mesures de la lutte contre toute forme de discrimination, en particulier l'équité selon le genre (Convention 122, OIT).

L'emploi productif et décent est un facteur déterminant de l'inclusion sociale et du renforcement de la cohésion sociale, et il constitue une priorité gouvernementale pour la relance de l'économie et la promotion du développement durable.

La centralité de l'emploi dans les politiques publiques n'est plus à démontrer. Les initiatives interministérielles en faveur de l'emploi et du développement des compétences apparaissent essentielles. De même, le dispositif institutionnel de coordination interministérielle autour de l'emploi et la formation, est porté à haut niveau, pour assurer une mise en œuvre efficace des priorités en faveur de l'emploi et du capital humain.

Le contenu en emploi de la croissance économique doit être favorisé dans tous les secteurs de l'économie, pour réaliser à la fois une prospérité partagée et une gouvernance inclusive. Parce que partagée et respectueuse des droits fondamentaux, cette prospérité repose sur des investissements physiques, l'amélioration du capital humain, l'entretien et la préservation du capital naturel, l'augmentation de la productivité des facteurs et la promotion de l'équité et de l'égalité des chances.

Les jeunes et les femmes, en tant que citoyens responsables et engagés, doivent bénéficier de conditions favorables à leur participation au développement national. Ils doivent avoir la possibilité de se former et de bénéficier de mesures d'accompagnement à l'emploi et à l'entrepreneuriat. Ils doivent pouvoir bénéficier de programmes de requalification et de validation de l'expérience acquise, et d'accompagnement dans les métiers porteurs, en particulier ceux de l'agriculture, de l'industrie manufactuirère, de l'économie digitale et de l'économie verte et bleue.

C'est pourquoi, le service public d'emploi et les autres services d'accompagnement à l'insertion des jeunes à la sortie du système éducatif, ainsi que les dispositifs de formation en alternance, en apprentissage et tout au long de la vie, jouent un rôle essentiel.

La mise en œuvre du Programme accéléré pour l'emploi (PAE) grâce à l'effort financier national tant public que privé, contribue à la création d'emplois productifs par des mesures ciblées (subventions à l'embauche, chantiers-jeunes et travaux à haute intensité de main d'œuvre, appui à l'entrepreneuriat...). Les programmes sectoriels publics en ciblant l'emploi de façon explicite, permettent d'accélérer la création d'emplois, de même que les initiatives en faveur de l'économie verte et de l'économie bleue et de l'adaptation au changement climatique.

Pour parvenir à sortir durablement de la vulnérabilité économique, sociale et environnementale et créer les conditions de sa résilience, la Guinée met en œuvre des réformes pour asseoir une gouvernance de qualité dans toutes ses dimensions politique, administrative, sociale, économique, financière et environnementale. Ces réformes visent également à renforcer l'efficacité de la gestion publique et instaurer des processus décisionnels plus inclusifs notamment en termes d'emplois et de protection sociale, parallèlement aux efforts vers la territorialisation des politiques et le transfert des responsabilités aux collectivités territoriales et aux communautés locales.

La Guinée est engagée dans un processus de diversification et de transformation économique inclusive qui requiert la pleine participation des jeunes et des femmes, que ce soit dans l'agriculture et l'agrobusiness, l'artisanat, les arts, la culture, le tourisme, l'énergie propre, l'assainissement urbain, les nouvelles technologies, l'économie digitale, l'économie bleue, etc.

À cet égard, la gouvernance de l'écosystème emploi-formation-entrepreneuriat et la coordination des acteurs de cet écosystème sont des dimensions majeures. Aussi, le système d'information sur le travail et l'emploi, mérite une attention particulière car il permet d'orienter les politiques et de faire un suivi de l'application des textes et des conventions collectives. Enfin, les actions de sensibilisation pour une égalité des chances et de traitement dans l'emploi, et la promotion du dialogue social doivent continuer à occuper une place particulière dans l'édifice d'un système institutionnel et organisationnel propice à la promotion de l'emploi décent en Guinée.

INTRODUCTION

# La centralité de l'emploi et du capital humain dans les politiques publiques

**Naïma PAGES**

Team Leader

Cluster *Transformation économique et développement durable*, PNUD (2020-2024)

La Guinée est riche en ressources naturelles et minières, avec une façade maritime longue de plus 300 km, un important potentiel hydrologique, agricole et commercial sur des frontières partagées avec six pays et son sous-sol très riche en minerais, qui lui confèrent des atouts considérables (avec 25 % du stock mondial en bauxite, ce qui la place comme 2ème producteur mondial après l'Australie, et près de 3 milliards de tonnes de réserves de fer, 700 tonnes d'or et 30 à 40 millions de tonnes de carats de réserves prouvées de diamants).

L'économie guinéenne connait une croissance relativement stable autour de 5 % entre 2021 et 2023, mais qui reste très peu génératrice d'emplois productifs, car tirée par l'économie extractive (bauxite, or, diamant, fer...) et dominée par l'économie informelle. Le revenu moyen par tête estimé à 1180 USD classe le pays dans la catégorie des pays à revenu intermédiaire de la tranche inférieure depuis juillet 2023.

Si la Guinée tire la majeure partie de ses exportations de l'exploitation minière, celle-ci contribue faiblement à l'emploi et a des impacts négatifs directs et indirects sur la biodiversité et l'environnement. Environ 44 % de la population vit en dessous du seuil de pauvreté nationale (estimé à 16 423 GNF par personne et par jour) tandis que les deux-tiers de la population sont touchés par la pauvreté multidimensionnelle et 16 % supplémentaires sont classés comme vulnérables à la pauvreté multidimensionnelle.

L'économie guinéenne demeure relativement peu diversifiée et structurellement vulnérable aux chocs exogènes. Le secteur agricole contribue à un quart du PIB alors qu'il emploie plus de la moitié de la population active ; le secteur secondaire représente un tiers du PIB et reste principalement dominé par les activités minières qui représentent environ 85 % des exportations du pays ; l'énergie est un secteur stratégique et le secteur tertiaire contribue à un peu moins de la moitié du PIB. L'économie non minière absorbe plus de 90 % des emplois mais ces emplois restent précaires. Enfin, l'économie informelle est prédominante : elle génère 96 % des emplois et contribuerait à environ 40 % du PIB.

La *Vision 2040 pour une Guinée émergente et prospère* est un cadre de référence sur lequel est arrimé le Plan de relance économique (PRE) et le Programme intérimaire de référence (PRI, 2022-2025) apportent des réponses aux enjeux de gouvernance, d'inclusion sociale et de mobilisation de la force de travail notamment chez les jeunes dans des secteurs productifs porteurs.

Le *Programme Simandou 2040* vise la transformation structurelle de l'économie, et la résilience économique, sociale et environnementale sur un horizon de quinze ans. Il place l'emploi et le capital humain parmi ses objectifs prioritaires, en tant que facteurs de développement inclusif.

Le programme développement de la Guinée se réfère aussi à l'Agenda 2063 de l'Union africaine (UA) qui vise la transformation structurelle, et à l'Agenda 2030 de développement durable (17 Objectifs de développement durable) ainsi que d'autres cadres de référence internationaux, tels que le Cadre d'action de Sendai pour la réduction des risques de catastrophe (2015-2030) et l'Accord de Paris, résultat de la COP21 sur les changements climatiques.

La centralité de l'emploi dans les politiques publiques est une priorité affichée. La promotion de l'emploi décent, la valorisation du capital humain, la formation professionnelle et la formation tout au long de la vie constituent des priorités au niveau national et local. Le programme accéléré pour l'emploi (PAE) arrimé à la Politique Nationale de l'Emploi, met en place des mesures ciblées pour maximiser l'impact des investissements publics et privés sur l'emploi dans les secteurs productifs (agriculture, mines, infrastructures…) et en faveur de l'insertion des jeunes et des femmes.

Un ensemble de mesures a été adopté, en faveur d'une croissance pro-emploi et inclusive, en faveur des investisseurs privés et des PME locales, de la promotion des innovations, d'une décentralisation effective des services aux citoyens et plans d'investissements, de la coordination de l'aide et de la rénovation du dispositif intégré de suivi-évaluation, qui consolident les perspectives de partenariat stratégique en faveur de l'emploi.

## 1. La centralité de l'emploi dans les politiques de développement inclusif et durable

La maîtrise des fondamentaux macroéconomiques et les efforts entrepris pour la diversification économique et la lutte contre la pauvreté et la vulnérabilité sociale et écologique, sont autant de facteurs qui peuvent favoriser une croissance inclusive et durable.

Une croissance inclusive s'apprécie par son contenu en emplois, par le niveau d'adéquation des compétences aux besoins des entreprises, et une dynamique de redistribution des richesses favorable aux acteurs économiques ruraux et informels, et aux groupes vulnérables sur l'ensemble du pays.

L'examen des performances récentes de l'économie guinéenne montre que son contenu en emplois est encore faible comparé aux potentialités et aux résultats escomptés des réformes impulsées par le gouvernement. En effet, les indicateurs de sous-emploi et de chômage, de pauvreté dans l'emploi et d'informalité restent alarmants en particulier chez les jeunes et les femmes.

L'adoption prochaine de la Politique nationale de l'emploi vise à orienter les stratégies sectorielles et les programmes d'investissement et de développement vers des objectifs d'emplois. L'emploi est un critère central à prendre en compte dans les programmes d'investissements publics (PIP), dans les partenariats publics-privés, en application des orientations de la loi sur le contenu local adoptée en 2022.

La mise en place effective des conditions d'une croissance économique accélérée, inclusive et durable, est impérative. Celle-ci suppose d'assurer l'accroissement des investissements physiques, l'amélioration du capital humain, l'entretien et la préservation du capital naturel, l'augmentation de la productivité des facteurs, et la promotion de l'équité et de l'égalité des chances. Pour parvenir à sortir durablement de la fragilité et créer les conditions de sa résilience, la Guinée a décidé d'asseoir une gouvernance de qualité dans toutes ses dimensions politique, administrative, sociale, économique, financière et environnementale, et qui permettra d'améliorer l'efficacité et la transparence de la gestion publique et d'instaurer des processus décisionnels plus inclusifs.

Dans ce cadre, en conformité avec le principe d'inclusivité de *la Vision Guinée 2040* et dans le souci de « ne laisser personne de côté », les orientations stratégiques du gouvernement portent notamment sur la promotion du secteur privé et de l'entrepreneuriat des jeunes et l'amélioration de l'environnement des affaires ; la transformation économique durable et l'accélération de la croissance inclusive ; le renforcement de la gouvernance axée sur la redevabilité, la lutte contre la corruption et l'impunité ; la qualification et la valorisation du capital humain de façon inclusive et durable ; une plus grande performance du système éducatif et du système de formation professionnelle en adéquation avec le système d'emploi, enfin la réduction des inégalités et la promotion de l'équité de genre.

## 2. L'insertion des jeunes et l'entrepreneuriat des jeunes

La Guinée est engagée dans un processus de diversification et de transformation économique inclusive, porté par des stratégies sectorielles ambitieuses, et qui requièrent la mobilisation de la main d'œuvre disponible, à travers des dispositifs de renforcement des compétences, de création d'emplois qualifiés et d'accompagnement des jeunes entrepreneurs dans des secteurs à forte valeur ajoutée comme l'industrie manufacturière, l'agrobusiness, les services innovants et les nouvelles technologies.

L'adoption prochaine d'une Politique nationale de la jeunesse (PNJ) permettra de renforcer les synergies interacteurs et les actions en faveur de la jeunesse en Guinée, sur des axes prioritaires, liés à l'insertion socioprofessionnelle des jeunes, aux droits des jeunes, à la cohésion sociale, aux mobilités, aux sports et loisirs, à la santé et l'éducation des jeunes, etc. Les jeunes sont les premiers touchés par les chocs extérieurs qui affectent l'économie nationale (pandémies, crise alimentaire, crise énergétique, climatique...). Il est donc nécessaire de mettre en place des dispositifs renforcés d'insertion des jeunes et parmi eux, les plus vulnérables, avec des fonds spécifiques et un cadre d'action concertée entre les différents départements sectoriels.

Le Projet d'Appui à la Transformation de l'Agriculture Guinéenne et l'Entrepreneuriat Agricole des Jeunes (PATAG-EAJ) financé par la BAD, a œuvré pour promouvoir l'emploi des jeunes dans l'agriculture à travers un appui aux entrepreneurs et PMEs agricoles.

Le Projet d'Assistance technique à l'emploi et l'employabilité des jeunes (PATEJ) financé par la BAD et le PNUD, a contribué à l'adoption de politiques et cadres réglementaires en faveur de l'emploi, de la jeunesse, du développement des PME et de la formalisation des microentreprises.

Le programme INTEGRA financé par l'Union européenne et mise en œuvre par plusieurs agences partenaires (PNUD, GIZ, ENABEL, UNCDF) a mis en place des parcours d'insertion accélérée des jeunes, en ciblant notamment les migrants de retour ou potentiels. Les parcours intégrés incluent des mesures de renforcement des compétences transversales et techniques, des dispositifs de formation en alternance, de chantiers-jeunes, de professionnalisation dans des métiers porteurs, ainsi que des mesures d'accompagnement à l'emploi, l'auto-emploi et l'entrepreneuriat. Les structures et agences d'accompagnement (formation, incubation, insertion) et les collectivités locales sont au cœur de ces dispositifs d'intégration.

Le programme YouthConnekt Guinée qui fait partie de l'initiative panafricaine YouthConnekt Africa, a œuvré pour renforcer la connexion des jeunes et leur insertion à travers des accompagnements à l'auto-emploi et à l'entrepreneuriat et des mesures de renforcement des compétences.

Les projets d'autonomisation des femmes, tels que le projet *YouthConnekt for Women* et le projet de Relance post-Covid en faveur des jeunes femmes entrepreneures mis en œuvre par le PNUD, ont permis d'insertion de près d'un millier de jeunes femmes, avec un dispositif de mentorat et d'accompagnement à 360 degrés, en faveur de l'entrepreneuriat féminin.

Le Cadre de concertation de la finance inclusive (CCFI) mis en place par plusieurs institutions financières sous l'égide de la Banque centrale de la République de Guinée (BCRG), et soutenu par le PNUD, a permis de renforcer les synergies pour appuyer l'accès au financement des MPME et des travailleurs indépendants.

Le Cadre de concertation multi-acteurs sur la formalisation en Guinée (CCFG) a mis en place un Comité technique en charge de l'adoption du Décret sur le statut de l'entreprenant en Guinée, sous l'égide du MCIPME et de la CCIAG.

## 3. L'innovation : un catalyseur pour la transformation économique et la création d'emplois durables

Compte tenu des potentialités naturelles considérables dont dispose la Guinée, la transformation structurelle de son économie peut être accélérée en tirant profit des atouts de la technologie et de l'innovation afin de faciliter les transitions écologiques et productives, et attirer les jeunes vers des métiers d'avenir.

L'adoption de la Stratégie nationale de digitalisation de l'Etat et de l'économie numérique (SNDEN) sur un horizon décennal, avec le concours du PNUD, apporte aux opérateurs économiques et aux autorités, un cadre stratégique et réglementaire pour la mise en œuvre de projets prioritaires, ciblant notamment l'emploi et le renforcement des compétences dans les métiers de l'économie numérique. De même, la Politique nationale de la recherche scientifique et de l'innovation (PNRSI), vise aussi à renforcer les opportunités d'innovation technologique dans des secteurs porteurs.

Le projet régional UNIPOD – Timbuktoo, appuyé par le PNUD et dans lequel la Guinée s'est inscrite, a permis de mettre en place un Hub Technologique à l'Institut supérieur des technologies de Mamou. Ce projet vise à promouvoir l'innovation par la création, le prototypage, la formation, l'incubation dans des secteurs porteurs très variés comme l'intelligence artificielle, la dronotique, l'artisanat, le textile, la culture, les technologies vertes et agricoles, l'énergie renouvelable, la gestion des déchets, les technologies d'information et de communication, etc. Ce pôle d'innovation appuie l'émergence de startups innovantes dans des niches prometteuses à fort potentiel productif et d'opportunités d'emploi décents en particulier en faveur des jeunes et des femmes.

L'adoption d'une Stratégie nationale et de textes réglementaires sur les drones, avec le soutien technique et financier du PNUD, ouvre aussi des perspectives très intéressantes pour les opérateurs économiques. La production et l'usage des drones civils professionnels apparaît comme une option porteuse pour soutenir, à travers des plateformes de services, la productivité, la diversification des services et l'inclusion sociale. Des plateformes régionalisées pourront également soutenir les actions de sécurité humaine et humanitaire. L'utilisation étendue des drones civils télépilotés à usage professionnel dans les secteurs productifs de l'économie verte et bleue (agriculture, pisciculture...) permettra de créer un environnement favorable à l'entrepreneuriat, à l'investissement dans les chaînes de valeur restées longtemps marginalisées et à la promotion de filières porteuses d'avenir, accélératrices du développement et ayant des effets multiplicateurs, et ce, grâce à la mobilisation des acteurs publics et privés et des partenaires internationaux.

## 4. La décentralisation et la gouvernance locale au service de l'emploi

La Guinée a conduit au cours de la période récente différentes avancées et orientations qui ont renforcé le rôle des élus et des acteurs locaux de développement. Plusieurs textes et documents de politique ont été adoptés, tels que le Code des collectivités territoriales, la Lettre de politique de développement de la décentralisation et de la déconcentration, ou encore le Programme national d'appui aux communes de convergence.

Le chantier des schémas directeurs régionaux d'aménagement et de développement (SRAD) en cours de préparation, est une opportunité pour capitaliser sur ces acquis en vue de la soutenabilité et de la durabilité des programmes et projets initiés à l'échelle des régions et en tirant profit des nouveaux instruments et des ressources nationales mobilisées (Agence nationale de financement des collectivités locales, fonds de développement local, etc.).

Les programmes sectoriels et les mesures actives de renforcement des compétences et d'insertion dans l'emploi qui doivent les accompagner, se déclinent au niveau régional et local. Les structures déconcentrées et les collectivités locales ont un rôle majeur à jouer dans leur mise en œuvre effective. Le renforcement et la multiplication des dispositifs locaux en charge de l'accompagnement des jeunes pour une insertion durable dans l'emploi et de l'appui à l'entrepreneuriat des jeunes et des femmes, sont plus que nécessaires.

## 5. La coordination interministérielle et les partenariats stratégiques autour de l'emploi

L'État à travers ses services techniques et administratifs, a la charge de placer l'emploi au cœur des processus de formulation, mise en œuvre et suivi-évaluation des politiques publiques et de stratégies sectorielles. Porteur de la vision du développement du pays, l'État doit assurer le leadership dans la formulation et la mise en œuvre des politiques, dans la coordination des actions et dans la mise en œuvre des conditions incitatrices envers le secteur privé pour la diversification économique, le contenu local et la création d'emplois décents au niveau sectoriel, régional et local.

L'adoption de la Politique nationale de l'emploi (PNE) 2024-2030 – s'accompagne de la mise en place d'un dispositif institutionnel de coordination, à travers un Comité Emploi-Formation présidé par le Premier ministre, qui garantit la concertation interministérielle et le dialogue stratégique avec les acteurs sociaux et avec les partenaires techniques et financiers. Ce dispositif intègre la production d'outils de suivi-évaluation et de reportage régulier des programmes sectoriels sur l'emploi et sur le capital humain, afin d'aligner les ressources financières aux résultats atteints en termes d'emploi.

L'État doit inciter et attirer les opérateurs économiques et les collectivités locales à s'engager dans la mise en œuvre de programmes centrés sur l'emploi et le développement des compétences, en assurant un dialogue permanent entre acteurs publics et privés, et avec la société civile et les organisations professionnelles qui jouent un rôle de veille et de contrôle citoyen de l'action publique, dans le cadre de l'évaluation des politiques publiques et des programmes régoinaux et locaux de développement.

Le secteur privé est un maillon essentiel dans la conception et la mise en œuvre des politiques, programmes et projets centrés sur l'emploi. Son rôle est déterminant en tant que catalyseur des investissements et surtout dans la mise en œuvre des partenariats public-privé. Le secteur privé guinéen se diversifie et s'allie avec des investisseurs étrangers et des partenaires de la sous-région, avec des perspectives majeures pour l'emploi et le développement inclusif.

Enfin, la coordination de l'aide est essentielle pour aligner les appuis aux priorités nationales et augmenter les capacités d'absorption. La consolidation des partenariats stratégiques entre le gouvernement et les bailleurs de fonds, à travers des programmes cadres adossés aux objectifs de développement durable et aux objectifs de la Vision 2040, doit intégrer la formulation et l'exécution effective de mesures en faveur de l'emploi et du capital humain pour un développement durable et inclusif.

PARTIE I

# La situation de l'emploi en Guinée

## Introduction

La situation de l'emploi en Guinée se caractérise par des déficits quantitatifs et qualitatifs majeurs, ainsi que par des discriminations en termes d'accès à l'emploi et de qualité des emplois occupés. La sous-utilisation de la main d'œuvre, l'informalité de l'emploi et la vulnérabilité dans l'emploi sont des situations prédominantes, qui affectent particulièrement les jeunes et les femmes et parmi eux les personnes peu ou non qualifiées, et qui touchent notamment le segment des microentreprises et des PME.

En 2022, la population totale en Guinée est estimée à 13,2 millions. La jeunesse de la population en est la caractéristique majeure : plus des trois quarts de la population ont moins de 35 ans - soit 5,8 millions d'enfants de moins de 15 ans et 4,5 millions de jeunes âgés de 15 à 35 ans. Avec 3,5 % de la population âgée de 65 ans ou plus et 44,4 % âgée de moins de 15 ans, la Guinée présente un taux de dépendance de 92 % (source : projections INS, Annuaires statistiques).

Aussi, sur 13,2 millions de personnes, dont 7,4 millions en âge de travailler (15 ans et plus), seulement 3,8 millions de personnes sont engagées dans l'emploi (activités génératrices de revenu marchand), et près de 48 % de la population en âge de travailler sont engagés dans des activités non génératrices de revenu.

Cette partie aborde les grandes caractéristiques et tendances de l'emploi en Guinée à partir de données d'enquêtes nationales (Chapitre 1), pour ensuite traiter des défis spécifiques que les jeunes rencontrent sur le marché de l'emploi en Guinée (Chapitre 2).

CHAPITRE I

# Les tendances de l'emploi en Guinée

## Introduction

Ce chapitre rappelle les grandes tendances de l'emploi en Guinée, à partir des données d'enquêtes nationales, en analysant les structures sociodémographiques (offre de travail) et productives (demande de travail).

L'analyse montre la croissance économique est pauvre en emplois et que l'économie reste à dominante informelle. En effet, l'économie informelle contribuerait à 96 % des emplois et à 41 % du PIB, tous secteurs confondus.

Le dividende démographique reste peu exploité en raison de l'inadéquation des compétences et du faible niveau d'employabilité de la main d'œuvre. L'efficacité du système éducatif et des multiples dispositifs de renforcement des compétences et d'insertion durable dans l'emploi est ici questionnée.

Les déficits quantitatifs et qualitatifs de l'emploi sont importants et les disparités sont fortes selon l'âge, le sexe et autres variables sociodémographiques.

Ces disparités traduisent une segmentation du système d'emploi qui trouve ses racines dans des modes de production segmentés et un cadre institutionnel et réglementaire inadéquat, qui ne répond pas aux réalités des producteurs et entrepreneurs locaux.

## 1. La situation du travail et de l'emploi en Guinée

La population totale en Guinée est estimée à 13,262 millions d'habitants en 2022, dont 6,819 millions de femmes. Le taux d'accroissement naturel est de 2,7 %, l'indice de fécondité est estimé à cinq enfants par femme, et l'espérance de vie est estimée à 61,7 ans. La population est majoritairement rurale, avec un taux d'urbanisation de 36,9 % au niveau national (INS, 2022).

La population en âge de travailler est estimée à 7,46 millions soit 56 % de la population totale, avec une proportion plus élevée chez les femmes et en milieu rural (INS, 2022).

L'ENESIG (2019) estime la population occupant un emploi ou au chômage (main d'œuvre) à 3 420 708, avec une population en emploi de 3 256 677 et une population au chômage de 164 031 personnes (de 15 ans et plus). La population hors main d'œuvre est estimée à 2 887 758, dont une composante de « main d'œuvre potentielle » de 215 284 personnes de 15 ans et plus. La « main d'œuvre élargie » est estimée à 3 635 992 personnes en âge de travailler.

**Encadré 1. Emploi, chômage et main-d'œuvre. De quoi parle-t-on ?**

*La main-d'œuvre* comprend toutes les personnes en âge de travailler (15 ans ou plus) ayant un emploi ou étant au chômage.

*Les personnes en emploi* sont définies comme toutes les personnes en âge de travailler qui, durant les sept derniers jours précédant l'enquête, étaient engagées dans une activité visant à produire des biens ou à fournir des services en échange d'une rémunération ou d'un profit.

*Les personnes au chômage* sont définies comme toutes les personnes en âge de travailler qui, durant les sept jours précédant l'enquête, n'étaient pas en emploi, avaient effectué des activités de recherche d'emploi, et étaient disponibles pour l'emploi dans les quinze jours suivant l'enquête si la possibilité d'occuper un poste de travail existait.

Source : Rapport de l'ENESIG, INS, janvier 2020.

En 2019, la population de 15 ans et plus qui exercent des activités économiques exclusivement pour la consommation personnelle a été estimée à 2 248 206 de personnes, soit 77,8 % de la population hors de la main d'œuvre. Cette proportion est plus élevée en milieu rural (78,7 %) et chez les femmes (86,1 %).

Si l'on adopte l'hypothèse de stabilité des structures de l'activité observées par l'ENESIG (2019) et sur la base des projections démographiques de l'INS pour 2022, avec une population en âge de travailler estimée à 7,4 millions, la main d'œuvre totale regrouperait 4 millions de personnes contre 3,4 millions de personnes de 15 ans et plus situées hors main d'œuvre.

Ainsi, en 2022, la main d'œuvre représente 57 % de la population en âge de travailler et se compose de 3,8 millions de personnes dans l'emploi (activité économique générant un revenu) et près de 200,000 personnes au chômage (selon la définition internationale du chômage). Les personnes dans l'emploi exercent une activité économique en tant qu'employé, salarié, employeur, travailleur à compte propre ou travailleur familial.

En résumé, en 2022, sur 13,2 millions de personnes, dont 7,4 millions en âge de travailler, seulement 3,8 millions de personnes sont engagées dans l'emploi, c'est-à-dire des activités génératrices de revenu, d'une part, en tant qu'employé et en tant qu'employeur et, d'autre part, en tant que travailleur pour compte propre et travailleur familial rémunéré. Ainsi, près de 48 % de la population en âge de travailler sont engagés dans des activités non génératrices de revenu marchand, des activités de formation ou des activités bénévoles dans un cadre familial ou communautaire.

## 2. Une population en âge de travailler en majorité sans instruction

Parmi la population en âge de travailler (15 ans et plus), près de 72 % n'ont aucun niveau d'instruction, dont 61 % n'ayant jamais été scolarisés, alors que 23 % ont un bénéficié d'une éduction scolaire primaire dont 12,3 % ayant achevé le cycle primaire, et 7,5 % ont bénéficié d'une éduction scolaire secondaire et 8,4 % d'une éducation scolaire supérieure (niveau bac ou études supérieures) en 2019.

Les femmes représentent 55 % de la population en âge de travailler (15 ans et plus). Elles représentent 63 % de la population de 15 ans et plus qui n'a jamais été scolarisée et 52 % de celle qui n'a pas achevé le cycle primaire. Les femmes représentent 44 % de la population qui a achevé le cycle primaire. Les femmes représentent respectivement 45 % et 29 % de la population qui a achevé le premier cycle du secondaire et de celle qui a obtenu un diplôme équivalent ou supérieur au baccalauréat (ENESIG, 2019).

Ainsi, les disparités éducatives en Guinées défavorisent les femmes. On estime que 16 % des femmes ont un niveau d'instruction secondaire ou supérieur contre 32 % des hommes. Les inégalités éducatives affectent aussi le milieu rural très faiblement doté en main d'œuvre ayant atteint le niveau secondaire et supérieur : 9 % de la population rurale contre 43 % de la population urbaine (15 ans et plus).

La proportion de la population en âge de travailler qui est dans l'emploi ou au chômage (sans emploi, en recherche active et disponible) est de 54 % au niveau national. Ce taux de participation à la main d'œuvre connait une forte disparité selon le sexe : 44 % chez les femmes de 15 ans et plus, contre 67 % chez les hommes en âge de travailler (ENESIG, 2019).

Graphe 1. Classification des personnes selon leur situation d'activité en Guinée, 2022

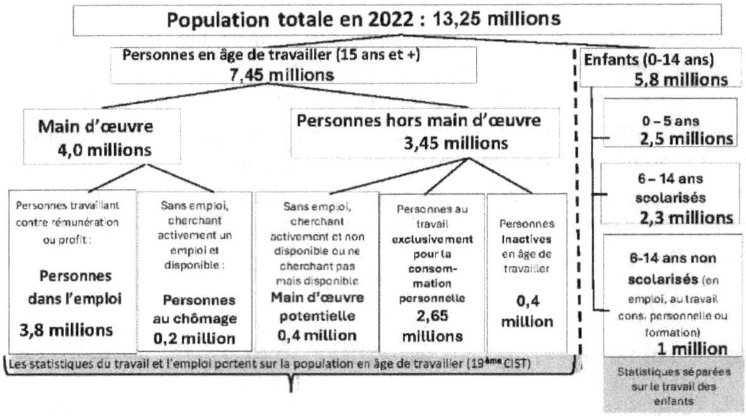


Sources : ENESIG 2018-19 et Annuaires statistiques Projections INS 2022.

## 3. La prédominance de l'emploi indépendant et familial

La population occupant un emploi (3,8 millions de personnes de 15 ans et plus) travaille aux deux-tiers en milieu rural, et les statuts dans l'emploi restent avant tout liés au travail indépendant et familial.

Les statuts dans l'emploi réfèrent à différents modes productifs liés à l'économie familiale et communautaire, à l'économie salariale et au secteur informel avec les catégories de travailleurs à compte propre, d'aides familiales, de salariés et d'employeurs.

En Guinée, les principales composantes de l'emploi sont dans l'économie familiale ou communautaire et dans le secteur informel, avec une proportion prédominante des travailleurs à compte propre et travailleurs familiaux, qui comptent pour 79 % de la population dans l'emploi (Graphe 2, ENESIG, 2019).

Le milieu rural accueille les deux-tiers de la population en emploi, et reste dominé par l'économie familiale. Le milieu urbain accueille un tiers de la population en emploi, avec 59 % en statut de travailleurs à compte propre en raison de la prédominance des activités du secteur informel. L'économie salariale compte pour 34 % de l'emploi en milieu urbain, 9 % en milieu rural et 18 % au niveau national.

Graphe 2. L'emploi par statut et milieu urbain/rural (INS 2019)

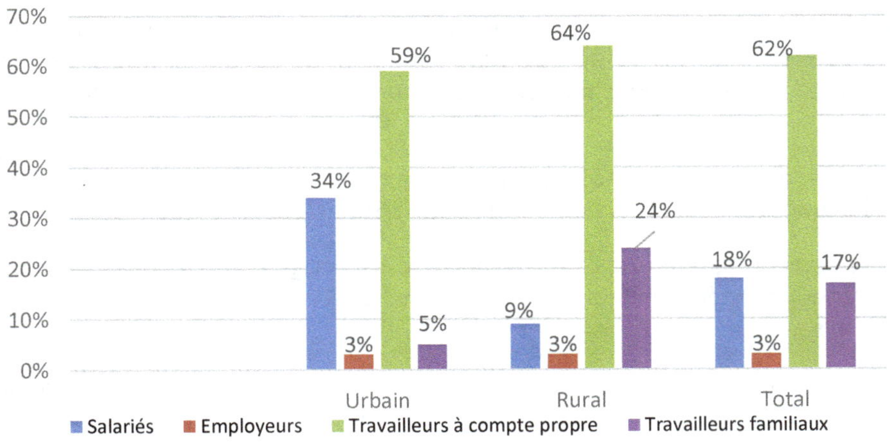


## 4. Une économie peu génératrice d'emplois productifs

L'économie nationale est faiblement génératrice d'emplois productifs. La contribution du secteur primaire au PIB est relativement modeste soit un quart du PIB, alors que le secteur secondaire contribue à un tiers du PIB (avec 20 % PIB par les activités minières) et le secteur tertiaire pèsent pour environ 35 % du PIB. Les secteurs primaire et tertiaire contribuent à l'essentiel de l'emploi tandis que le secteur secondaire pourvoit à 14 % de l'emploi total. Enfin, l'économie informelle contribuerait à 96 % des emplois et à 41,5 % du PIB, tous secteurs confondus.

L'économie nationale est structurellement vulnérable aux chocs exogènes (matières premières, climat, épidémies). La dépendance à l'égard du secteur minier expose le pays aux fluctuations des cours mondiaux des matières premières et des taux de change. Le pays est également vulnérable au changement climatique : il est classé 157ème sur 185 pays en termes de vulnérabilité et de préparation au changement climatique et 167ème sur l'indice mondial des risques climatiques.

La résilience de l'économie et sa capacité de transition vers une croissance inclusive et verte vont dépendre de l'efficacité des politiques publiques, macro et sectorielles orientées vers la transformation des produits primaires (agricole, minière) et des réformes en termes de gouvernance financière mais aussi de gouvernance des ressources naturelles.

Le secteur agricole pourvoit à près de la moitié de l'emploi mais les niveaux de productivité sont faibles. La transformation des productions locales, la promotion de l'économie bleue et de l'économie verte, des approches climato-intelligences et de l'économie digitale, sont autant de leviers pour impulser une dynamique de croissance durable, inclusive et génératrice d'emplois productifs.

Accélérer le processus de transformation structurelle de l'économie qui est un des objectifs majeurs du plan de développement du pays (PRI/PRE), est une condition nécessaire pour accélérer les opportunités d'emplois et d'affaires en Guinée.

L'analyse de la structure de la valeur ajoutée et de l'emploi à partir des données de l'Enquête emploi et secteur informel (ENESIG 2019), révèle que :

- le secteur agriculture, forêts et pêche est à l'origine de 24 % des revenus (valeur ajoutée) générés sur le marché national et représente 41 % des emplois ;
- le commerce est le deuxième secteur en termes de contribution au revenu avec 17 % de la valeur ajoutée, et emploie 29 % de la population dans l'emploi ;
- le secteur manufacturier est le troisième secteur pourvoyeur d'emplois avec 8 % des emplois et contribue à 8 % du revenu national ;
- le secteur des activités extractives contribue à hauteur de 16 % de la valeur ajoutée, mais il n'emploie que 3 % de l'emploi ;
- le secteur des transports et des communications contribue à 4 % de la valeur ajoutée et 3,2 % de l'emploi ;
- le secteur de la construction contribue à 3 % de l'emploi et 3,6 % du revenu national ;
- les activités de l'administration publique contribuent à hauteur de 7,7 % de la valeur ajoutée et n'offrent que 2,4 % des emplois ; certains secteurs comme la santé et l'éducation emploient très peu de main d'œuvre, respectivement, 1 % et 3,6 %, et contribuent faiblement aussi à la formation du revenu, respectivement, 1,1 % et 2,2 %.

Les secteurs les plus pourvoyeurs d'emplois sont ceux qui ont des niveaux de productivité les plus faibles (agriculture notamment, commerce, services).

La segmentation du marché de l'emploi est liée aux modes de production mais aussi à la structuration des unités de production. Ainsi, deux segments emploient la plus grande partie de la population en emploi : celui des micro-entreprises non agricoles (majoritairement informelles) et celui des exploitations agricoles familiales (Graphe 3) :

- les micro-entreprises non agricoles pèsent pour 62 % des emplois (2 024 700 emplois);

- les exploitations agricoles familiales contribuent à 32 % des emplois (1 038 400 emplois) ;
- l'administration publique regroupe 3,5 % des emplois (112 496 emplois) ;
- les PME contribuent à 2,1 % des emplois (66 733 emplois) ;
- les grandes entreprises contribuent à 0,4 % des emplois (12 839 emplois).

**Graphe 3. Types d'unités de production, 2019**

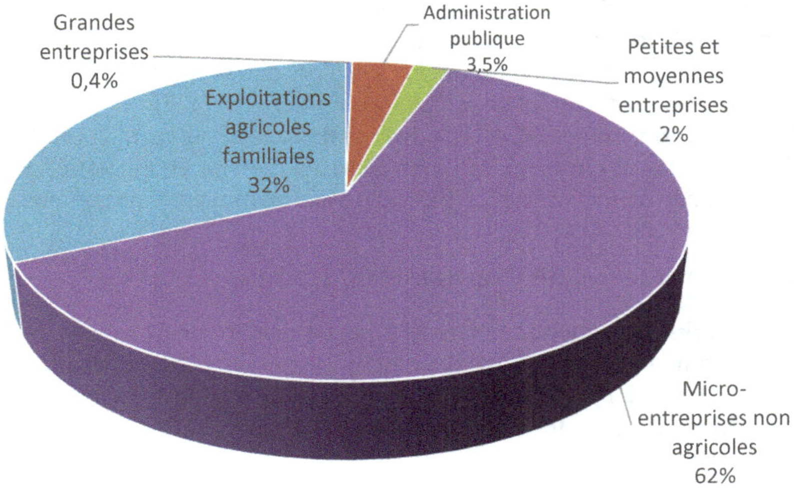


Source : ENESIG 2019.

Les grandes disparités en termes de productivité indiquent de grandes disparités en termes de qualité des emplois et de conditions de travail par type d'unités économiques et secteurs productifs.

## 5. Les déficits quantitatifs et qualitatifs dans l'emploi

Les déficits quantitatifs et qualitatifs de l'emploi se mesurent par une série d'indicateurs. L'analyse de ces indicateurs à partir des données de l'ENSEIG (2019) révèle de fortes disparités selon le sexe, l'âge, le niveau d'éducation et le lieu de résidence. Ces disparités traduisent une segmentation du système d'emploi qui trouve ses racines dans des modes de production segmentés et un cadre institutionnel inadéquat.

Le déficit quantitatif de l'emploi peut être mesuré par une série d'indicateurs mesurant la sous-utilisation de la main d'œuvre (taux d'emploi, taux de chômage, de sous-emploi, et de main d'œuvre potentielle).

En Guinée, près de la moitié de la population en âge de travailler (15 ans et plus) occupent un emploi, quelle que soit la qualité de cet emploi.

La répartition du **taux d'emploi** est très inégale selon le sexe, le milieu et la région.

Le taux d'emploi est nettement plus élevé chez les hommes (64 % contre 42 % chez les femmes en âge de travailler). Une proportion plus forte de femmes en âge de travailler se retrouve dans la catégorie main d'œuvre potentielle ou dans la catégorie hors main d'œuvre (travail non rémunéré, souvent dans les unités familiales), en raison de multiples discriminations à l'éducation et à l'emploi. Il est plus élevé en milieu rural : plus de la moitié de la population en âge de travailler occupent un emploi soit 55 %, alors que près de 46 % de population de 15 ans et plus occupent un emploi en milieu urbain. Enfin, il est plus faible à Conakry (46 % contre 52 % en moyenne nationale) qui connait un chômage plus élevé (le taux de chômage est 14 % contre 5 % en moyenne nationale et le taux de chômage ouvert est de 22 % contre 10 % en moyenne nationale).

**Chômage et sous-utilisation de la main d'œuvre**

Le **taux de chômage** est nettement plus élevé en milieu urbain (9,5 % contre 2,1 % en milieu rural). Il est également plus élevé chez les hommes en milieu urbain (soit 11,1 % contre 7,1 % chez les femmes) alors qu'il est relativement plus élevé chez les femmes en milieu rural (soit 3,2 % contre 1,4 % chez les hommes).

L'analyse du **taux combiné du chômage et du sous-emploi** lié au temps de travail (indicateur de la sous-utilisation de main d'œuvre 2) montre que plus d'un tiers de la main d'œuvre (34,7 %) est concernée, en particulier en milieu urbain (37,8 %), chez les femmes (38,7 %) et chez les jeunes de 15 à 34 ans (37,7 %) et affecte particulièrement les personnes handicapées (45,3 %) et les personnes migrantes (36,5 %).

L'analyse du **taux combiné du chômage et de la main-d'œuvre potentielle** (indicateur de sous-utilisation de la main d'œuvre 3) indique que 10,4 % de la main d'œuvre élargie est sous-utilisée. Il est relativement plus élevé à Conakry (21,6 %), en milieu urbain (16,1 %), chez les femmes (11,6 %), chez les jeunes de 15-24 ans (13,1 %) et chez les personnes migrantes (14 %).

L'analyse de **l'indicateur composite de la sous-utilisation de la main d'œuvre** qui intègre les chômeurs, les personnes en situation de sous-emploi lié à la durée du travail et la main d'œuvre potentielle (indicateur de sous-utilisation de la main d'œuvre 4) indique de fortes disparités. Ce taux atteint 38,5 % de la main d'œuvre élargie totale au niveau national, avec des niveaux plus élevés chez les femmes (43 % contre 35 % chez les hommes), chez les jeunes de 15 à 34 ans (33 %) et en milieu urbain (42 % contre 36 % en milieu rural). Enfin, près de 49 % de personnes handicapées et 41 % des personnes migrantes sont concernées par la sous-utilisation de leur force de travail (Graphe 3).

### Informalité et vulnérabilité dans l'emploi

Sur l'ensemble des personnes occupant un emploi, 95,6 % exercent un emploi informel. La part de l'emploi informel est la plus élevée dans le secteur primaire (97,5 %) suivi du secteur tertiaire (96,4 %) et du secteur secondaire (94,2 %). La proportion des hommes exerçant un emploi informel est presque identique à celle des femmes (95 %). Aussi, 96,1 % des personnes en emploi en milieu urbain exercent un emploi informel contre 95,3 % en milieu rural (enquête ENESIG, 2019)[1].

**Graphe 3. Indicateurs de sous-utilisation de la main d'œuvre (en %) selon le sexe, l'âge et le milieu de résidence (ENESIG, 2019)**

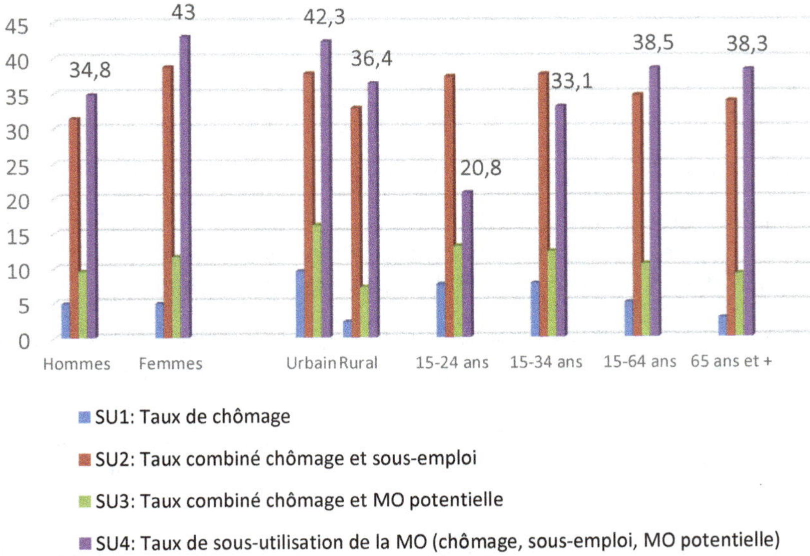


[1] La définition de l'INS (ENESIG) est la suivante : "est considérée comme emploi informel, toute activité économique légale qui échappe à la réglementation en vigueur du travail" tandis que le secteur informel est constitué par « l'ensemble des unités de production qui ne possèdent pas de numéro de contribuable et/ou ne tiennent pas une comptabilité écrite formelle au sens du plan comptable OHADA ».

**Graphe 4. Répartition des emplois formels et informels par secteur d'activité (2019)**

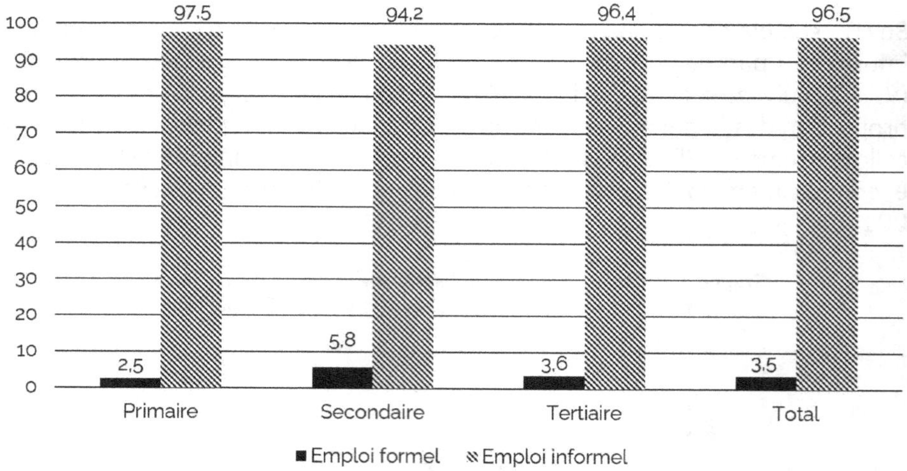


Source : INS, rapport ENESIG, janvier 2020 (population de référence : 15 ans et plus).

L'emploi informel reste prédominant dans tous les secteurs d'activité avec des proportions plus élevées dans les activités primaires et tertiaires (respectivement 97,5 % et 96,4 % contre 94,2 % dans le secteur secondaire).

Globalement, les activités de transformation et d'industrie (secteur secondaire) contribuent à la création de 23,3 % des emplois formels et près de 14 % des emplois informels. Le secteur primaire au contraire contribue à la génération de 40,5 % des emplois informels et près de 29 % des emplois formels. Enfin, le secteur tertiaire contribue à l'emploi formel et informel à hauteur de 48 % et 46 % respectivement (ENESIG, 2019).

Dans le secteur informel, le nombre des unités de production informelles (UPI) est estimé à 1,88 millions, dont 49 % créées par des femmes. Le milieu urbain abrite 1,27 millions d'UPI et le milieu rural 0,6 million. La principale activité du secteur informel est le commerce (1,1 million d'UPI, 59 % des UPI). L'agro-alimentaire et les autres industries représentent respectivement 12 % et 7 % des UPI, alors que la construction, la confection et le transport représentent respectivement 4 %, 5 % et 6 % (enquête ENESIG, 2019).

Le taux d'emploi vulnérable, qui est la part du nombre de travailleurs pour leur compte propre et de travailleurs familiaux non rémunérés dans l'emploi total, est de 83 % pour l'ensemble de la population et reste plus élevé en milieu rural (91 %) qu'en milieu urbain (68 %). La vulnérabilité dans l'emploi et la précarité des conditions de travail s'expliquent par l'absence de couverture sociale et légale et un accès limité au système de formation professionnelle, mais aussi par des modes de production qui restent précaires et des difficultés d'accès aux moyens de production (capital, approvisionnement, etc.) et aux marchés (voir Encadré 1).

**Encadré 1. Un environnement économique fragile pour les unités de production informelles (UPI)**

L'environnement économique des UPI reste très fragile et incertain, et favorise globalement la multiplication de micro-activités à faible valeur ajoutée, un recours limité aux salariés et une faible capacité à répondre aux incertitudes et aux chocs économiques.

Le niveau du capital et des investissements des UPI reste faible, en raison d'une faible qualité des équipements et d'un accès limité aux crédits. Dans l'ensemble, les fonds empruntés sont essentiellement consacrés à l'achat des matières premières (60 %), tandis que seule une partie de ces fonds (18 % des emprunts en moyenne) est investie dans l'amélioration des équipements - machines et outillages.

Plus de la moitié du chiffre d'affaires (62 %) annuel des UPI est réalisée dans le secteur du commerce (soit 57 % dans le commerce de détail et 5 % dans le commerce de gros), tandis que les parts de l'industrie et des services sont respectivement de 26 % et 12 % du chiffre d'affaires annuel des UPI.

Ce sont les UPI du secteur de la transformation et de l'industrie - en particulier en milieu urbain - qui sont les plus créatrices de richesses (valeur ajoutée) avec une moyenne mensuelle de 4 503 493 GNF.

Le commerce concentre à lui seul 49 % de l'ensemble de la masse salariale versée, l'industrie y contribue à hauteur de 37 % et les services à hauteur de 14 %.

Par ailleurs, la contribution du secteur informel à l'économie sous forme d'impôts atteint environ 209,2 milliards de GNF.

La durée de vie des unités informelles est en moyenne de dix ans, avec des disparités selon le secteur d'activité : elle est plus élevée dans les unités de transformation et d'industrie et dans certains services comme la réparation (entre onze et quatorze ans).

Dans l'ensemble, 60 % des promoteurs d'UPI fixent les volumes de production en fonction de leurs capacités de production et 21 % en fonction des commandes (services notamment).

Les deux-tiers des chefs d'unité attendent que les clients se présentent, 22 % cherchent à se faire connaître, et seulement 11,2 % adoptent les stratégies de marketing et de prospection auprès de la clientèle.

Près des deux-tiers des chefs d'UPI déclarent rencontrer des difficultés dans l'exercice de leur activité : 13 % des chefs d'UPI de taille supérieure déclarent des problèmes de main-d'œuvre (manque de main-d'œuvre qualifiée ou simplement manque de main-d'œuvre) ; 26 % des unités enquêtées mentionnent une concurrence excessive ; 37 % des unités déclarent l'absence de débouchés et le manque de clientèle comme difficultés majeures ; 25 % des unités mentionnent des problèmes d'approvisionnement en matières premières ; 17 % des chefs d'unité mentionnent le manque de capital et d'équipements ; 10 % des chefs d'unité soulignent le manque de place ou de local adapté, et 4,5 % des chefs d'unité soulignent le manque de compétence en gestion.

Les aides souhaitées par les chefs d'UPI sont l'accès au crédit (27 % des chefs d'unités enquêtés), l'accès à l'information sur le marché (16 %), l'accès aux machines modernes (178 %), l'accès à la formation technique (11 %) et à l'assistance pour l'approvisionnement (21 %).

Source : *Rapport ENESIG, 2020.*

### Des emplois concentrés dans les secteurs tertiaire et primaire

Les emplois sont concentrés dans le secteur tertiaire (45 %) et le secteur primaire (40 %), tandis que le secteur secondaire ne contribue qu'à 14,4 % des emplois.

Les femmes en emploi sont plus concentrées dans les secteurs primaire et tertiaire et sont seulement 11 % à occuper des emplois dans des activités de transformation et d'industrie (contre 17 % chez les hommes en emploi).

**Graphe 5. Répartition des emplois par secteur économique et par sexe (population en emploi, 15 ans et plus)**

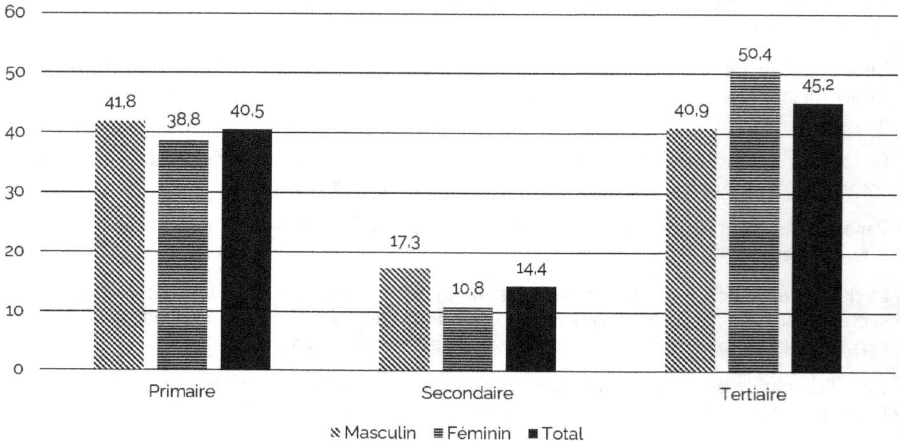


Source : INS, rapport ENESIG1, janvier 2020 (population de référence : 15 ans et plus).

Parmi les hommes en emploi, un tiers d'entre eux sont des agriculteurs ou ouvriers qualifiés de l'agriculture, de la sylviculture et de la pêche, et un cinquième d'entre eux exercent le commerce ou rendent des services directs aux particuliers. Parmi les femmes en emploi, presque la moitié d'entre elles (45 %) sont des commerçantes ou rendent des services directs aux particuliers et un peu moins d'un tiers d'entre elles sont dans l'agriculture, la sylviculture ou la pêche.

En milieu urbain, près de 47 % des personnes en emploi sont des personnels des services directs aux particuliers ou des commerçants ; 16,9 % exercent des métiers qualifiés de l'industrie et de l'artisanat ; 11,4 % exercent des professions intellectuelles et scientifiques.

En milieu rural, la proportion des agriculteurs et ouvriers qualifiés de l'agriculture, de la sylviculture et de la pêche atteint 46 % ; le personnel des services directs aux particuliers ou commerçants représente 24 %.

**Graphe 6. Répartition des emplois par milieu urbain-rural et secteur d'activité ( % personnes dans l'emploi, 15 ans et plus)**

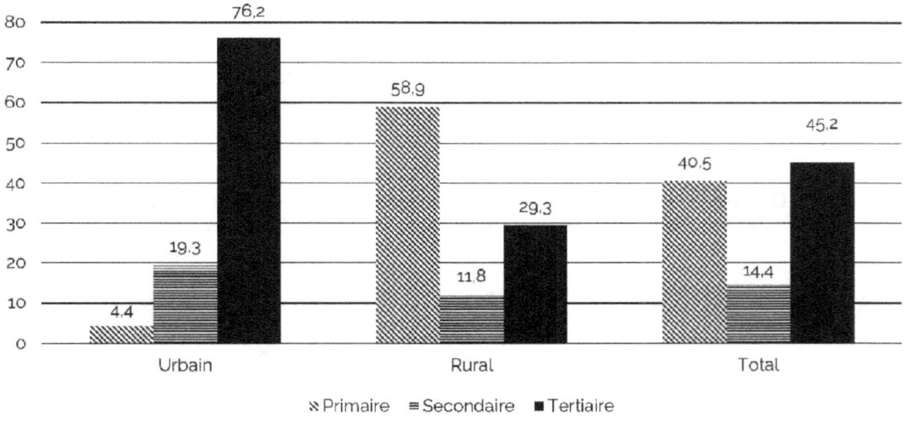


Source : INS, rapport ENESIG1, janvier 2020 (population de référence : 15 ans et plus).

*La prédominance du statut de travailleur indépendant*

La majorité des personnes dans l'emploi ont le statut de travailleur indépendant (82,3 %), dont une grande partie de travailleurs à compte propre, qui représentent 62,2 % de la population totale en emploi contre 2,8 % pour les employeurs et 17,3 % pour les aides familiaux.

**Encadré 2. Les statuts selon la profession**

La situation dans la profession est analysée en référence à la classification internationale selon la situation dans la profession selon les six catégories suivantes : (i) salariés, (ii) employeurs (iii) personnes travaillant pour leur propre compte, (iv) membres de coopératives de producteurs, (v) travailleurs familiaux collaborant à l'entreprise familiale, (vi) travailleurs inclassables d'après la situation dans la profession.

Cette classification distingue « emploi rémunéré » et « emploi à titre indépendant ».

L'ENESIG distingue quatre catégories : salariés, employeurs, travailleurs à compte propre et aides familiaux.

Source : INS, rapport ENESIG1, janvier 2020.

*Les personnes en auto-emploi* (employeurs et travailleurs à compte propre) représentent 65,8 % de la population en emploi, avec une proportion plus élevée en milieu rural (67,8 %) qu'en milieu urbain (62 %). En milieu urbain, les trois quarts des femmes sont dans l'auto-emploi (75,1 % contre 50,4 % parmi les hommes) et en milieu rural, la proportion des hommes est de 73,5 % contre 60,4 % pour les femmes. La moitié des jeunes de 15 à 34 ans dans l'emploi sont dans l'auto-emploi (55 %, et 40 % des jeunes âgés de 15 à 24 ans).

*Les emplois indépendants* sont concentrés dans le secteur primaire et le secteur tertiaire (respectivement 47,9 % et 45,2 %, contre 11,6 % dans le secondaire), dont : *les travailleurs à compte* propre plus présents dans le secteur tertiaire (48 %) et le secteur primaire (40 %), *les employeurs* plus présents dans le secteur secondaire (42,1 % contre 33 % dans le secteur tertiaire et 24,7 % dans le secteur primaire), et *les aides familiaux* concentrés dans le secteur primaire (80 % contre 15 % dans le secteur tertiaire et 5 % dans le secteur secondaire).

**Graphe 7. Répartition des personnes en emploi par statut selon le sexe et le milieu de résidence ( % personnes en emploi, 15 ans et plus)**

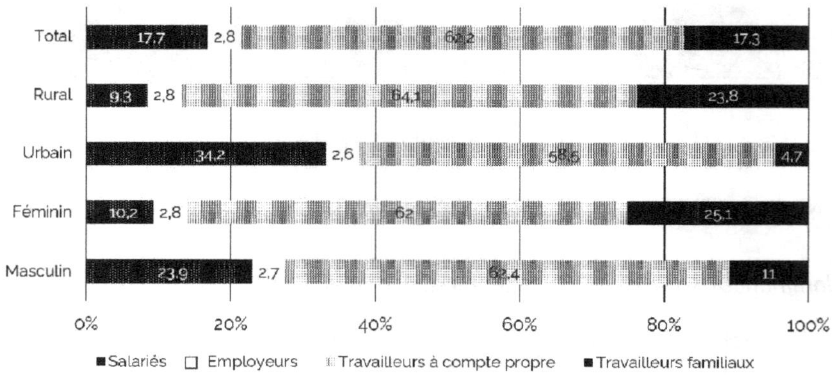


Source : INS, rapport ENESIG, janvier 2020 (population de référence : 15 ans et plus).

*Les emplois salariés* représentent 17,7 % des emplois et sont concentrés dans le secteur tertiaire (66,5 %, contre 6,2 % dans le secteur primaire). Il y a deux fois moins de femmes que d'hommes dans les emplois rémunérés (10,2 % contre 23,9 % pour les hommes) et trois fois moins en milieu rural (9,3 % contre 34,2 % en milieu urbain).

**Graphe 8. Répartition des personnes en emploi par statut selon le secteur d'activité ( % personnes en emploi, 15 ans et plus)**

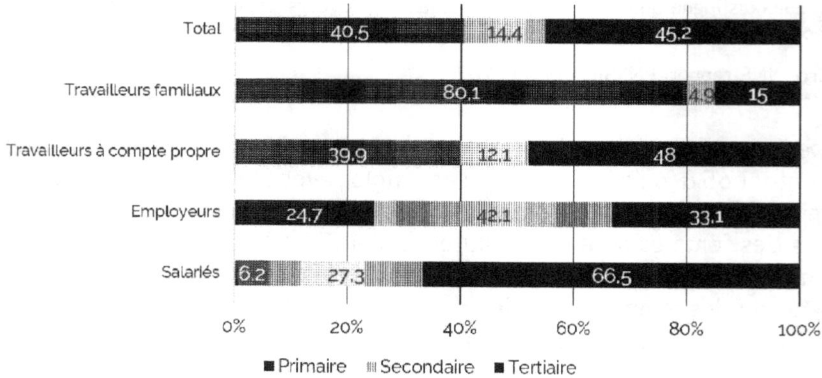


Source : INS, rapport ENESIG1, janvier 2020 (population de référence : 15 ans et plus).

## Une forte vulnérabilité dans l'emploi

*Le taux d'emplois vulnérables* - part des travailleurs exerçant à compte propre et des travailleurs familiaux non rémunérés dans l'emploi total - est de 83 % pour l'ensemble de la population en emploi. Il est nettement plus élevé chez les femmes (90 % contre 77 % parmi les hommes). La vulnérabilité dans l'emploi reste plus marquée chez les jeunes (85,6 % des 15-24 ans, 82,2 % chez les 15-34 ans, en particulier parmi les jeunes femmes (92 % sur la tranche 15-24 ans et 90 % sur la tranche 15-34 ans).

*Le niveau de salaire* est très faible, et un quart des travailleurs salariés ont un salaire inférieur à 440 000 GNF par mois (22,6 % en milieu rural et 19,5 % en milieu urbain), avec des écarts significatifs par sexe (30 % des femmes salariées contre 15 % des hommes).

Le *taux d'emploi précaire* est de 10 % pour l'ensemble de la population en emploi. Ce taux est plus élevé chez les jeunes de 15 à 24 ans (13,9 %) et les jeunes de 15 à 34 ans (13,3 %). Il est aussi plus élevé en milieu urbain (18,9 %) et chez les hommes (25,8 %).

En raison de la précarité des emplois et des faibles niveaux de rémunération, la *pluriactivité* reste prédominante. Environ 83 % de la population en emploi effectue au moins une activité secondaire. Cette pluriactivité concerne plus les femmes (90 %) que les hommes (77 %) et est plus fréquente en milieu rural (94 %) qu'en milieu urbain (68 %). Le taux de pluriactivité est plus élevé chez les jeunes de 15 à 24 ans (85,6 %) et les jeunes de 15 à 34 ans (82,2 %).

## Une faible couverture légale et sociale

Au niveau national, 36,1 % des personnes employées ont un contrat écrit à durée indéterminée, près de 17,6 % ont un contrat à durée déterminée, 22,4 % ont un accord verbal et 23,8 % n'ont aucun contrat ou accord. Près de 38 % des hommes ont un contrat à durée indéterminée, 17,7 % ont un contrat écrit à durée déterminée, 23 % n'ont qu'un accord verbal et 21,3 % n'ont aucun accord. Chez les femmes, près de 31 % ont un contrat à durée indéterminée, 17,4 % ont un contrat écrit à durée déterminée, 20 % n'ont qu'un accord verbal et 31,8 % n'ont aucun contrat ou accord.

Au niveau national, environ 2 % seulement des employés déclarent être affiliés à une organisation d'assurance (2 % pour les hommes et 1 % pour les femmes). L'affiliation d'une entreprise à une structure d'assurance est plus importante en milieu urbain.

## Conclusion

Les enjeux des questions d'emploi sont à la hauteur des défis posés, en termes de déficits quantitatifs et qualitatifs de l'emploi, et de disparités dans l'accès à des emplois productifs et décents. Ces enjeux sont aussi majeurs au regard des transformations à venir (productives, démographiques, technologiques, écologiques...). C'est pourquoi les autorités publiques doivent adopter un ensemble mesures équilibrées et cohérentes en faveur de l'emploi, que ce soit dans les politiques macroéconomiques et sectorielles en faveur de la transformation structurelle et de la diversification productive, dans les politiques d(éducation, de formation et de développement des compétences, ou les politiques actives du marché du travail, en appui à aux programmes d'emploi publics, à l'entrepreneuriat, à la protection sociale et à la formalisation.

Il est important de créer les conditions d'une croissance économique créatrice d'emplois productifs, ciblant la transformation des produits primaires et agricoles, le développement d'industries locales, la promotion des entreprises locales, l'adoption de technologies douces et innovantes, et de renforcer les systèmes d'éducation et de formation pour les adapter aux besoins futurs de l'économie, en les arrimant aux priorités sectorielles.

Des mesures macroéconomiques monétaires favorables à l'inclusion financière sont à privilégiées, couplées avec des incitations fiscales qui soutiennent les entreprises et l'emploi, renforcent la demande globale et accroissent l'investissement productif. Des mesures budgétaires ciblées peuvent favoriser le maintien du pouvoir d'achat des ménages, et promouvoir l'emploi dans les investissements publics et privés. Des mesures favorables à la formalisation des emplois informels sont essentielles, en particulier en matière d'accès à une couverture légale et à la protection sociale, et d'accès à des systèmes d'enregistrement et de fiscalité adaptés aux réalités des unités de production informelles, et couplés à des mesures d'accompagnement dans l'accès au financement et aux marchés.

CHAPITRE II

# L'emploi des jeunes : défis et opportunités

## Introduction

L'emploi des jeunes constitue un défi majeur du développement humain durable de la Guinée. Ce chapitre présente une analyse condensée de la situation de de l'emploi des jeunes en Guinée, à partir des résultats de l'Enquête nationale sur l'emploi et le secteur informel en Guinée (ENESIG 2019) menée sur la base du Recensement général de la population et de l'habitat.

L'analyse analyse la situation des jeunes dans l'emploi en se référant à la situation nationale à partir des indicateurs du travail et de l'emploi calculés par l'Institut national des statistiques (INS, Rapport ENESIG, janvier 2020). L'analyse est menée à travers la désagrégation d'indicateurs du travail et de l'emploi au niveau national selon plusieurs variables (sexe, lieu de résidence, niveau d'éducation, existence d'un handicap, statut de migrant, etc.), à partir de données issues d'enquêtes réalisées auprès des ménages et des unités de production informelles.

Les déficits quantitatifs et qualitatifs de l'emploi sont présentés, en particulier les mesures du chômage, du sous-emploi, de l'inactivité, de la vulnérabilité dans l'emploi et de l'informalité.

Les jeunes rencontrent de nombreux défis pour accéder à des emplois productifs et décents. La grande majorité des jeunes qui sont dans l'emploi occupent des emplois vulnérables et précaires, ce qui impacte sur leurs parcours professionnels et les possibilités d'insertion durable dans l'emploi.

# 1. Une participation au marché du travail relativement faible chez les jeunes

## 1.1. La jeunesse de la population en âge de travailler : un atout majeur

La jeunesse de la population est une caractéristique majeure, l'âge moyen étant de 22 ans et l'âge médian de 16 ans. Plus des trois quarts de la population ont moins de 35 ans. La population âgée de 0 à 14 ans est estimée à 5,8 millions, soit 44 % de la population, tandis qu'un peu plus du tiers de la population est âgé de 15 à 34 ans.

La population en âge légale de travailler, de 15 à 64 ans, est estimée à 7 millions soit 51 % de la population totale. La population de 15 ans et plus, est estimée à 7,46 millions, soit 54,5 % de la population totale (INS, 2022).

La population en âge de travailler (15 ans et plus) représente plus de la moitié de la population totale. Cette proportion est plus élevée parmi les femmes, soit 56 % de femmes en âge de travailler (contre 50 % chez les hommes).

Le taux de dépendance démographique (moins de 15 ans) reste élevé, notamment en milieu rural. La population en âge de travailler représente 56 % de la population urbaine contre 51 % de la population rurale.

Plus de la moitié de la population en âge de travailler est jeune en raison de la structure de la population en Guinée : 28 % ont entre 15 et 24 ans, 52 % ont entre 15 et 34 ans, près de 40 % ont entre 35 et 64 ans et 8 % ont 65 ans et plus.

Sur la base de la définition de la jeunesse de la Charte africaine de la jeunesse (15-34 ans), les jeunes représentent un peu plus de la moitié de la population en âge de travailler en Guinée.

Compte tenu des tendances démographiques, la jeunesse de la population en âge de travailler continuera à rester une donnée majeure sur les trente prochaines années. Le dividende démographique peut être un atout considérable dans les années à venir pour l'économie guinéenne, à condition que les politiques d'éducation, de santé et de développement économique soient cohérentes et centrées sur le capital humain et l'inclusion.[2]

[2] Investir dans l'éducation est une condition majeure. En Guinée, le taux d'alphabétisation est de 40 %. Environ un quart de la population a atteint le niveau d'éducation primaire, 11 % le niveau secondaire et 3 % le niveau supérieur (INS, 2022).

### 1.2. Une participation à la main d'oeuvre relativement faible chez les femmes et les jeunes

Plus de la moitié de la population en âge de travailler – âgée de 15 ans et plus – soit 54,2 %, est considérée comme population active, c'est-à-dire dans l'emploi ou au chômage (voir Chapitre 1).

Ce taux national moyen de participation à la main-d'œuvre dissiumule des différences notables selon le sexe, le lieu de résidence et l'âge. Ce taux est de 67 % chez les hommes, contre 44 % chez les femmes. En milieu urbain, il est de 61 % pour les hommes contre 43 % chez les femmes. En milieu rural, un peu plus de cinq hommes sur dix sont dans la main-d'œuvre contre quatre femmes sur dix.

Enfin, près de 45 % des jeunes de 15 à 34 ans sont dans la main-d'œuvre (occupant un emploi ou au chômage), contre 29 % des jeunes de 15 à 24 ans.

Parmi les jeunes de 15 à 19 ans, le taux de participation des jeunes hommes et jeunes femmes est de 25 % en milieu rural, alors qu'en milieu urbain ce taux est de 9 % pour les hommes et 12 % pour les femmes. En milieu rural, les jeunes quittent plus vite l'école et entrent précocement sur le marché du travail, pour occuper des emplois majoritairement informels.

## 2. Une main-d'œuvre largement sous-utilisée chez les jeunes et les femmes

### 2.1 Un taux d'emploi relativement faible chez les jeunes

La population en âge de travailler (15 ans et plus) est estimée à 54 % de la population totale. Parmi cette population en âge de travailler, un peu plus de la moitié exerce un emploi, c'est-à-dire est engagée dans une activité productive contre rémunération ou profit.

Selon l'ENESIG (2019, le taux d'emploi est nettement plus élevé pour les hommes (64 % contre 42 % chez les femmes) et en milieu rural (près de 55 % contre 46 % en milieu urbain).

Chez les jeunes de 15 à 34 ans, le taux d'emploi reste inférieur à la moyenne nationale, soit 41 % (et 26 % chez les jeunes de 15 à 24 ans).

Le taux d'emploi parmi les personnes de 15 ans et plus, sans niveau d'instruction, est de 59 %, il est de 52 % pour ceux ayant atteint le niveau primaire ; 30 % pour le niveau secondaire, et 31 % pour le niveau supérieur.

**Encadré 1. Les principaux indicateurs de l'emploi des jeunes en Guinée (2019)**

La proportion de la *population en âge de travailler* (15 ans et plus) est estimée à 53 % de la population totale. Et elle est essentiellement jeune (28 % ont entre 15 et 24 ans, 52 % ont entre 15 et 34 ans).

Plus de la moitié de la population en âge de travailler (54 %) est inscrite au sein de la population active – c'est-à-dire dans l'emploi ou au chômage. Parmi les jeunes de 15-34 ans, ce taux est de 45 %.

Un peu plus de la moitié de la main-d'œuvre totale (soit 52 %) exerce un *emploi*, c'est-à-dire est engagée dans une activité productive contre rémunération ou profit. Chez les jeunes de 15 à 34 ans, le taux d'emploi atteint seulement 41 % (et 26 % chez les jeunes de 15 à 24 ans).

*Le taux de chômage* est de 7,7 % chez les jeunes de 15 à 34 ans contre 4,8 %, au niveau national.

*Le taux de sous-emploi visible*, lié au temps de travail, est de 31,4 %. Il est de 32,5 % chez les jeunes de 15 à 34 ans.

*Le taux de sous-emploi invisible* est estimé à 9 % de la population en emploi. Il est plus élevé parmi les jeunes âgés de 15 à 24 ans (15,1 %) et les jeunes de 15 à 34 ans (10,5 %).

*Le taux combiné du chômage et du sous-emploi* est estimé à 34,7 % de la main-d'œuvre. Il atteint 37,7 % chez les jeunes de 15 à 34 ans.

*La proportion des personnes au chômage ou dans la main-d'œuvre potentielle* par rapport à la main-d'œuvre élargie est estimée à 10,4 % au niveau national. Elle est plus élevée chez les jeunes de 15 à 34 ans (12,3 %) et chez les jeunes de 15 à 24 ans (13 %).

*Le taux de sous-utilisation de la main-d'œuvre élargie* est estimé à 38,5 % au niveau national, avec de fortes disparités selon le sexe, le lieu de résidence, le statut avec/sans handicap et natif/migrant. Un tiers des jeunes de 15 à 34 ans sont affectés par la sous-utilisation de leur force de travail (en étant soit au chômage, soit en sous-emploi, soit dans la main-d'œuvre potentielle).

*La vulnérabilité dans l'emploi* reste plus marquée chez les jeunes (85,6 % des 15-24 ans 82,2 % chez les 15-34 ans, en particulier parmi les jeunes femmes (92 % sur la tranche 15-24 ans et 90 % sur la tranche 15-34 ans).

Les jeunes de 15 à 34 ans qui sont dans l'emploi occupent à 95 % des emplois informels. Le taux de vulnérabilité des jeunes dans l'emploi informel est très élevé, la grande majorité d'entre eux travaillent à compte propre, sont des apprentis, stagiaires et bénévoles non payés, ou des aides familiaux non rémunérés, et seulement un dixième d'entre eux sont des apprentis rémunérés ou ont un statut de patron d'unité de production informelle (UPI).

*La proportion des jeunes ni dans l'emploi ni dans l'éducation ou la formation* (indicateur Objectif du développement durable (ODD) 8.6.1) atteint 37 % de la population des jeunes de 15 à 34 ans. Elle est plus élevée parmi les jeunes femmes (46 % contre 24 % pour les jeunes hommes) et parmi les jeunes vivant en milieu rural (41 % contre 32 % en milieu urbain).

Source : ENESIG, 2018-2019 et analyse, janvier 2020.

## 2.2 Le chômage : un phénomène essentiellement urbain, masculin et chez les jeunes diplômés

Au niveau national, le taux de chômage est estimé à 4,8 %. Cet indicateur ne peut être analysé isolément ; il constitue une des variables des indicateurs composites de sous-utilisation de la main-d'œuvre.

Si la portée de cet indicateur reste faible, sa désagrégation, selon le lieu de résidence, le sexe et l'âge, révèle des disparités importantes :

- le taux de chômage est plus élevé en milieu urbain, soit 5 % contre 2,2 % en milieu rural ; il atteint 14 % à Conakry ;
- en milieu urbain, le taux de chômage des hommes est largement supérieur à celui des femmes (respectivement 9,5 % contre 2,2 %) ;
- le taux de chômage reste plus élevé chez les jeunes, soit 7,7 % chez les jeunes de 15 à 34 ans et 7,6 % chez les jeunes de 15 à 24 ans, en particulier en milieu urbain : soit 15,4 % et 15,3 % respectivement ;
- le chômage touche 34,5 % des personnes qui ont atteint un niveau d'éducation supérieur et 7 % de celles qui ont atteint le niveau secondaire, contre 3,8 % de celles qui ont un niveau primaire et 2,4 % des personnes qui n'ont atteint aucun niveau d'éducation.

Ainsi, le chômage est un phénomène urbain, masculin, jeune, et concerne les plus éduqués.

Environ 70 % des chômeurs sont à la recherche de leur premier emploi dans la capitale Conakry. Le phénomène de dévalorisation des diplômes amène à un déclassement sur le marché du travail et à la précarisation des emplois occupés par des jeunes sortant du système scolaire (tels que pompistes dans les stations d'essence, conducteurs de motos-taxis dans les grandes villes, enseignants contractuels à l'heure, vendeurs à la sauvette ou magasiniers, etc.). Cette précarisation nourrit les projets de migration irrégulière.

### 2.3 Un sous-emploi élevé parmi les jeunes et les femmes

Le sous-emploi concerne plus les femmes et les jeunes, ainsi que les migrants et les personnes vivant avec un handicap et occupant un emploi (voir Encadré 2).

Le taux combiné du chômage et du sous-emploi est estimé à 34,7 % de la main-d'œuvre. Il est plus élevé dans certaines régions et atteint 44 % à Conakry. Il est plus élevé en milieu urbain (37,8 %), chez les femmes (38,7 %), chez les jeunes de 15 à 34 ans (37,7 %), chez les personnes vivant avec un handicap (45,3 %) et les personnes migrantes (36,5 %).

**Encadré 2. Le sous-emploi affecte surtout les femmes et les jeunes**

*Le taux de sous-emploi visible*, lié au temps de travail, est de 31,4 %, il est plus élevé chez les femmes (35,6 %) et en milieu rural. Il est de 32,5 % chez les jeunes de 15 à 34 ans.

Le sous-emploi lié au temps de travail est une situation qui caractérise les personnes en emploi travaillant involontairement moins que la norme horaire par semaine et qui sont disponibles pour travailler plus. Dans l'enquête ENESIG, le sous-emploi lié à la durée du travail concerne les individus occupés, travaillant moins de quarante heures par semaine et disposés à travailler plus.

*Le taux de sous-emploi invisible* est estimé à 9 % de la population en emploi, il est de 9,5 % en milieu urbain et de 8,7 % en milieu rural, de 11,9 % chez les femmes et de 6,6 % chez les hommes. Il est plus élevé parmi les jeunes âgés de 15 à 24 ans (15,1 %) et les jeunes de 15 à 34 ans (10,5 %), ainsi que chez les personnes vivant avec un handicap (14,3 %).

Le sous-emploi invisible est la situation de la personne en emploi dont le revenu horaire issu de l'emploi principal au cours du mois de référence est inférieur à la norme fixée par la réglementation en vigueur. La valeur de cette norme est égale au rapport du SMIG (440 000 GNF) au nombre d'heures de travail par mois calculé sur la base de quarante heures de travail par semaine (11 250 GNF/heure). Le niveau du revenu issu de l'emploi et le nombre d'heures consacrées à l'emploi principal sont les éléments qui déterminent la situation de sous-emploi invisible.

Source : INS, Rapport ENESIG janvier 2020.

## 2.4 Un chômage élargi qui touche plus les jeunes et les femmes

La population hors main-d'œuvre, c'est-à-dire ni dans l'emploi ni au chômage, représente 45,8 % de la population des 15 ans et plus. Elle est plus élevée en milieu urbain qu'en milieu rural (respectivement 48,6 % contre 44,1 %) et parmi les femmes que ce soit en milieu urbain (soit 56,8 % contre 38,7 % chez les hommes), ou en milieu rural (soit 55,8 % contre 29,4 % chez les hommes). Aussi, 65,4 % des personnes vivant avec un handicap, en âge de travailler, sont hors main-d'œuvre.

La population hors main-d'œuvre exerce en majorité des activités de production de biens et services. La population au travail pour la consommation personnelle représente près de 78 % de la population hors main-d'œuvre (environ 2,2 millions de personnes), en étant plus élevée en milieu rural (79 %) et parmi les femmes (86 %).

La proportion des personnes, qui sont soit au chômage soit dans la main-d'œuvre potentielle, est estimée à 10,4 % de la main-d'œuvre élargie. Elle est deux fois plus élevée à Conakry (21,6 %). Elle est relativement élevée en milieu urbain (16 %), chez les femmes (11,6 %), chez les jeunes de 15-34 ans (12,3 %) et chez les 15-24 ans (13 %), ainsi que parmi les personnes vivant avec un handicap (14 %) et les personnes migrantes (14 %).

## 2.5. Une sous-utilisation de la main-d'œuvre en particulier féminine

La sous-utilisation de la main-d'œuvre au sens élargi se mesure par un indicateur composite qui intègre les chômeurs, les personnes en situation de sous-emploi lié à la durée du travail et la main-d'œuvre potentielle, relativement à la main-d'œuvre élargie *(voir Encadré 3)*.

Au niveau national, le taux de sous-utilisation de la main-d'œuvre élargie est estimé à 38,5 %. Il est plus élevé en milieu urbain (42,3 %), parmi les femmes (43 % contre 35 % chez les hommes), parmi les personnes vivant avec un handicap (48 %) et les personnes migrantes (40,9 %).

Une grande proportion des jeunes est en situation de sous-utilisation de leur force de travail, soit 41 % des jeunes de 15 à 34 ans et 42,4 % des jeunes de 15 à 24 ans (contre 38,5 % parmi les 15-64 ans).

**Encadré 3. La main-d'œuvre potentielle et la main-d'œuvre élargie**

*La population hors main-d'œuvre* est l'ensemble des personnes en âge de travailler qui ne sont ni en emploi ni au chômage.

*Le travail de production* pour la consommation personnelle regroupe toutes les personnes en âge de travailler (15 ans ou plus) qui, durant les sept jours précédant l'enquête, ont effectué toute activité destinée à produire des biens ou fournir des services pour leur usage final propre.

*La main-d'œuvre potentielle* regroupe, parmi la population hors main-d'œuvre, les personnes en âge de travailler (15 ans ou plus) qui, pour diverses raisons, ne sont pas sur le marché du travail et peuvent s'y retrouver si certaines conditions sont réunies.

Ces personnes ont précisé lors de l'enquête qu'elles n'étaient ni dans l'emploi ni au chômage sur les sept derniers jours, et que : (i) soit elles avaient effectué des démarches pour chercher un emploi, elles n'étaient pas disponibles sur la période, mais seraient disponibles dans les quinze jours ; (ii) soit elles n'avaient pas effectué de démarches pour chercher un emploi, mais souhaitaient un emploi et étaient disponibles.

*La main-d'œuvre élargie* regroupe les personnes dans la main-d'œuvre (en emploi ou au chômage) et celles dans la main-d'œuvre potentielle.

Source : INS, 2020 et Bureau international du travail-BIT, Statistiques du travail et de l'emploi, rapport CIST, 2013.

**Taux composites de sous-utilisation de la main-d'œuvre selon le sexe,** le lieu de résidence, l'âge, le statut avec/sans handicap et natif/migrant ( % main-d'œuvre et de main-d'œuvre élargie) – Graphes 1 à 4

**Graphe 1**

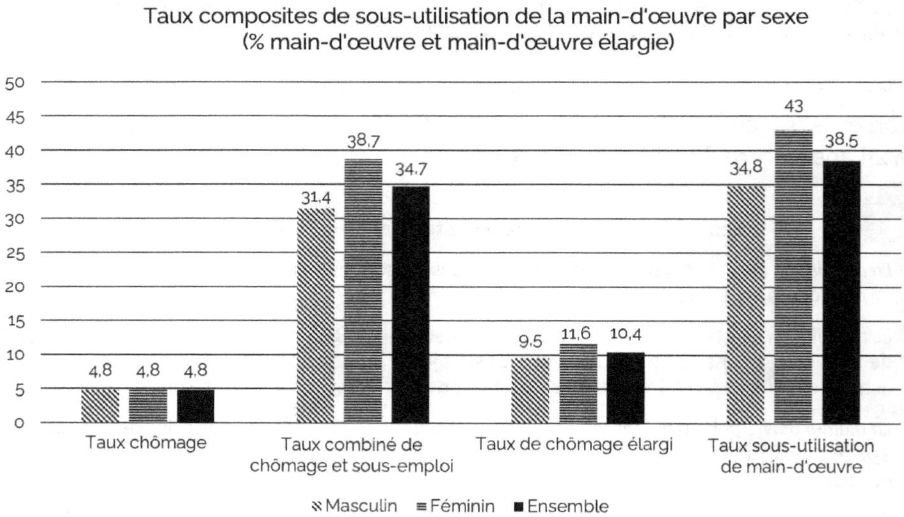


**Graphe 2**

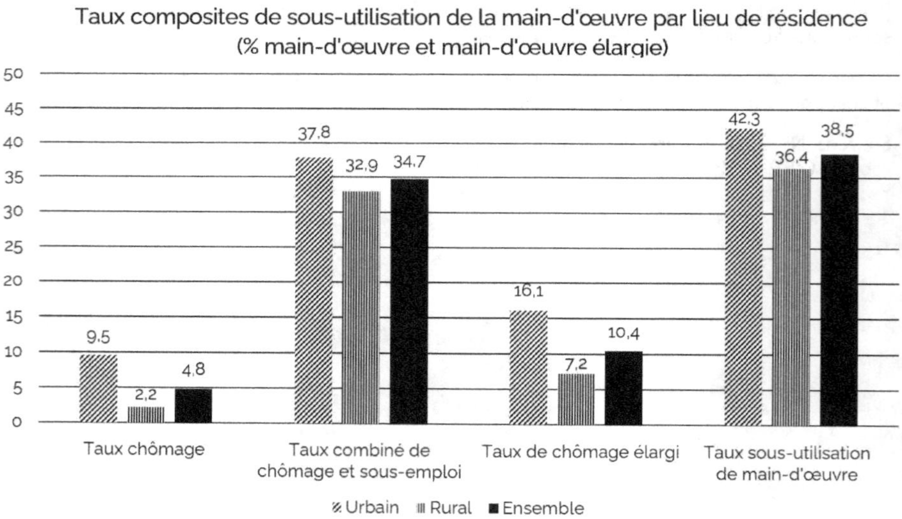

**Graphe 3**

Taux composites de sous-utilisation de la main-d'œuvre par tranche d'âge
(% main-d'œuvre et main-d'œuvre élargie)

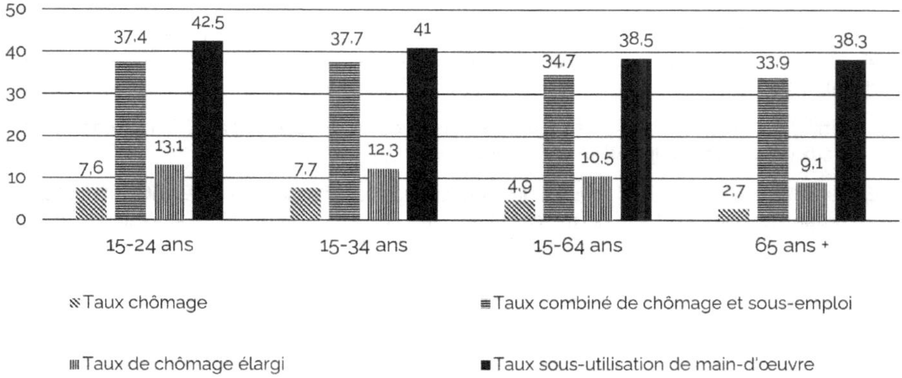


**Graphe 4**

Taux composites de sous-utilisation de la main-d'œuvre
selon le statut avec/sans handicap et natif/migrant (% main-d'œuvre)

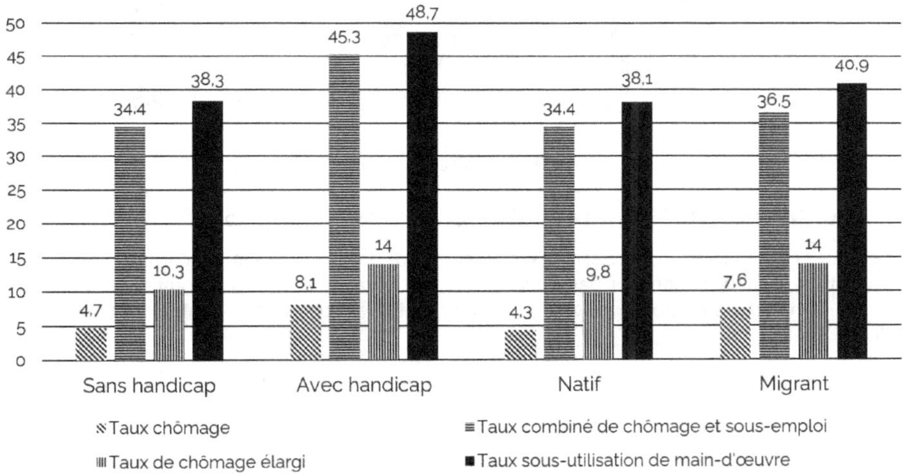


Source : INS, ENESIG 2018-19.

**Encadré 4. Les jeunes ni dans l'emploi ni dans l'éducation ou la formation (15 à 34 ans)**

La Charte africaine de la jeunesse définit les jeunes comme les personnes âgées de 15 à 34 ans. En Guinée, le groupe des 15-34 ans représente un peu plus de la moitié de la population en âge de travailler (15 ans et plus).

Les jeunes de 15 à 34 ans sont plus concernés par le chômage (7,2 %), notamment en milieu urbain et parmi les jeunes hommes (respectivement 17,2 % contre 11,7 % des femmes en milieu urbain).

La moitié des jeunes de 15 à 34 ans ayant atteint le niveau supérieur sont au chômage contre 9 % pour ceux qui ont atteint le niveau secondaire.

Les jeunes qui ne sont ni dans l'emploi ni en éducation ou en formation représentent 37,1 %, et leur proportion est plus forte parmi les jeunes femmes (46,1 % contre 23,7 % pour les jeunes hommes) et en milieu rural (41 % contre 31,8 % en milieu urbain).

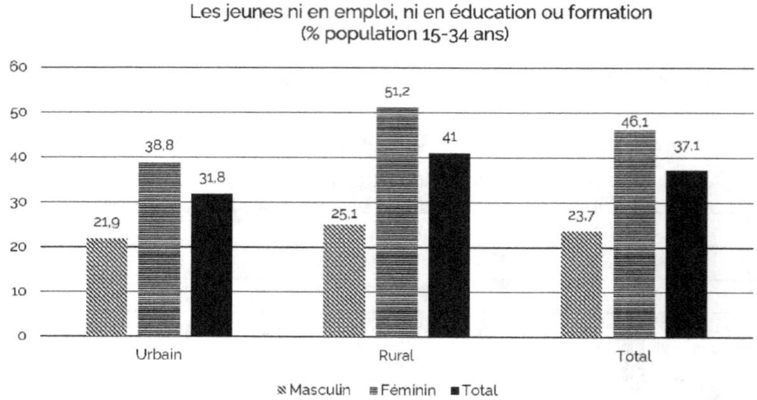


Source : INS, rapport ENESIG, janvier 2020 (population de référence : 15 ans et plus).

Les jeunes vivant avec un handicap sont à près de 70 % dans la situation « ni dans l'emploi, ni en éducation, ni en formation », en particulier les jeunes femmes. Les jeunes migrants se retrouvent à 38 % dans cette situation, avec une proportion nettement plus forte chez les jeunes femmes de 15-34 ans.

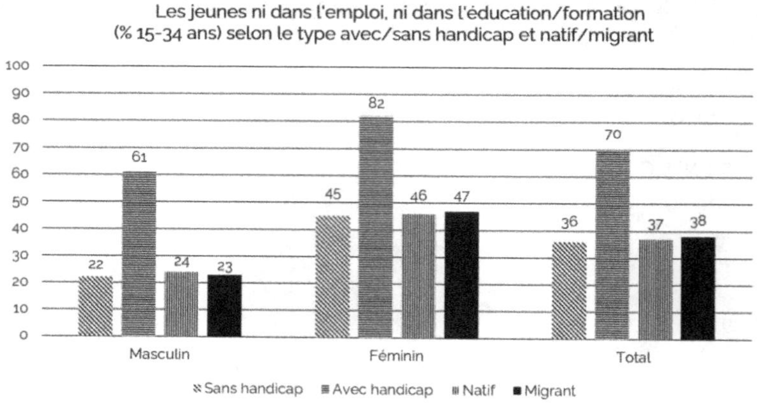


Source : INS, rapport ENESIG, janvier 2020 (population de référence : 15 ans et plus).

# 3. La grande majorité des jeunes occupent des emplois informels

## 3.1 L'emploi informel est prédominant dans tous les secteurs économiques

Une personne en emploi est considérée dans l'emploi informel, si son activité économique échappe à la réglementation du travail en vigueur (absence de couverture sociale ou légale).

En Guinée, l'écrasante majorité des personnes (95,6 %) en emploi (qui ont 15 ans et plus et exercent une activité productive contre rémunération ou profit) sont dans l'emploi informel, soit près de 3,1 millions de personnes (de 15 ans et plus).

L'emploi informel est prédominant en milieu urbain comme en milieu rural (respectivement 96,1 % et 95,3 %), et en proportion égale chez les hommes et les femmes (respectivement 95,8 % et 95,4 %).

Les jeunes de 15 à 34 ans sont dans l'emploi informel à 94,9 %, soit presque autant que la moyenne nationale.

**Le concept de secteur informel et d'emploi informel**

Le concept de *secteur informel* se réfère aux unités de production comme unités d'observation, tandis que le concept d'emploi informel se réfère aux emplois comme unités d'observation. Dans le cadre de l'ENESIG1, les statistiques produites concernent aussi bien l'emploi dans le secteur informel que l'emploi informel.

L'emploi est analysé selon le secteur institutionnel : i) le secteur formel qui comprend l'ensemble des emplois indépendants (employeurs et travailleurs à compte propre), les emplois des administrations publiques ou parapubliques et les emplois des entreprises privées respectant les différents critères de déclaration (comptabilité formelle, déclaration à l'impôt, enregistrement de l'unité économique...) ; et ii) le secteur informel qui comprend les unités économiques privées qui ne remplissent pas les critères de déclaration et d'enregistrement et les ménages privés.

L'emploi est analysé selon deux composantes : i) *l'emploi formel*, qui comprend tous les emplois indépendants du secteur formel, et les emplois salariés classés dans l'emploi formel en raison de la déclaration à la sécurité sociale, l'existence de bulletin de paie et le droit à des congés payés ; et ii) *l'emploi informel* qui comprend les emplois indépendants et les emplois salariés qui ne remplissent pas l'ensemble des critères ci-dessus.

Enfin, les aides familiaux sont systématiquement classés dans l'emploi informel quel que soit le secteur institutionnel dans lequel ils travaillent.

## 3.2 Les jeunes du secteur informel occupent en majorité des emplois vulnérables

### Les employeurs et les travailleurs à compte propre sont en majorité dans l'informel

La majorité des employeurs et des travailleurs à compte propre ne tiennent pas de comptabilité (soit 91 %) et très peu sont ceux qui déclarent tenir un cahier de recettes ou autre (4 %). Et une minorité d'entre eux sont enregistrés : 7 % sont enregistrés au registre de commerce ; 5,5 % ont un numéro d'immatriculation (NIF) et 5 % ont déclaré qu'ils sont enregistrés à la Caisse nationale de sécurité sociale (CNSS).

### La prédominance des micro-unités

Le secteur informel en Guinée compte près de 1,875 million d'unités de production, dont plus des deux-tiers sont en milieu urbain (68 %).

Le nombre total d'emplois créés dans le secteur informel est estimé à plus de 2,5 millions de personnes (10 ans et plus).

Globalement, un peu plus de la moitié de ces unités est gérée par des hommes (50,7 %). En milieu urbain, plus de la moitié des chefs d'unité informelle sont des femmes (55 % contre 45 % d'hommes). En milieu rural, les chefs d'unité sont majoritairement des hommes (62 % contre 38 % de femmes).

Le commerce domine le secteur informel : 59 % des unités informelles évoluent dans le secteur du commerce (57 % dans le commerce de détail et 2,2 % dans le commerce de gros).

Les hommes chefs d'unités de production informelle (UPI) sont majoritaires dans les services et les activités de transformation et d'industrie (86,7 % contre 13,3 % de femmes, et 57 % contre 43 % de femmes, respectivement), alors que dans le commerce, les femmes chefs d'unités sont majoritaires (60 % contre 40 % d'hommes).

La proportion des UPI dans l'agroalimentaire et les autres industries représente respectivement 12,3 % et 7,1 %. Celles qui œuvrent dans la construction, dans la confection et dans le transport représentent respectivement 4 %, 5 % et 6 %.

Avec une taille moyenne de 1,4 personne par unité de production informelle, le secteur informel crée peu d'emplois par unité, et ce, en raison de la prédominance des activités de commerce. La taille moyenne des UPI varie de 1,8 personne dans l'industrie à 1,6 personne dans les services et à 1,1 personne dans le commerce.

Les UPI avec une seule personne représentent 78 % du total des UPI, en particulier dans le secteur du commerce (87 %, contre 69 % dans les services et 64 % dans l'industrie).

Les UPI employant deux personnes représentent 10 %, celles employant trois personnes sont 4,7 % et celles avec quatre personnes et plus pèsent pour 6,7 % des UPI.

Parmi les UPI dirigées par les femmes, 90 % emploient une seule personne (le chef d'unité), 6,1 % deux à trois personnes et 4 % emploient quatre personnes et plus, contre respectivement 67 %, 23,7 % et 9,4 % parmi les hommes chefs d'unité.

**Le travail à compte propre domine dans le secteur informel avec une proportion élevée de femmes et de jeunes**

L'auto-emploi reste majoritaire à hauteur de 72 % des emplois. Les travailleurs à compte propre sont les plus nombreux (63,7 %) et les employeurs 8,2 %.

Parmi les travailleurs à compte propre (sans salarié), la proportion est plus élevée chez les femmes (73 %) que chez les hommes (57 %).

L'auto-emploi domine dans les activités de commerce (85,6 %) et les services (62 %) et représente plus de moitié de l'emploi dans les UPI de l'industrie (57 %).

Le taux de salarisation demeure très marginal (0,4 %), et la proportion des salariés est plus importante parmi les hommes (0,6 %) que chez les femmes (0,2 %).

La part de l'emploi non-salarié représente près de 25 %. Les apprentis rémunérés représentent 12,7 %, tandis que les aides familiaux non rémunérés représentent 6,1 % des personnes dans l'emploi.

**Une forte vulnérabilité des emplois du secteur informel, en particulier chez les jeunes**

En moyenne, le taux des emplois vulnérables (travailleurs à compte propre et aides familiaux) dans le secteur informel atteint 70 %.

Le taux de vulnérabilité des jeunes dans l'emploi est très élevé. Les jeunes de moins de 25 ans qui travaillent dans le secteur informel sont à 31 % des travailleurs à compte propre (30 % en milieu urbain et 35 % en milieu rural) ; 42 % d'entre eux sont des apprentis, stagiaires et bénévoles non payés, et 13 % sont des aides familiaux, seulement 6 % d'entre eux sont des apprentis rémunérés et près de 4 % ont un statut d'employeurs. Les jeunes sont aussi plus présents dans l'industrie (49 %) et le commerce (32 %) que dans les services (19 %).

### La précarité des conditions de travail chez les jeunes travailleurs informels

La moitié des travailleurs du secteur informel exercent dans le secteur du commerce, plus d'un tiers dans le secteur de la transformation et de l'industrie et près d'un septième dans le secteur des services.

Si, globalement, le revenu mensuel moyen dans le secteur informel en 2019, est de 502 659 GNF, alors que le SMIG est fixé à 440 000 GNF, et le revenu médian est de 450 000 GNF. Il existe de fortes disparités de revenu selon les secteurs, la taille des unités, le sexe et l'âge des travailleurs informels. Aussi, les conditions de travail restent précaires et 81,5 % des travailleurs du secteur informel travaillent au-delà de quarante heures par semaine.

Les deux-tiers des travailleurs apprennent ou ont appris leur métier tout seul ou par la pratique. Un quart d'entre eux (25,2 %) a été formé dans les petites entreprises et seulement 2,2 % d'entre eux ont appris le métier dans une école professionnelle. Ceux qui ont bénéficié d'un apprentissage dans les petites entreprises, sont deux fois plus nombreux en milieu urbain (29,3 % contre 16,6 % en milieu rural) et parmi les hommes (31,8 % contre 16,7 % chez les femmes).

## Conclusion

Les jeunes rencontrent de nombreux défis pour leur insertion durable dans l'emploi.

La proportion des jeunes ni dans l'emploi ni dans l'éducation ou la formation atteint 37 %, avec une part supérieure parmi les jeunes femmes (46 %) et ceux d'entre eux qui vivent en milieu rural (41 %).

Le niveau de participation des jeunes au marché du travail et leur attachement au marché du travail (main-d'œuvre potentielle) restent faibles.

Aussi, la sous-utilisation de la force de travail des jeunes est un défi majeur. Le taux composite du chômage et sous-emploi atteint 38 % chez les jeunes de 15 à 34 ans et le taux composite de sous-utilisation de la main-d'œuvre des jeunes atteint 33 % (en référence à la main-d'œuvre élargie).

La grande majorité des jeunes qui sont dans l'emploi occupent des emplois vulnérables et précaires, ce qui impacte sur leurs parcours professionnels et les possibilités d'insertion durable dans l'emploi.

Les jeunes sont en grande majorité installés à leur compte propre ou sont des aides familiaux (82 %), en particulier les jeunes femmes (90 %). Le taux de pluriactivité est élevé (82 % des jeunes en emploi) traduisant une stratégie individuelle ou collective de diversification des sources de revenu dans un environnement incertain et précaire.

Les jeunes occupent 95 % des emplois informels, sans couverture légale ou sociale, et avec des perspectives d'insertion professionnelle limitées, compte tenu des caractéristiques des unités de production informelles.

Certaines catégories de jeunes sont plus touchées par ces défis, notamment les jeunes femmes, les jeunes ruraux, les jeunes vivant avec un handicap, les jeunes migrants, qui font face à des barrières plus importantes à l'entrée du marché de l'emploi (opportunités d'emploi, qualité des emplois occupés, opportunités de formation et de développement de leurs compétences, conditions de travail, perspectives d'insertion durable, etc.).

L'incapacité du système économique à créer des emplois de qualité s'est traduite par un essor des emplois de survie dans le secteur informel. Les jeunes travailleurs sont contraints d'occuper des emplois moins qualifiés par rapport à leur niveau d'éducation, et peu rémunérés. Si les formes décentes de l'emploi renforcent le développement humain et permettent de libérer le potentiel, la créativité et l'esprit humain, les emplois précaires et non protégés peuvent être profondément destructifs. Il s'agit donc de permettre à l'économie nationale d'offrir des emplois de qualité correspondant aux aspirations des jeunes et à haut niveau de productivité.

Pour répondre à ces défis et anticiper les transformations à venir du fait des multiples transitions en cours (démographique, technologique, écologique...), les autorités publiques et les partenaires sociaux doivent s'attacher à mettre en place, avec le concours de ses principaux partenaires, notamment les agences des Nations Unies, les banques de développement et les agences de coopération bilatérales, un éventail de mesures cohérentes et complémentaires en faveur de l'emploi des jeunes, ciblant le développement des compétences et de l'employabilité, l'insertion durable dans l'emploi, l'extension de la protection sociale, l'appui à l'entrepreneuriat des jeunes et les femmes.

L'Etat peut adopter des mesures budgétaires ciblées peuvent favoriser le maintien du pouvoir d'achat des ménages et promouvoir l'emploi des jeunes à travers des subventions à l'emploi, des programmes d'emploi publics, des programmes d'infrastructures à haute intensité de main-d'œuvre, tout en renforçant l'employabilité des jeunes par des subventions pour la formation professionnelle et l'apprentissage.

Des mesures budgétaires favorables aux services de l'emploi (publics, privés ou du tiers-secteur) sont aussi essentielles, pour renforcer leur champ d'action et leur efficacité, dans leur rôle d'accompagnement, de placement, et de mise en adéquation des compétences des jeunes par rapport aux besoins futurs de l'économie, ainsi que dans la mise en place de mesures actives ciblant les catégories les plus vulnérables. Ceci est essentiel afin de garantir l'égalité d'accès à l'emploi et l'égalité de traitement pour les différentes catégories de jeunes travailleurs.

PARTIE II

# L'emploi : une variable de convergence des politiques publiques

## Introduction

Face aux défis de l'emploi en Afrique, les chefs d'État et de gouvernements africains ont affiché, au cours de ces deux dernières décennies, une volonté politique de promouvoir le plein-emploi productif, librement choisi et l'accès de tous à un travail décent. Ils se sont engagés à placer l'emploi au centre des stratégies nationales de développement et à adopter une approche intégrée et globale pour l'emploi. Ils ont également appelé à appliquer les principes d'inclusion et d'égalité dans les programmes et politiques en faveur de l'emploi. Ils se sont aussi engagés à renforcer les institutions pour une mise en œuvre coordonnée et intégrée des politiques d'emploi sur la base de la participation, du tripartisme et du dialogue social.

L'objectif du plein emploi et du travail décent est classé au huitième rang des Objectifs du Développement Durable (ODD 8). En effet, agir en faveur de l'emploi productif et décent, est au cœur du développement durable, car l'emploi constitue d'une part, un facteur de croissance économique et, d'autre part, un facteur d'inclusion sociale et de réduction des inégalités.

En Guinée, l'emploi est au cœur des politiques publiques et des réformes institutionnelles engagées par le Gouvernement. Ainsi, une Politique nationale de l'emploi (2024-2030) a été élaborée dans un contexte d'engagement renouvelé de l'État à mettre l'emploi au cœur de l'action publique.

À travers la Politique nationale de l'Emploi, pilotée par la Primature et mise en œuvre sur une base interministérielle, l'emploi est au centre des priorités nationales de développement en Guinée (chapitre 3).

Les enjeux de la transformation des modes de production sont majeurs, à travers l'essor d'unités industrielles inscrit dans des dynamiques territorialisées. Ainsi, les investissements opérés dans les mines, l'agriculture, les filières agroalimentaires, les infrastructures, le transport, le tourisme et l'artisanat, la culture, l'économie numérique, l'économie bleue et autres secteurs moteurs, sont des leviers essentiels pour la création d'emplois productifs et durables (chapitres 4 à 10).

CHAPITRE III

# La Politique nationale de l'emploi

## Introduction

En Guinée, l'emploi est un impératif que le Gouvernement a intégré de façon transversale dans les politiques macroéconomiques et sectorielles, mais aussi de façon spécifique en tant que composante prioritaire du Programme de référence intérimaire : « La promotion de l'emploi décent doit être au cœur des politiques publiques dans une perspective d'inclusion financière, technologique et entrepreneuriale notamment des jeunes et des femmes. » (Programme de Référence Intérimaire, page 51).

La Politique nationale de l'emploi (2024-2030) a été élaborée à travers une série de consultations intersectorielles. Elle s'est alignée au Programme de référence intérimaire et de relance économique, et prend en compte tous les leviers permettant d'agir tant sur la demande que sur l'offre d'emploi de l'économie nationale. Cette Politique place l'emploi comme variable de convergence des politiques publiques, que ce soit les politiques budgétaire et monétaire, les stratégies sectorielles, les programmes d'investissement public ou les mesures actives d'insertion dans l'emploi et programmes ciblés en faveur des jeunes et des femmes.

## 1. L'emploi au centre de la vision et du cadre national de développement en Guinée

La Vision 2040 pour une Guinée émergente et prospère constitue un cadre stratégique fédérateur de tous les efforts de développement des acteurs et un cadre de référence pour l'action publique en partenariat avurec les acteurs économiques et sociaux. Son objectif général est de « bâtir à l'horizon 2040 un pays émergent et prospère, maître de son destin, assurant un niveau élevé de bien-être à ses populations et garantissant l'avenir des générations futures ». Parmi les six piliers de la Vision 2040, le pilier 3 portant sur le développement du capital humain et le pilier 5 sur la transformation structurelle de l'économie soulignent la centralité de l'emploi productif et décent dans une stratégie de diversification économique, d'intégration du secteur minier au reste de l'économie et de promotion du secteur privé.

Le Programme de Référence Intérimaire (2022-2025), aligné sur la Vision 2040 s'articule autour de cinq orientations stratégiques : (i) réformes institutionnelles, (ii) cadre macroéconomique et financier, (ii) cadre légal et gouvernance, (iv) action sociale, emploi et employabilité des jeunes, (v) infrastructures, connectivité et assainissement.

Le Programme Simandou 2040 est une initiative du gouvernement visant à transformer la Guinée pour en faire un modèle de développement « durable et responsable » sur les quinze prochaines années, en privilégiant des secteurs prioritaires (agriculture, industrie alimentaire, commerce, éducation, culture, infrastructures, transports, technologies, santé, finances, etc.).

La Politique nationale de l'emploi (PNE) est alignée sur les objectifs fixés par le gouvernement ; elle intègre particulièrement les priorités portées sur l'emploi et le capital humain. La PNE s'appuie sur une vision de l'Etat qui est celle d'un « Etat au service de la transformation économique, du développement des entreprises, et de l'inclusion ; un Etat qui soutient les opérateurs économiques et communautés, dans les grands secteurs prioritaires, et anticipe les besoins de développement (besoins en compétences, en infrastructures...) et trouve les moyens pour y répondre. Par conséquent, un État qui s'assure qu'en Guinée, chaque citoyen en âge de travailler à accès à un emploi productif et décent, sans discrimination ».

La PNE est un document cadre qui fournit les grandes orientations stratégiques sur l'emploi pour l'ensemble des acteurs publics et privés, décideurs et opérateurs économiques.

Les conditions pour une mise en œuvre effective et réussie d'une PNE sont de trois ordres : (i) la Politique doit s'appuyer sur une vision, c'est-à-dire sur les priorités fixées pour les prochaines années en étant arrimées aux priorités de développement national ; (ii) le processus de formulation de la PNE est nécessairement concerté : il est fondé sur le dialogue entre acteurs publics, privés et de la société civile, et des consultations élargies au niveau national, régional et local, pour conduire à une plate-forme commune ; (iii) le processus de formulation de la PNE est nécessairement cohérent : l'interdépendance est claire et la cohérence des politiques est assurée.

La vision portée par la PNE (2024-2030) est celle d'une Guinée où « chaque citoyen(ne) en âge de travailler peut accéder à un emploi productif et décent, qui lui permet de contribuer au développement d'une économie inclusive et durable ».

Aussi, la PNE se fixe comme mission de « promouvoir les opportunités d'emplois productifs et de qualité, et l'égalité dans l'accès aux emplois décents, en particulier en faveur des jeunes et des femmes ».

Les objectifs fixés dans la PNE appellent à la mise en synergie des programmes et projets, afin d'impacter de façon significative sur les grands défis de l'emploi du pays, que sont la sous-utilisation de la main d'œuvre, l'informalité et la vulnérabilité dans l'emploi, en particulier chez les jeunes et les femmes.

Les axes stratégiques de la PNE et les programmes correspondant intègrent ces objectifs, en ciblant des mesures phares pour promouvoir la centralité de l'emploi dans les politiques macroéconomiques et sectorielles et pour accélérer la création d'emplois de qualité, à travers des mesures actives, telles que les aides à l'emploi, l'appui à l'entrepreneuriat et à l'auto-emploi, les travaux à haute intensité de main d'œuvre et programmes publics d'emploi, en partenariat avec les entreprises privées (Figure 4).

**Encadré 1. La Convention n° 122 sur la Politique nationale de l'emploi**

La Convention n° 122 de l'Organisation internationale du travail (OIT) sur la politique de l'emploi (1964) constitue le cadre normatif international et a été ratifiée par la majorité des pays dans le monde (113 ratifications). La Guinée a été l'un des premiers pays à la ratifier, à la date du 12 décembre 1966.

La Convention invite les États à déclarer et à poursuivre une politique active visant à promouvoir le plein-emploi productif comme un objectif essentiel, en consultant les partenaires sociaux et en partant des circonstances nationales.

La Convention 122 déclare qu'une politique de l'emploi vise à promouvoir le plein-emploi, productif et librement choisi, en vue de stimuler la croissance et le développement économiques, d'élever les niveaux de vie, de répondre aux besoins de main-d'œuvre et de résoudre le problème du chômage et du sous-emploi. Cette politique doit garantir : i) qu'il y aura du travail pour toutes les personnes disponibles et en quête de travail ; ii) que ce travail sera aussi productif que possible ; et iii) qu'il y aura libre choix de l'emploi et que chaque travailleur aura toutes les possibilités d'acquérir les qualifications nécessaires pour occuper un emploi qui lui convienne et d'utiliser, dans cet emploi, ses qualifications ainsi que ses dons, quels que soient sa race, sa couleur, son sexe, sa religion, son opinion politique, son ascendance nationale ou son origine sociale *(voir Figure 1)*.

Le processus de formulation de la Politique nationale de l'emploi (PNE) a été lancé en 2021 sous le lead du ministère de l'Enseignement technique, de la Formation professionnelle et de l'Emploi, avec l'appui technique et financier du

Bureau international du travail (BIT), du Programme des Nations Unies pour le développement (PNUD) et de la Banque africaine de développement (BAD).

Le processus d'élaboration de la PNE s'est appuyé sur une concertation élargie avec l'ensemble des acteurs nationaux, considérant que le principe de la participation de tous est essentiel pour la formulation, la mise en œuvre, le suivi-évaluation des politiques publiques en général et des politiques sectorielles en particulier.

Ce processus est passé par trois types de concertation :

(i) *la concertation institutionnelle* : par la mise en place d'un dispositif institutionnel sur l'emploi comprenant un Conseil interministériel Emploi-Formation de pilotage stratégique présidée par la Primature, et un Comité technique Emploi, impliquant les départements sectoriels et les ministères centraux (économie et finances, plan, décentralisation...), et les représentants du secteur privé et de la société civile ;

(ii) *la concertation technique* : par l'implication active des services techniques des ministères et des différents partenaires techniques associés, pour évaluer la pertinence, la cohérence et la faisabilité technique de la politique, et des programmes phares dans lesquels plusieurs départements sont impliqués ;

(iii) *la concertation citoyenne* : permettant de faciliter l'appropriation et la validation des contenus stratégiques et programmatiques, et d'impliquer les acteurs nationaux et locaux dans la mise en œuvre et les évaluations futures.

La PNE est un cadre concerté et cohérent reliant toutes les interventions de toutes les parties prenantes qui jouent un rôle dans l'atteinte des objectifs en matière d'emploi, et des cibles en termes d'emploi des jeunes, des femmes et autres catégories sociales (voir Encadré 2).

L'emploi constitue un objectif et une responsabilité intersectoriels, et chaque département sectoriel doit être en mesure de répondre des résultats atteints à partir d'une série d'indicateurs et d'un système de suivi-évaluation des cibles fixées en termes de création d'emplois en quantité et en qualité. Le système de suivi et d'évaluation de la PNE est de fait lié au système de suivi national des stratégies sectorielles, de façon à synchroniser les revues annuelles de la PNE à celles des stratégies sectorielles et du programme national de développement.

La PNE et son plan d'action regroupent un ensemble d'interventions multidimensionnelles, qui couvrent autant la quantité que la qualité des emplois, et mettent au centre de ces interventions la question de l'égalité d'accès à l'emploi et de l'insertion durable dans l'emploi.

Ces interventions multidimensionnelles s'intègrent dans quatre grands groupes de politiques publiques :

1) les politiques macroéconomiques

2) les politiques sectorielles (infrastructures, mines, agriculture, industries, artisanat, tourisme, NTIC...)

3) les politiques du marché du travail (actives et passives) *(voir Figure 3)*

4) les politiques de développement des entreprises et les mesures de formalisation des opérateurs informels, et d'appui aux transitions (technologiques, environnementales).

## 2. Les orientations stratégiques de la politique de l'emploi

L'analyse de la situation de l'emploi en Guinée révèle les défis suivants :

- une sous-utilisation élevée de la main-d'œuvre, y compris la main-d'œuvre potentielle ; le taux composite de sous-utilisation de la main-d'œuvre (chômage et sous-emploi compris) atteint 41 % parmi les jeunes de 15 à 34 ans, contre 38 % en moyenne nationale, et est nettement plus élevé en milieu urbain, chez les femmes, parmi les personnes vivant avec un handicap et les migrants ;

- une situation préoccupante pour les jeunes qui ne sont ni dans l'emploi ni en éducation ou en formation et qui représentent 37 % des jeunes de 15 à 34 ans ;

- une vulnérabilité très élevée dans l'emploi (83 %), en particulier chez les jeunes (82 %) et parmi les femmes (90 % contre 77 % chez les hommes) ;

- un niveau d'informalité de l'emploi très élevé, qui touche 96 % des personnes en emploi et 95 % parmi les jeunes de 15 à 34 ans ;

- la prédominance des micro-unités de production informelles (travailleurs indépendants) en particulier dans le commerce et les services, et la faible proportion d'unités productives génératrices de valeur ajoutée et créatrices d'emplois salariés (en particulier dans les activités de transformation) ;

- un environnement économique et financier peu favorable aux micro-entreprises et petites entreprises familiales ;

- une grande inadéquation entre la demande et l'offre de travail, et un faible niveau de capital humain ;

- l'insuffisance d'activités productives créatrices d'emplois formels ;

- l'insuffisance des services d'accompagnement et d'insertion dans l'emploi en faveur des groupes vulnérables parmi les jeunes, les femmes, les migrants, les, personnes vivant avec un handicap, etc.

**Figure 1**

Les trois principes directeurs d'une politique de l'emploi

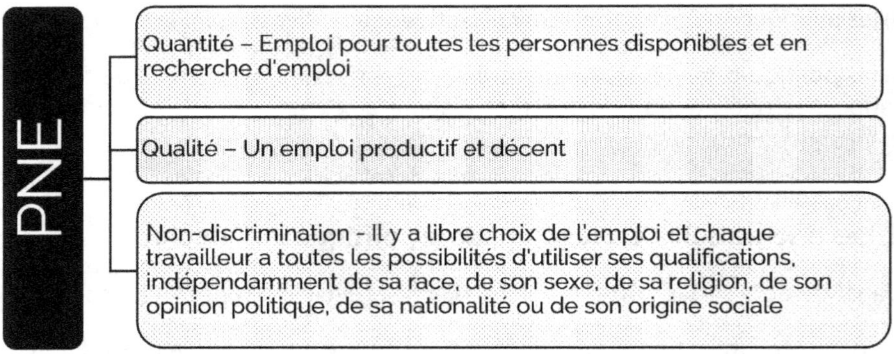


Source : BIT, *Guide pour la formulation des politiques nationales de l'emploi*, 2012

**Encadré 2. L'emploi : une variable de convergence et de mise en cohérence des politiques économiques et sociales**

Une politique nationale de l'emploi traduit une vision concertée et cohérente des objectifs d'un pays en matière d'emploi et la manière de les atteindre. En raison de la centralité de l'emploi, elle se réfère à un ensemble d'interventions multidimensionnelles qui sont envisagées en vue d'atteindre des objectifs quantitatifs et qualitatifs spécifiques en matière d'emploi dans un pays donné. Elle est mise en œuvre à partir d'un plan d'actions choisies parmi des alternatives et à la lumière de conditions données, et adoptées sur la base d'un commun accord de toutes les parties intéressées. Elle est poursuivie par le gouvernement en vue d'aborder des défis et opportunités clairement identifiés (BIT, 2012)*.

Une politique nationale de l'emploi est un cadre d'orientation stratégique et opérationnelle interministérielle impliquant tous les acteurs publics et privés.

De fait, l'emploi constitue une variable de convergence et de mise en cohérence des politiques économiques et sociales *(voir Figure 2).*

* Bureau international du travail : *Guide pour la formulation des politiques nationales de l'emploi*, 2012

**Figure 2**

La politique nationale de l'emploi :
une mise en cohérence des politiques économiques et sociales

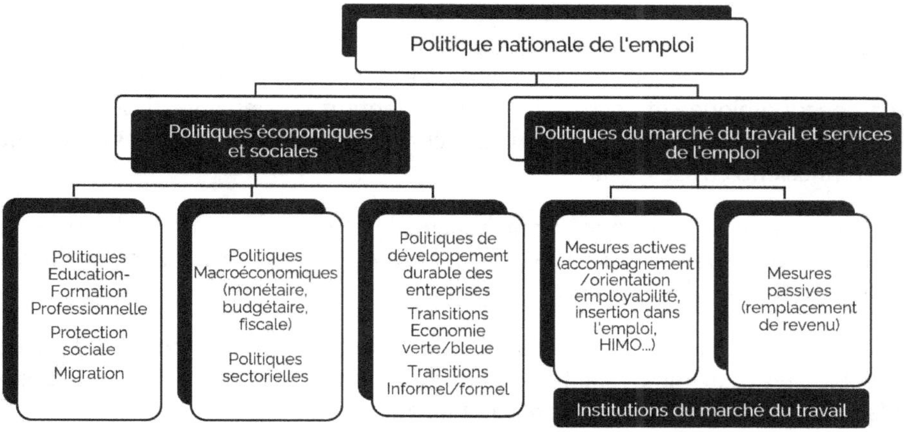


Source : BIT, 2012.

**Figure 3**

Les politiques actives du marché du travail (PAMT)

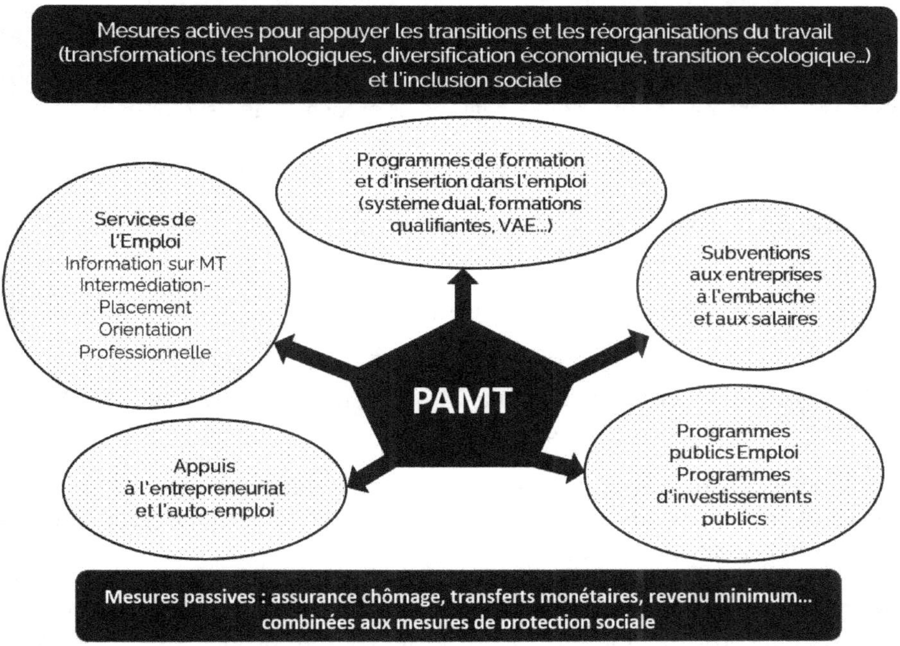


Source : BIT, 2012.

Face aux défis relevés sur le marché de l'emploi, la Politique nationale de l'emploi oriente les actions de l'Etat et des partenaires sociaux autour de quatre contraintes majeures :

1) Une croissance économique insuffisante en termes de création d'emplois productifs, creusant ainsi les inégalités ; cette situation découle de politiques macroéconomiques et sectorielles qui n'orientent pas les investissements en priorité vers la création d'emplois productifs et le développement des petites et moyennes entreprises locales ;

2) Une économie majoritairement informelle et un taux d'informalisation de l'emploi très élevé en particulier chez les jeunes et les femmes, avec une forte vulnérabilité dans l'emploi ;

3) La forte inadéquation formation-emploi, l'inadéquation des compétences et le faible niveau d'employabilité des jeunes en raison de la faiblesse des dispositifs de formation, d'insertion et d'accompagnement des jeunes ;

4) Les déficits en gouvernance de l'écosystème Emploi-Formation-Entrepreneuriat.

Plusieurs types d'interventions multidimensionnelles ont été identifiés comme prioritaires, en alignement avec les priorités nationales de développement. Les orientations stratégiques (OS) de la PNE, se déclinent en cinq priorités :

1. Promouvoir l'emploi décent et productif dans les politiques macroéconomiques, les stratégies sectorielles, régionales et locales de développement

2. Renforcer l'adéquation des compétences et l'employabilité

3. Favoriser le développement des entreprises et la formalisation des micro-petites-moyennes entreprises

4. Accélérer les mesures actives d'insertion dans l'emploi des groupes vulnérables

5. Renforcer la gouvernance du marché de l'emploi, le dialogue social et le système d'information du marché du travail.

Cette déclinaison permet de prendre en compte les dimensions préventive, conjoncturelle et structurelle de la promotion de l'emploi dans l'ensemble des secteurs économiques du pays.

De ces cinq orientations stratégiques, découlent une série d'orientations spécifiques, qui constituent les principaux leviers autour desquels s'articulent les grandes actions programmatiques de la PNE.

**1 : Promouvoir l'emploi décent et productif dans les politiques macroéconomiques, les stratégies de développement sectorielles, régionales et locales**

1.1. L'emploi est une variable clé des instruments macroéconomiques et de la loi de finances,

1.2. L'emploi est au cœur des stratégies sectorielles et programmes d'investissements publics,

1.3. Les investissements privés privilégient l'emploi, la formation et les PME locales,

1.4. L'emploi est une priorité des schémas de développement régional et les plans de développement local.

**2 : Renforcer l'adéquation des compétences, l'apprentissage tout au long de la vie**

2.1. L'adéquation entre l'offre de formation et les besoins en compétences dans des métiers et secteurs porteurs (agriculture, mines, économie verte et bleue, économie digitale, etc.) est renforcée,

2.2 : Les mobilités dans l'emploi sont renforcées par l'apprentissage tout au long de la vie, et la valorisation des compétences acquises à l'étranger,

2.3. Les compétences et l'employabilité des jeunes, en particulier ceux ni dans l'emploi ni en formation/éducation, sont renforcées.

**3 : Favoriser la formalisation et le développement durable des entreprises**

3.1. Le développement des MPME locales dans les programmes d'investissements du pays est renforcé,

3.2. Les programmes d'appui à l'entrepreneuriat sont étendus et ciblent les primo-entrepreneurs, les femmes entrepreneurs et l'auto-emploi dans les secteurs porteurs,

3.3. L'inclusion financière est accélérée par des services financiers et bancaires qui répondent aux besoins des MPME et coopératives dans les secteurs porteurs de l'économie locale,

3.4. Un dispositif d'appui à la formalisation des MPME est mis en œuvre.

3.5. Des mesures favorables aux investissements productifs et aux industries locales sont mises en œuvre.

**4 : Accélérer les mesures actives d'accompagnement et d'insertion dans l'emploi des groupes vulnérables**

4.1. La performance des services d'emploi - publics et privés - est renforcée au niveau des régions et des communes.

4.2. Les dispositifs d'insertion rapide dans l'emploi sont renforcés (aides à l'emploi, chantiers-école, haute intensité de main d'œuvre, etc.).

4.3. Les dispositifs d'insertion des jeunes migrants - de retour ou potentiels- sont renforcés.

4.4. Les dispositifs d'accompagnement et d'insertion dans l'emploi des personnes vivant avec un handicap sont renforcées.

**5 : Renforcer la gouvernance du marché de l'emploi et le système d'information**

5.1. Le cadre juridique et le cadre de dialogue social en faveur de l'emploi décent, sont renforcés,

5.2. Un cadre de coordination pour le pilotage et le suivi-évaluation de la mise en œuvre de la Politique nationale de l'emploi est mis en place.

5.3. Le système d'information sur l'emploi est renforcé au niveau central et local.

Figure 4. Les orientations stratégiques et les programmes phare de la PNE (2024-2030)

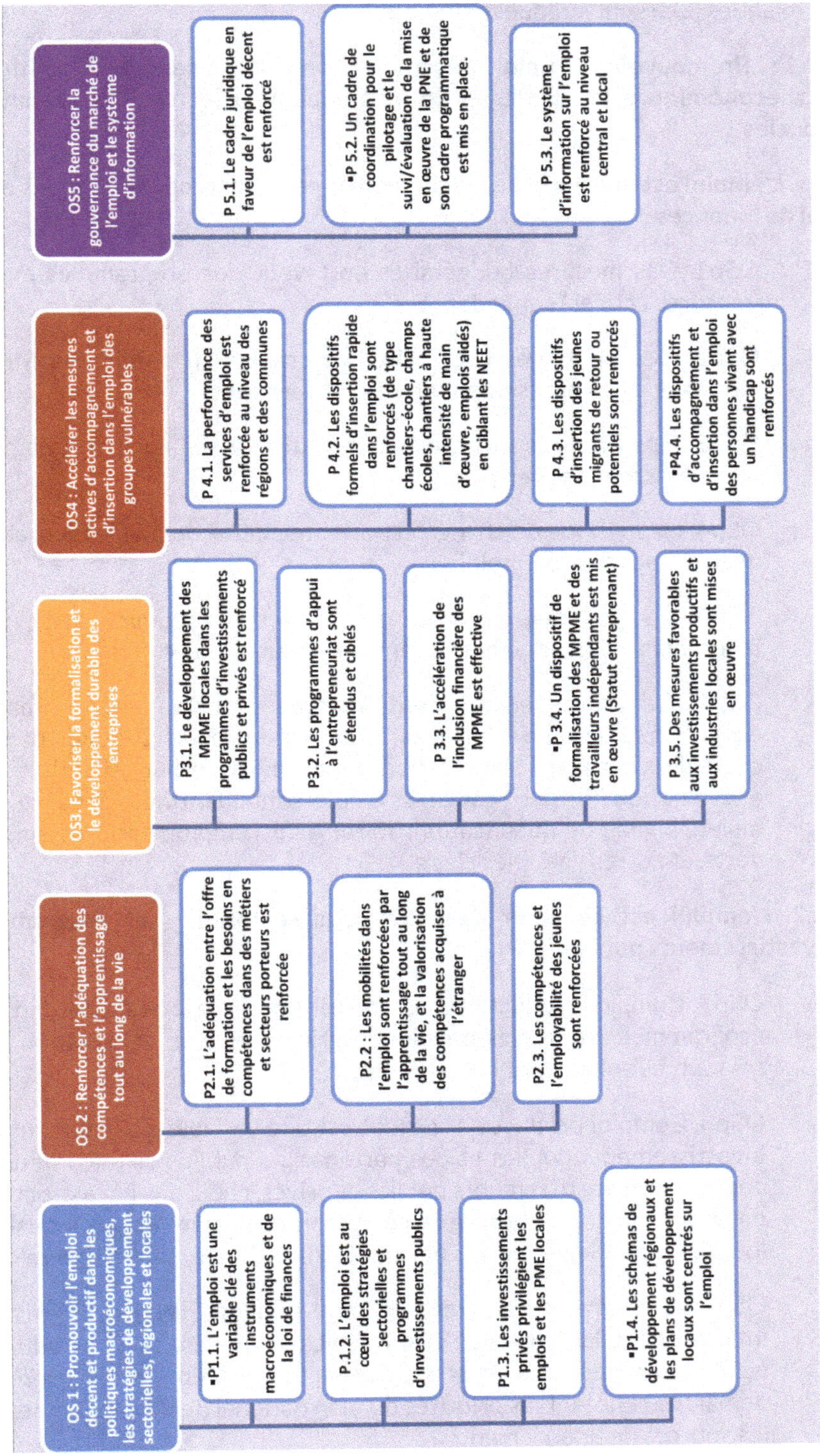

Les objectifs spécifiques (OSp) de chacun des programmes des Orientations Stratégiques (OS) sont indiqués comme suit :

**OS 1 : Promouvoir l'emploi décent et productif dans les politiques macroéconomiques, les stratégies de développement sectorielles, régionales et locales**

**P 1.1. L'emploi est une variable clé des instruments macroéconomiques et de la loi de Finances**

OSp1. Des mesures budgétaires en faveur des programmes emploi (mesures actives) sont adoptées.

OSp2. Des politiques monétaires favorables au crédit des MPME locales et à l'investissement privé sont garanties.

OSp3. Des mesures incitatives pour l'investissement privé et de la diaspora sont mises en place.

OSp4. La politique de change est orientée de façon à être favorable à une croissance pro-emploi.

OSp5. La politique commerciale et accords commerciaux sont favorables aux producteurs et entrepreneurs locaux.

OSp6. Des cibles emploi sont intégrées dans la gestion macro-économique, la loi de finances et les stratégies sectorielles dans le cadre de la chaîne de planification, programmation, budgétisation, suivi et évaluation (PPBSE) ; ces cibles emploi sont quantifiées par sexe, âge, milieu, niveau de qualification, statut dans l'emploi, part des emplois verts, et autres variables clés.

**P 1.2. L'emploi est au cœur des stratégies sectorielles et programmes d'investissements publics (PIP)**

OSp7. L'emploi productif et décent est un objectif quantifié dans les programmes de développement agricole et de valorisation des ressources animales et halieutiques.

OSp8. L'emploi productif et décent est une variable d'ajustement des investissements publics et des partenariats public-privé (contenu en emploi des investissements publics et privés, choix des infrastructures en appui à la production agricole et manufacturière et aux industries locales, technologies vertes et à haute intensité de main-d'œuvre...).

OSp9. Le Programme d'investissements publics (PIP) triennal glissant intègre des cibles emploi de façon explicite et précise ; le PIP traduit les actions inscrites dans les stratégies sectorielles en projets selon une démarche reflétant les priorités du plan national de développement et les sources de financement.

**P 1.3. Les investissements privés privilégient les emplois et les PME locales**

OSp10. L'emploi productif et décent est une composante principale des mesures en faveur du contenu local des investissements privés, notamment miniers, et du développement local en particulier dans les zones minières.

OSp11. Les PME locales sont privilégiées dans les programmes d'investissements publics-privés et le développement des chaines de valeur (production primaires et industries, services et commerce) grâce à des accompagnements adaptés.

**P 1.4. L'emploi est une priorité dans les plans de développement régionaux et locaux**

OSp12. L'emploi est intégré et priorisé dans les plans de développement régionaux et locaux comme variable clé pour les décisions d'investissements et de promotion de chaines de valeurs, en favorisant les ressources locales et les savoirs-faires locaux, et en s'appuyant sur des services d'emploi ancrés sur le territoire.

OSp13. Les PDL sont orientés vers la création d'emploi et la promotion des PME dans tous leurs projets locaux de développement, avec un appui des services de l'emploi.

OSp14. Des comités pour l'emploi, la formation et le développement des entreprises sont fonctionnels au niveau régional et local.

**OS 2 : Renforcer l'adéquation des compétences et l'apprentissage tout au long de la vie**

**P 2.1. L'adéquation entre l'offre de formation et les besoins en compétences dans des métiers et secteurs porteurs (économie agricole, économie verte et bleue, économie digitale, secteur minier...) est renforcée**

OSp1. Le système d'information emploi-formation et d'anticipation des besoins en compétences et en main d'œuvre dans les secteurs porteurs, est opérationnel et efficace.

OSp2. L'offre de formation est orientée vers les compétences et les métiers en tension.

OSp3. Les programmes de formation répondent aux besoins des entreprises et sur des chaines de valeur identifiées au niveau régional et local et le déficit de compétences en entreprises est comblé avec l'appui des services publics de l'emploi.

OSp4. Les systèmes d'apprentissage de qualité (valorisation du système traditionnel, formalisation...) sont renforcés.

OSp5. Le système en alternance avec les employeurs (formation en milieu de travail) est développé.

OSp6. Le dialogue et les partenariats avec le secteur privé sont renforcés au niveau des régions et des communes.

**P 2.2 : Les mobilités dans l'emploi sont renforcées par l'apprentissage tout au long de la vie, et la valorisation des compétences**

OSp7. Les dispositifs en faveur de l'apprentissage tout au long de la vie (life long learning) sont développés : perfectionnement, requalification, reconversion, valorisation des acquis de l'expérience.

OSp8. Un système de valorisation des compétences acquises à l'étranger (migrants, diasporas) et de transférabilité des compétences, est mis en place, en favorisant la migration régulière et les accords entre pays.

**P 2.3. Les compétences et l'employabilité des jeunes sont renforcées**

OSp9.L'employabilité des jeunes diplômés (formations qualifiantes de courte durée, managériales, digitales...) est renforcée à travers des dispositifs formels.

OSp10. Les compétences des jeunes peu ou non qualifiés et ceux opérant dans le secteur informel, sont renforcées à travers des systèmes de formation adaptés, de certification et de reconnaissance des compétences.

OSp11. Les compétences de vie (y compris l'éducation civique et citoyenne), les compétences transversales (leadership, management, etc.) et digitales, sont renforcées, en particulier chez les jeunes et les femmes.

OSp12. Les systèmes de formation duale et l'apprentissage de qualité sont développés dans les métiers porteurs.

OSp13. Les capacités productives et managériales des micro-entrepreneurs et travailleurs indépendants sont renforcées.

OSp14. La professionnalisation des métiers ruraux est renforcée, y compris par des formations en faveur des groupements ruraux et des organisations de base, et du mouvement associatif et coopératif.

**OS3. Favoriser la formalisation et le développement durable des entreprises**

**P 3.1. Le développement des MPME locales dans les programmes d'investissements publics et privés est renforcé**

OSp1. L'accès des entreprises locales aux marchés et à la commande publique est facilité, à travers des mesures d'accompagnement et une réglementation adaptée.

OSp2. Le développement des MPME dans les chaines de valeurs des filières productives est renforcé (mines, agro-industrie, économie digitale, économie bleue et verte…).

**P 3.2. Les programmes d'appui à l'entrepreneuriat sont étendus et ciblés**

OSp3. Les programmes d'appui à l'entrepreneuriat, aux primo-entrepreneurs, startups innovantes, aux femmes entrepreneurs et aux handi-preneurs, dans les secteurs/métiers en demande sont renforcés.

OSp4. Les programmes d'appui aux entrepreneurs agricoles en intégrant le climat, sont renforcés.

OSp5. Les programmes d'appui aux entrepreneurs/investisseurs de la diaspora sont développés.

OSp6. Les organisations professionnelles des MPME par branche/secteur sont renforcées.

**P 3.3. L'accélération de l'inclusion financière et l'éducation financière des MPME, est effective**

OSp7. Les services financiers et bancaires au bénéfice MPME et GIE, en particulier pour les jeunes et les femmes, sont renforcés.

OSp8. L'accès à l'éducation financière des acteurs économiques est facilité.

OSp9. Le cadre de concertation sur la finance inclusive est opérationnel et efficace.

**P 3.4. Un dispositif de formalisation des MPME et des travailleurs indépendants est mis en œuvre**

OSp10. Le Statut Entreprenant est mis en place avec des mesures d'accompagnement adaptées (incitations fiscales et réglementaires, accès à une couverture légale et sociale, organisation et professionnalisation…) pour accompagner à la formalisation.

OSp11. Des mesures en faveur de la formalisation des MPME/PMI en particulier dans les zones minières, sont adoptées.

OSp12. Des mesures en faveur de la formalisation des travailleurs indépendants et des petits métiers, de secteurs spécifiques, tels que le travail domestique, le travail artisanal minier, le travail agricole, le travail taxis-motos et autres.

**P 3.5. Des mesures favorables aux investissements productifs et industries locales sont mises en œuvre**

OSp.13. Un écosystème entrepreneurial propice aux investissements dans les secteurs non miniers est favorisé.

OSp.14. Une stratégie de suivi des performances des entreprises en matière de création d'emplois, de formation et de transfert technologique, particulièrement dans les secteurs faiblement exploités, est mise en place.

OSp.15. Les entreprises sont appuyées pour s'adapter à la compétitivité des marchés internationaux, et maintenir leur compétitivité grâce à l'innovation et la capacité d'adaptation face aux changements technologiques et économiques.

OSp.16. Une législation ou des mesures incitatives permettant de retenir une partie des capitaux sortants des investisseurs étrangers, au profit des productions locales, sont mises en place.

OSp.17. La circulation des capitaux étrangers dans la sphère publique et privée via la création de consortiums mixtes dans le cadre des partenariats publics-privés, est favorisée.

**OS4 : Accélérer les mesures actives d'accompagnement et d'insertion dans l'emploi des groupes vulnérables**

**P 4.1. La performance des services d'emploi est renforcée au niveau des régions et des communes**

OSp1. Les dispositifs d'accompagnement, d'orientation et d'appui-conseil des jeunes sont consolidés et la promotion d'égalité des chances, en ciblant les besoins spécifiques des femmes et groupes éloignés de l'emploi, est renforcée.

OSp2. Les capacités des institutions chargées de l'intermédiation entre l'offre et la demande de travail et des dispositifs d'accompagnement à l'insertion dans l'emploi et aux transitions sur le marché du travail, au niveau central et local sont renforcées.

OSp3. Les services publics d'emploi au niveau décentralisé sont renforcés, en impliquant les collectivités locales et en renforçant les synergies d'action avec d'autres structures (privées, sociales).

**P 4.2. Les dispositifs d'insertion rapide dans l'emploi sont renforcés en ciblant les jeunes ni dans l'emploi ni dans l'éducation/formation**

OSp4. Les mécanismes des PPP sont renforcés pour la mise en œuvre des mesures actives d'emploi : aides à l'emploi, mesures d'insertion (stage, alternance...), d'appui aux transitions dans l'emploi, d'appui aux startups et à l'auto-emploi, en ciblant notamment les jeunes ni dans l'emploi ni dans l'éducation/formation (NEET).

OSp5. Les chantiers-école sont systématisés dans les programmes de formation à travers des travaux d'infrastructure, des programmes agricoles, et autres programmes sectoriels.

OSp6. Les approches à haute intensité de main d'œuvre sont priorisées dans les travaux d'infrastructure et autres, à travers la commande publique et/ou des collectivités locales et les partenariats public-privé.

**P 4.3. Les dispositifs d'insertion des jeunes migrants de retour ou potentiels sont renforcés**

OSp7. Le système d'information et d'analyse sur la migration de la main d'œuvre est renforcé.

OSp8. Des mesures adaptées aux migrants de retour sont renforcées: la valorisation des compétences, l'appui-conseil, la formation qualifiante, l'aide à l'emploi et l'auto-emploi.

OSp9. Des accords bilatéraux avec les pays d'origine et de destination sont mis en place, en particulier à travers les services publics de l'emploi.

**P4.4. Les dispositifs d'accompagnement et d'insertion dans l'emploi des personnes vivant avec un handicap sont renforcés.**

OSp10. Le système d'information sur les personnes vivant avec un handicap (PVH) est renforcé.

OSp11. Des mesures adaptées aux PVH sont renforcées en termes d'orientation, de réadaptation professionnelle, de formation qualifiante, d'aide à l'emploi et l'auto-emploi, etc.

OSp12. Un cadre réglementaire est adopté pour la protection des PVH dans l'emploi et pour renforcer l'égalité des chances en matière d'emploi.

OS5 : Renforcer la gouvernance du marché de l'emploi et le système d'information.

**P 5.1. Le cadre juridique en faveur de l'emploi décent est renforcé**

OSp1. Le cadre légal et réglementaire pour la promotion de l'emploi décent est renforcé.

OSp2. Le dialogue social comme moyen de prévention des crises et de gestion des transitions dans l'emploi, dans le cadre de la promotion de l'emploi décent et de la protection sociale, est renforcé.

OSp3. Un dialogue permanent entre l'État, les organisations d'employeurs et de travailleurs est assuré, en vue d'améliorer significativement les conditions de travail dans les entreprises, dans le respect des normes nationales et internationales du travail.

**P 5.2. Un cadre de coordination pour le pilotage et le suivi/évaluation de la mise en œuvre de la PNE est mis en place**

OSp4. Les mécanismes de coordination des institutions en charge de l'emploi sont renforcés : pilotage, suivi de mise en œuvre au niveau central, sectoriel, régional et local.

OSp5. La participation des jeunes et des femmes dans les structures de coordination Emploi-formation est renforcée, afin de prendre en compte leurs priorités dans les programmes emploi au niveau central et local.

**P 5.3. Le système d'information du marché du travail, est renforcé au niveau central et local**

OSp6. Un système efficace d'Information sur le travail et l'emploi pour produire des statistiques fiables, régulières et pertinentes sur l'emploi (bases de données centralisées, cartographie des interventions, suivi-évaluation...), est mis en place au niveau central et local.

## 3. Le dispositif institutionnel de coordination pour l'emploi

Le dispositif institutionnel de coordination de la PNE mis en place répond à trois exigences : le portage à haut niveau des problématiques d'emploi (transversales), la coordination interministérielle et l'ancrage territorial.

Le mécanisme de coordination aux niveaux stratégique (pilotage) et technique (comité technique emploi, commissions sectorielles, comités régionaux et locaux de l'emploi) assure que le cadre programmatique est élaboré et mis en œuvre avec l'ensemble des parties prenantes engagées dans la promotion de l'emploi.

Les structures de soutien, telles que les directions nationales et leurs services déconcentrés, les agences et fonds en appui à l'emploi, à la formation, à l'entrepreneuriat et à l'autonomisation des femmes, ainsi que les observatoires et l'Institut national de la statistique, sont des outils importants de soutien à la mise en œuvre de la PNE et de son cadre programmatique.

**Les trois piliers de mise en œuvre de la PNE sont la coordination, la responsabilité et l'appui à la mise en œuvre**

- Le mécanisme de coordination interministériel, positionné au niveau de la Primature, intègre les décideurs et acteurs au niveau central et local.

- Le système de suivi et d'évaluation cible l'emploi à tous les niveaux : macro, sectoriel, régional/local, sur la base d'indicateurs emploi réalistes et faciles à suivre.

- Les structures d'appui à la mise en œuvre sont : i) les BSD et les directions techniques ; ii) le service public de l'emploi et ses principaux partenaires ; iii) les organes en charge de piloter le système d'information sur le marché du travail ; un système de soutien efficace implique de doter les administrations compétentes de moyens et de capacités adéquats.

Le financement de la mise en œuvre de la politique emploi inclut des outils de programmation budgétaire favorable à l'emploi (loi finances) et la mobilisation des partenaires au développement et des opérateurs privés, ainsi que des mécanismes innovants de mobilisation de fonds.

**Figure 5**

Les trois principaux piliers de mise en œuvre d'une politique de l'emploi

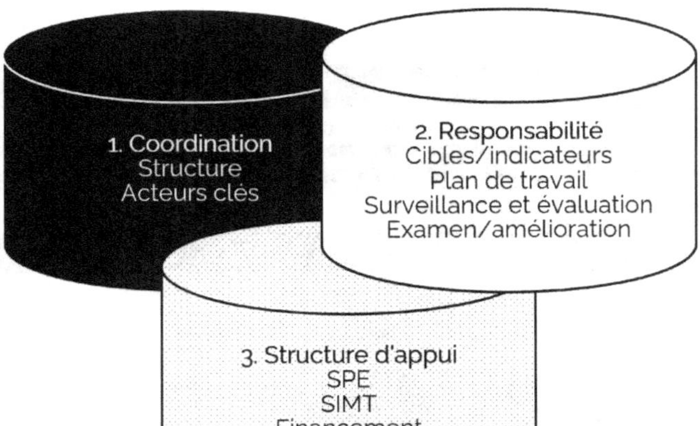


Source : BIT, 2012.

## 4. Le système d'information et de suivi-évaluation pour l'emploi

Un système d'information performant capable de fournir des données de qualité sur le travail et l'emploi, et utilisable dans le processus décisionnel est d'une importance cruciale dans la planification, la prise de décisions, le suivi et l'évaluation des politiques et stratégies en faveur de l'emploi en Guinée.

Un suivi régulier de la situation de l'emploi et des tendances de l'emploi est nécessaire pour mesurer de façon quantitative et qualitative les défis de l'emploi, et appuyer les décideurs politiques dans la sélection des interventions prioritaires en termes d'emploi et d'emploi des jeunes.

Un système d'information sur le marché du travail (SIMT) a trois fonctions principales (voir Figure 6) :

1) l'analyse de la situation et des tendances de l'emploi ;

2) le suivi et l'évaluation des politiques et programmes de l'emploi ;

3) la coordination entre producteurs et utilisateurs de données, pour assurer la qualité de l'information collectée, traitée et analysée, mais aussi l'échange et la diffusion de l'information du marché du travail à l'ensemble des acteurs.

**Figure 6**

Principales fonctions et composantes
d'un système d'information du marché du travail

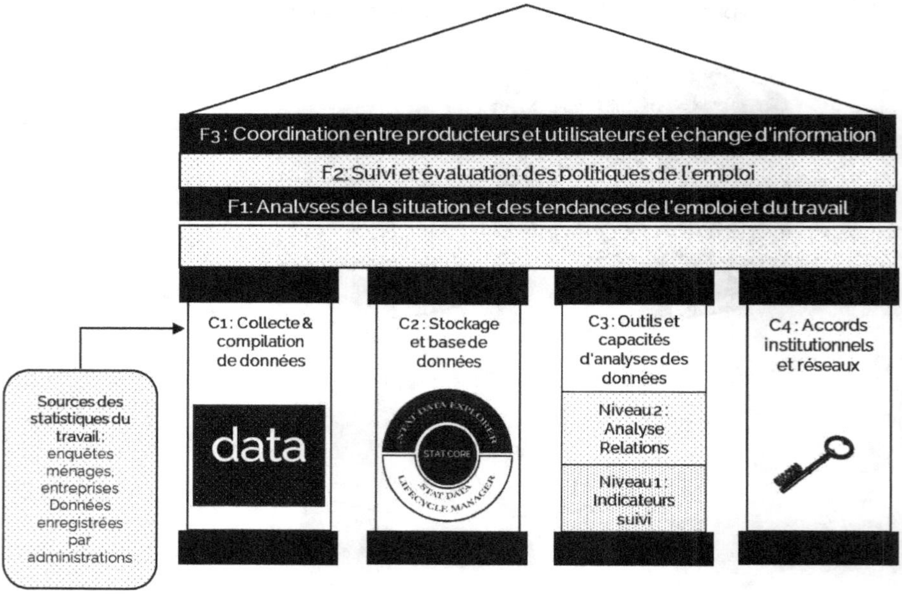


Source : BIT, SIMT, 2020

Le SIMT guinéen est confronté à certaines insuffisances liées à des difficultés à rendre disponibles des informations régulièrement à jour, fiables et de qualité sur l'emploi et le travail et les relations entre compétences et emplois, tels que le niveau de l'emploi et de la sous-utilisation de la main-d'œuvre, le niveau d'adéquation des compétences aux besoins futurs du marché du travail, les mobilités et migrations au travail, etc.

Le SIMT fait partie du SSN (Système statistique national), et sa viabilité dépend de celle de son environnement. Le SIMT en Guinée regroupe un grand nombre de structures productrices d'information sur le marché du travail (notamment l'INS, l'Observatoire du travail, l'Observatoire de la jeunesse, l'Observatoire de l'emploi et des métiers, l'AGUIPE, les services statistiques des ministères, etc.). La coordination entre producteurs et utilisateurs de données sur l'emploi et le travail est l'un des éléments-clés de la performance du SIMT.

La création d'un organe de coordination et d'animation du SIMT en Guinée est nécessaire (voir Figure 7). Ce rôle est généralement dévolu à un observatoire spécialisé sur les questions d'emploi et de travail.

**Figure 7**

Coordination entre producteurs et utilisateurs d'information du marché du travail

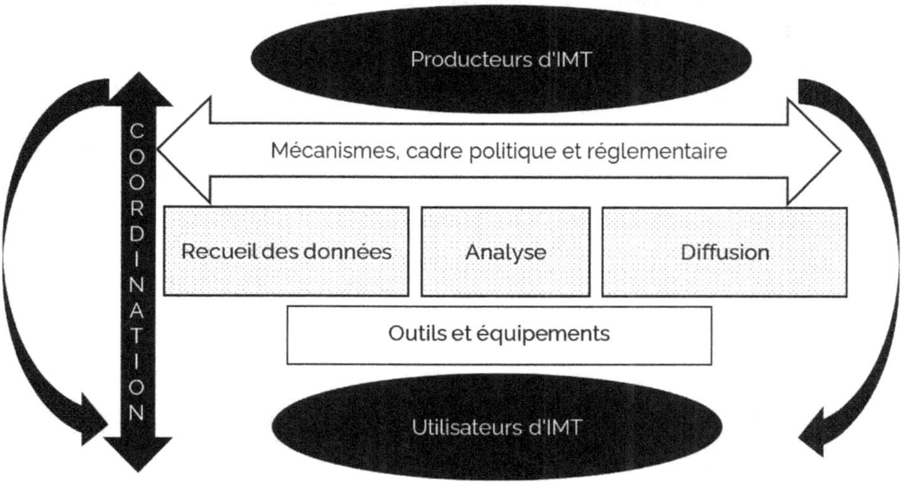


Source : BIT, 2020

## Conclusion

En Guinée, l'emploi est au cœur des politiques publiques et des réformes institutionnelles engagées par le Gouvernement en République de Guinée. La Politique nationale de l'emploi (PNE) en tant que politique horizontale, met l'emploi comme variable de convergence des politiques et programmes portés par le Gouvernement et s'appuie sur l'engagement de l'ensemble des acteurs nationaux tant publics que privés.

La PNE a pour ancrage un dispositif institutionnel de coordination qui assure le pilotage à haut niveau (primature) et la mise en œuvre de programmes prioritaires au niveau sectoriel et territorial, qui ciblent la création d'emplois productifs et le développement durable d'entreprises, implantées dans un tissu économique plus diversifié et créateur de valeur ajoutée, dans les grands chantiers prioritaires (miniers, agricoles et piscicoles, environnementaux, infrastructurels, culturels, etc.).

Les structures de soutien à la mise en œuvre de la PNE telles que les institutions et agences de l'emploi, les fonds en appui à l'emploi, à la formation, à l'entrepreneuriat, à la jeunesse et à l'autonomisation des femmes, ainsi que les observatoires et l'Institut national de la statistique, sont des dispositifs essentiels qui doivent disposer des moyens adéquats pour remplir pleinement leur mission d'appui à la mise en œuvre efficace de la PNE.

CHAPITRE IV

# L'emploi et l'agriculture durable

## Introduction

En Guinée, l'agriculture emploie près de la moitié de la population active et constitue le vivier principal d'insertion des jeunes dans l'emploi. Cependant, les activités agricoles restent peu productives malgré les appuis mis en place en faveur de l'agriculture vivrière et certaines chaînes de valeur stratégiques.

La Guinée doit et peut relever un certain nombre de défis agricoles, notamment la mise en valeur des terres arables, l'amélioration des rendements, le développement des chaînes de valeur et la transformation agricole, à partir d'approches innovantes et intelligentes face au climat.

Le renforcement de la productivité des filières agricoles passe par plusieurs conditions : i) favoriser l'accès aux intrants, aux semences et aux crédits pour les petits agriculteurs, en particulier les femmes et les jeunes ruraux ; ii) faciliter l'accès aux marchés en sécurisant les débouchés pour les produits primaires et transformés et en veillant à la réduction des pertes post-récoltes ; iii) promouvoir l'investissement et la diversification des chaînes de valeur ; iv) améliorer l'accès aux équipements agricoles ; et v) diffuser l'information juste et utile sur les marchés et les conditions climatiques, les techniques culturales, les approches innovantes.

Aussi certains investissements sont nécessaires notamment en aval de la production pour la construction de marchés, d'entrepôts, et le mise en place d'unités industrielles de transformation et de conservation, de stockage et de distribution. Concernant les petits exploitants et les PME, la disponibilité de financements efficaces, reproductibles et innovants reste un défi à relever en particulier par le secteur bancaire local et ses partenaires.

## 1. Les défis et enjeux de l'agriculture durable en Guinée

### Des atouts majeurs

Dotée d'une superficie de 245 857 km2, la Guinée est un pays peuplé de près de 14 millions d'habitants, qui dispose d'une agriculture contribuant pour un quart du PIB et employant 52 % de la population. La population rurale représente 64 % et tire à 80 % l'essentiel de ses revenus des activités agricoles. Les jeunes (15-34 ans) représentent un tiers de la population et selon les projections des Nations Unies, la population passerait à 17 millions en 2030, 26 millions en 2050 et 35 millions en 2100.

Un des enjeux de l'agriculture en Guinée, est la faible exploitation des terres agricoles. Si la Guinée concentre plus de 15 % des terres arables de l'Afrique de l'Ouest, elle ne contribue que pour 5 % de la production agricole de la sous-région.

La surface globale des terres potentiellement aptes à l'agriculture en Guinée s'élève à environ 15 millions d'hectares (dont 9 millions avec des aptitudes moyennes à fortes), soit 62 % du territoire national. Seulement 5,3 millions d'hectares sont déjà cultivés selon des degrés d'intensité culturale très divers (voir l'Atlas de zonage agroécologique de la Guinée de l'Agence nationale des statistiques agricoles et alimentaires).

Sur près d'un million d'hectares de terres irrigables, seul un tiers est actuellement aménagé. Le potentiel des terres, où un contrôle de l'eau est possible, est considérable. Il est évalué à 520 000 ha, dont 140 000 ha de mangroves, et 200 000 ha de plaines alluviales fluviales.

Le pays dispose d'importants atouts et potentialités agroécologiques avec plus de 300 km de façade maritime et plus de 1 100 cours d'eaux, (dont huit sous-régionaux), ainsi qu'un potentiel pastoral et d'élevage considérable. Les pâturages naturels sont riches et variés, avec une superficie estimée à 7 millions d'hectares.

Tous ces atouts permettent le développement d'une gamme variée d'activités agro-sylvo-pastorales et halieutiques, sans compter l'énorme potentiel hydroélectrique et de développement de la navigation fluviale.

**Les principaux défis**

L'accès à la terre est limité et l'insécurité de la propriété foncière reste non résolue. L'accès insuffisant à la traction animale et motorisée réduit les potentialités productives. Par ailleurs, l'action des organisations professionnelles pour favoriser l'accès aux terres, aux intrants, aux sources de financement et aux services aux petits producteurs et groupements agricoles, reste insuffisante.

La productivité est faible en raison d'une sous-exploitation des ressources en eau, de l'utilisation réduite d'engrais, du recours limité à des pratiques améliorées de gestion de la fertilité des sols et de la faiblesse des services d'appui (recherche, vulgarisation, financement).

L'essentiel de la croissance de la production - près de 80 % - est obtenu par l'extension des surfaces cultivées ; cette extension s'est pourtant accompagnée d'une baisse régulière de la surface cultivée par actif agricole (moins de 0,5 ha), témoignage d'une concentration toujours plus grande de la population active dans les cultures agricoles notamment vivrières. Aussi 65 % de la valeur agricole est produite par les petites exploitations agricoles. Enfin, les effets d'entraînement sur les industries de l'amont (engrais, machines) ou de l'aval (transformation) restent limités.

Il existe de considérables possibilités d'amélioration de la productivité en choisissant les meilleures options – rendues disponibles du fait des avancées technologiques – pour la fertilité des sols, la protection des cultures ou l'économie de l'eau. La Guinée pourrait ainsi tripler sa production, avec des approches protégeant ses ressources naturelles.

Mais le dysfonctionnement et l'inefficacité des marchés, le manque d'investissement dans les infrastructures, les coûts de transport élevés, les déficiences des systèmes d'information et l'inadaptation du cadre réglementaire ont empêché une rémunération correcte des producteurs et les ont dissuadés d'investir dans des produits nouveaux et à haute valeur ajoutée.

Les difficultés d'accès au financement représentent une contrainte importante pour les petits producteurs. L'obtention de crédits de trésorerie est difficile, coûteuse pour les grandes exploitations et quasiment hors de portée pour les petits producteurs. Enfin, le coût de l'assurance-crédit est souvent prohibitif pour les négociants.

Les raisons des difficultés de financement des filières agricoles sont multiples. Elles concernent le court terme (les crédits de campagne) comme le long terme (les aménagements hydrauliques, la motorisation et les équipements de transformation). Les opérateurs sont souvent sous-capitalisés, les banques locales ne disposant ni de l'expertise ni des ressources longues pour un financement adéquat des chaînes de valeur.

Les partenariats public-privé et certains projets apparaissent risqués et les emprunteurs n'apportent pas toujours des garanties suffisantes. Il est néanmoins possible d'agir à trois niveaux. En premier lieu, en mobilisant les fonds d'investissement ou les banques afin de mettre à disposition des ressources longues pour les entreprises. Les banques peuvent notamment être incitées à s'engager dans le secteur agroalimentaire en partageant les risques via des garanties et en offrant des produits nouveaux (leasing, warrantage et assurances). Il est possible, par ailleurs, de financer des sociétés de négoce de matières premières ou des opérateurs spécialisés investissant dans des actifs logistiques et dans des programmes de certification des producteurs. Enfin, un autre levier consiste à améliorer la « bancabilité » des projets grâce au déploiement de services de conseil de gestion à destination des groupements d'agriculteurs, des exploitants et des PME.

L'insuffisance des capacités de stockage provoque des pertes considérables et une forte saisonnalité de l'offre : les produits sont mis sur le marché à des prix sacrifié après la récolte. Aussi, sur le plan environnemental, les pratiques agricoles inadéquates et le changement climatique dégradent progressivement la fertilité des sols et le couvert végétal des écosystèmes arides et semi-arides, diminuant ainsi leur résilience. Des orientations politiques ont été adoptées récemment pour promouvoir les techniques agroécologiques et climato-intelligentes dans le cadre du Plan national d'adaptation (PNA) et de la Stratégie nationale face au changement climatique.

## 2. Des emplois productifs dans les filières agroalimentaires

La Guinée compte environ 1,25 million d'exploitations agricoles représentant près de 6,5 millions de personnes, soit près de la moitié de la population totale.

En dépit des atouts de l'agriculture, et des efforts consentis par le gouvernement, le pays ne parvient toujours pas à satisfaire les besoins alimentaires et nutritionnels des populations et les deux-tiers des exploitants agricoles vivent en dessous du seuil de pauvreté.

La production du secteur représente en moyenne un quart du PIB, dont la moitié est issue de l'agriculture, un cinquième de l'élevage, et le reste de la sylviculture, la forêt et la pêche. L'agriculture guinéenne reste de type extensif dominé par un système de culture traditionnelle utilisant peu d'intrants productifs. Elle est fortement dépendante de la pluviométrie pour 95 % des superficies emblavées. Les exploitations de type familial sont de petite taille (en moyenne 3,17 ha) avec un faible niveau d'équipement. La production est principalement destinée à la satisfaction des besoins alimentaires de la famille (en moyenne à 65 %).

De façon générale, les performances productives sont faibles dans l'agriculture vivrière et l'accroissement de la production végétale est plutôt le résultat de l'extension des superficies cultivées. Les rendements à l'hectare se situent largement en deçà de leur potentiel et de la moyenne de la sous-région. Ils restent nettement en dessous du niveau nécessaire pour faire de l'agriculture le principal moteur de développement économique du pays. Par exemple, le rendement moyen annuel céréalier est resté constant à 1,5 tonne à l'hectare et celui du manioc est resté à environ 8 tonnes à l'hectare.

La faible productivité agricole est liée à : i) la faible maîtrise de l'eau ; ii) la faible utilisation d'intrants agricoles de qualité et de matériel végétal performant et sain (moins de 10 % des surfaces cultivées utilisent des semences de qualité) ; iii) la faible mécanisation ou des contraintes d'accès à des équipements adaptés ; et iv) la faible prise en compte des risques agricoles liés notamment aux changements climatiques.

En outre, le déficit de l'accès aux marchés (intérieurs et extérieurs) est induit par trois causes : i) une connaissance limitée des opportunités des marchés de produits agricoles et alimentaires ; ii) un déficit d'infrastructures d'accès aux marchés ; et iii) une faible structuration des filières et chaînes de valeur.

Les infrastructures de transformation et de conservation sont quasi inexistantes mis à part les plateformes multifonctionnelles (PMF), qui couvrent le quart de la production agricole et constituent un levier essentiel de création d'emplois et de génération de revenus pour les groupements féminins.

Les différentes stratégies mises en place visent à exploiter le potentiel agricole du pays, notamment par des investissements accrus dans les infrastructures de production, de commercialisation et de transformation, et par la promotion de l'entrepreneuriat des jeunes et de l'implication d'entreprises et investisseurs privés.

La valorisation du potentiel agricole doit permettre de réduire le niveau d'insécurité alimentaire et le niveau de pauvreté. Il s'agit de réduire les disparités spatiales (entre les zones urbaines et rurales) principalement en matière d'accès à l'énergie et de productivité des facteurs dans les activités agricoles ; de lutter contre l'insécurité alimentaire et de limiter la dégradation de l'environnement causée par la déforestation et par l'érosion côtière. Aussi, il s'agit de réduire les inégalités en matière de genre et mettre l'accent sur les filières porteuses, qui répondent à une demande locale et sous-régionale.

Le gouvernement a adopté une Politique nationale de développement agricole (PNDA) qui vise à développer, sur la base du plan national d'investissement agricole et de sécurité alimentaire (PNIASA), une agriculture moderne, durable, productive, et compétitive sur les marchés intracommunautaires et internationaux.

La diversité des conditions climatiques, les ressources hydrauliques et la fertilité des sols confèrent à la Guinée un avantage comparatif naturel dans la production d'une grande variété de produits. Le soutien en matière d'intrants et d'équipements agricoles a permis d'améliorer la production agricole vivrière entre 5 et 10 % par an (riz, mais, manioc, fonio, arachide, soja...).

Dans certaines filières, les producteurs bénéficient de l'approvisionnement en engrais et en semences à un prix subventionné, en machines agricoles et en encadrement technique d'experts agricoles. Le gouvernement s'est lancé dans la mécanisation agricole pour l'aménagement des territoires et l'augmentation des superficies exploitables. Ce plan de mécanisation a permis de mettre à la disposition de certains agriculteurs des moissonneuses-batteuses, motofaucheuses, batteuses motorisées, décortiqueuses, tracteurs, étuveuses de riz, etc. Dans le domaine de la pêche, l'accent est mis sur la pisciculture avec la création et l'aménagement d'étangs piscicoles

Compte tenu des priorités affichées en termes de sécurité alimentaire, d'autosuffisance en riz et de développement des cultures vivrières et de dynamisation des productions d'exportation (coton, café, anacarde...), les ressources budgétaires allouées au secteur agricole se sont accrues en passant de 600 milliards FNG à 1 900 milliards GNF entre 2022 et 2023, dans le cadre de la Refondation verte lancée par le gouvernement de transition.

L'appui à la transformation structurelle de l'agriculture guinéenne est conditionné par la promotion de la sécurité foncière, qui est l'une des grandes priorités du plan national d'investissement agricole et de sécurité alimentaire et nutritionnelle (PNIASAN, 2018-2025).

L'objectif est de créer un cadre favorable à une valorisation sécurisée et durable des ressources agricoles en vue d'y attirer l'investissement privé. L'adoption du nouveau Code foncier et la création du Fonds de développement agricole permettent de réduire les délais de transfert de propriété. Il s'agit par ailleurs de promouvoir : i) un statut des entreprises agricoles ; ii) la protection sociale des ruraux ; iii) le système de l'assurance agricole ; et plus largement le financement du secteur agricole.

Le Fonds pour le développement agricole (FODA) apporte des services financiers et non financiers et des appuis en termes d'investissements aux opérateurs des secteurs animal, halieutique et végétal. Le FODA met en place plusieurs programmes, dont le Programme d'Assistance Revolving des Femmes en Agriculture (PARFA) qui vise à faciliter l'accès aux facteurs de production (terres, intrants, équipements, crédits, technologies, etc.) sur tous les maillons des chaînes de valeur cibles (cultures vivrière, maraîchage, transformation, aviculture, production de lait, etc.), de la production à la transformation et la mise en marché, et le Guichet Choc Alimentaire qui est un fonds revolving accordé aux entreprises ou groupements capables de faciliter l'acquisition et la distribution d'intrants agricoles, en participant au coût d'achat des intrants.

La Banque africaine de développement a initié un projet de 12,4 millions USD pour promouvoir la filière rizicole et les produits maraîchers dans les préfectures de Boké et Boffa, au nord-ouest de la capitale : aménagement des bas-fonds sur 237 ha, production de semences, création de jardins pour les femmes, construction de 65 km de pistes, plusieurs marchés et magasins. L'objectif est de contribuer à asseoir une croissance économique forte et inclusive, en misant sur une hausse de la production et de la productivité et sur un meilleur accès aux facteurs de production, de transformation et aux marchés.

Le projet AgriFARM, financé par le FIDA, vise l'agriculture familiale, la résilience et les marchés en Haute et Moyenne Guinée. Le projet cible 65 000 ménages pratiquant l'agriculture familiale dans 15 préfectures des régions de Haute et Moyenne Guinée, où le potentiel de l'agriculture pour améliorer les moyens d'existence et la sécurité alimentaire sont élevés car les sols et les conditions climatiques sont bien adaptés alors que seulement 25 % des terres arables y sont cultivées.

Le projet vise à augmenter durablement les revenus des populations rurales, de renforcer leur résistance aux changements climatiques et d'améliorer leur état nutritionnel et leur accès aux marchés locaux, urbains et régionaux. Le projet appuie les petits producteurs dans l'amélioration des techniques de culture résilientes et aide 50 organisations de producteurs à renforcer les services d'accès aux marchés offerts à leurs membres et à financer l'entrepreneuriat agricole et rural. Le projet met en place des partenariats public-privé et apporte un soutien technique et financier à 2 000 entreprises rurales. Enfin le projet inclut la réhabilitation de routes rurales et la construction de marchés et l'installation de structures de gestion et d'entretien des marchés et des pistes rurales.

Le projet EWASME - Empowering West African Women Small & Medium Enterprises – mis en œuvre par le Programme des Nations Unies pour le développement (PNUD) avec l'appui de la Banque Islamique de Développement (BID) et un financement du Women Entrepreneurs Finance Initiative (We-Fi) de la Banque Mondiale est une initiative sous régionale, couvrant le Sénégal, la Guinée, le Niger et la Sierra Léone, d'un montant global de 10.6 millions USD. Il vise à contribuer à l'autonomisation par le renforcement de la capacité post-production d'au moins 1000 petites et moyennes entreprises (PME) et très petites entreprises (TPE) dirigées par des femmes sur la chaîne de valeur du riz. Le projet inclut des activités de développement des capacités techniques et commerciales, d'amélioration de l'accès aux financements et de l'accès aux marchés et de création d'un environnement favorable au développement des PME et des TPE dirigées par des femmes dans la filière riz.

Le PNUD met en œuvre des projets d'appui à la gestion des ressources naturelles et à la promotion des sources d'énergie renouvelable mixtes. L'accès à l'énergie solaire combinée avec celle de pico-barrages permet de développer l'agriculture (périmètres maraichers) et la pisciculture, de mettre en place des plateformes multifonctionnelles à énergie renouvelable, et de promouvoir le développement intégré de zones rurales, en augmentant les opportunités d'emplois dans l'agriculture, l'énergie renouvelable et la transformation agroalimentaire.

## 3. Les priorités pour le développement agro-industriel durable et l'emploi

Les stratégies et programmes adoptés constituent une réponse essentielle pour le développement agricole par le soutien aux activités de production et de transformation, la promotion des chaînes de valeur et la création des opportunités d'entrepreneuriat pour les jeunes et les femmes.

La politique nationale de développement agricole (PNDA, 2016-2025) vise à accroître la contribution du secteur agricole à la sécurité alimentaire, à la nutrition et à la réduction de la pauvreté. La PNDA met l'accent sur l'accroissement de la productivité, l'amélioration de l'accès aux marchés porteurs et l'amélioration de la gouvernance du secteur agricole.

L'opérationnalisation de ce cadre stratégique s'établit grâce à la mise en œuvre du Plan national d'investissement agricole et de sécurité alimentaire et nutritionnelle (PNIASAN) et du programme accéléré de sécurité alimentaire et nutritionnelle et de développement agricole durable (PASANDAD). Celui-ci s'appuie sur quatre composantes : i) la promotion d'un environnement favorable au développement des filières (promotion des investissements structurants et promotion du cadre institutionnel) ; ii) la dynamisation des filières agricoles (structuration des acteurs et amélioration des performances des filières agricoles) ; iii) la promotion de la nutrition et du genre ; et iv) la gestion durable des ressources naturelles.

Une agriculture moderne offre un potentiel très important de création d'emplois et de richesse, et peut absorber un grand nombre de jeunes candidats à la migration ou de jeunes vivotant dans le sous-emploi. Il convient de mettre en place des programmes qui rendent l'activité agricole suffisamment attractive pour que les jeunes s'y engagent, notamment à travers les gains de productivité, l'innovation technologique et le développement des infrastructures.

Pour mettre l'agriculture en situation de répondre aux défis du développement durable, l'accès aux marchés, le développement des filières et la mise en place de chaînes de commercialisation modernes doivent être considérés comme un axe prioritaire des programmes accélérés pour l'emploi. Les groupements et entreprises à vocation agricole coordonnant leurs activités pour fournir des productions transformées et des services sur une base concurrentielle – obtiennent de bons résultats, comme en témoignent les activités axées sur les exportations non traditionnelles du Maroc ou de l'Afrique du Sud (Dasylva et Grégoire, 2016).

Une démarche plurisectorielle d'investissement pour exploiter les synergies entre l'accès aux intrants et aux technologies appropriés et climato-intelligentes (semences, engrais, équipements...), une gestion plus durable des ressources en eau et des sols, des services améliorés (vulgarisation, emplois, assurances, services financiers), et la valorisation des ressources humaines (éducation, santé, nutrition) sont autant d'éléments qui doivent permettre une hausse des gains de productivité agricole et la promotion des activités agro-industrielles sur les territoires.

Les filières agricoles doivent désormais mieux prendre en compte les aspects qualitatifs, la certification et la labélisation des produits et la standardisation des produits. Ainsi les agriculteurs seront mieux connectés aux marchés internationaux, et auront accès à des services techniques adaptés. Les contrats de livraison entre agriculteurs et entreprises apportent des garanties aux banques locales. On constante qu'une nouvelle génération de grandes exploitations se développe dans des zones encore peu exploitées ayant des terres arables à fort potentiel.

Les villes constituent un débouché croissant pour la production locale. Initialement, seuls les excédents de production étaient commercialisés dans les villes. Aujourd'hui, des cultures alimentaires se développent entièrement à destination des marchés urbains (maïs, manioc, igname, produits laitiers, légumes, fruits et plantes condimentaires) et en particulier de produits transformés. Certaines productions sont destinées à l'exportation surtout sur le marché régional, comme l'huile de palme. Il est aussi possible d'établir des flux commerciaux régionaux exploitant les opportunités de commerce et d'échanges transfrontaliers, ce qui peut accroître les recettes d'exportation et les dynamiques locales d'investissement, en particulier dans le cadre de la ZLECAf.

Si la production alimentaire devient une production marchande, c'est grâce au développement d'un important secteur d'intermédiation entre les producteurs agricoles et les marchés (collecteurs, grossistes, transporteurs, fournisseurs d'emballage, distributeurs, restaurateurs, etc.).

Un cadre politique et réglementaire favorable aux petits producteurs est essentiel. Les services publics et les services d'appui à l'industrie locale et à l'exportation jouent un rôle déterminant en tant qu'initiateurs du changement et du développement, même si, avec le temps, certains de ces services sont progressivement confiés à des organisations professionnelles.

Le changement technologique constitue un levier important, à condition d'assurer l'accès aux marchés et de mettre en place des systèmes d'information sur les marchés, de stimuler l'investissement en faveur des industries agroalimentaires et, in fine de disposer d'infrastructures publiques de qualité. Un soutien fort aux organisations paysannes et aux organisations professionnelles est nécessaire, ainsi que la mise en place de mécanismes de consultation.

Les femmes jouent un rôle prédominant dans la production alimentaire en Guinée. Aussi, les services d'appui et de renforcement des capacités des producteurs ruraux doivent cibler les besoins des femmes notamment dans l'accès aux ressources et aux moyens de production essentiels (terres, crédits, formation, financement, technologie, marchés et soutien commercial).

Les mesures en faveur de la stabilisation des prix et de la protection des filières locales sont essentielles pour faire de l'agriculture un levier de création d'emplois productifs et décents. Le développement des ressources humaines, des sciences et des technologies dans le secteur agricole et agroindustriels, est essentiel dans une perspective à moyen et long terme : l'investissement dans la recherche agricole et l'innovation, en considérant les défis climatiques actuels et à venir, est essentiel.

Pour tirer parti de son potentiel agricole, améliorer la compétitivité et l'attractivité du secteur, la Guinée a besoin de développer ses infrastructures de transport, de stockage et de communication. Elle doit aussi donner davantage de moyens à la recherche agricole et à la recherche agro-industrielle – souvent négligée (moins de 0,001 % du PIB agricole). Elle doit, par ailleurs, veiller au développement d'une offre de services agricoles de qualité. Un meilleur accès aux intrants, à la formation professionnelle et au conseil technique peut sensiblement améliorer la productivité agricole.

L'agriculture contractuelle se développe : les contrats de livraison entre agriculteurs et entreprises permettent notamment de mieux gérer la qualité et les flux des produits. L'offre financière apportée aux exploitants et aux agro-industriels doit être renforcée et diversifiée. L'utilisation croissante de produits relevant du leasing, du warrantage et des assurances doit permettre de mieux gérer les risques et de protéger le secteur.

Le cadres juridique et réglementaire doivent garantir l'inclusion, la sécurité et la protection des droits, en particulier le régime foncier, les normes techniques pour les produits agricoles, les règles pour la gestion durable des ressources naturelles, avec des mesures visant à limiter les effets perturbateurs éventuels des importations commerciales et de l'aide alimentaire. Ils doivent également mettre l'accent sur la redistribution des ressources et la fourniture de biens et services publics (la vulgarisation et le financement rural, le renforcement des capacités commerciales, l'appui à la création d'organisations professionnelles, la promotion de partenariats public-privé, la production de statistiques fiables sur la sécurité alimentaire, etc.).

## Conclusion

L'agriculture occupe une place de premier plan dans la dynamique de création d'emplois productifs en Guinée, et peut constituer, en étant intégrée aux secteurs minier et industriel, une source significative de revenus pour les jeunes et les femmes, tout en garantissant la sécurité alimentaire à long terme.

Une approche intégrée – combinant action publique et investissement privé – devrait permettre de renforcer l'agriculture familiale et l'agriculture industrielle en Guinée. Les opérateurs économiques peuvent mettre en place directement auprès des petits exploitants agricoles, des programmes d'appui technique ou financier et de certification pour améliorer les rendements, assurer la qualité des produits achetés et la durabilité de leurs approvisionnements.

Enfin, la foresterie et l'agroforesterie – des secteurs dont dépendent des millions de ruraux pour vivre – présentent de vastes possibilités d'atténuation des émissions de gaz à effet de serre, d'accroissement des puits de carbone, de stabilisation des moyens d'existence ruraux et de renforcement de la sécurité alimentaire des ménages (dont un quart est en situation d'insécurité alimentaire).

Dans ce contexte, la coopération internationale, et notamment Sud-Sud, peut constituer un levier majeur pour appuyer l'agriculture guinéenne dans son intégration au marché continental et aux dynamiques régionales de développement, en particulier dans le cadre de la ZLECAf.

CHAPITRE V

# L'économie verte et bleue en Guinée : des opportunités d'emplois considérables

## Introduction

Dans une économie qui s'oriente résolument vers une plus grande durabilité, la croissance verte implique de s'attaquer aux défis existants du développement, en évitant de s'enfermer dans des modes de production qui appauvrissent le capital naturel du pays, et le rendent plus vulnérable au changement climatique et aux risques de perte de la biodiversité et de pollution. La transition verte et bleue

Investir dans la transition verte et bleue, dans le développement durable et la protection de l'environnement, suppose la redéfinition des compétences et des emplois, et la promotion des emplois verts et bleus.

Les enjeux de la croissance verte et du développement durable, sont majeurs en Guinée, avec des impacts réels sur l'emploi. La **Partie I** revient sur les orientations des politiques dans ce domaine et le potentiel de création d'emplois verts en Guinée.

L'économie bleue regroupe les activités à partir des océans, des mers, des fonds marins, des fleuves, des lacs et des nappes souterraines, portées par des modèles de production fondés sur l'adaptation au changement climatique et l'inclusion sociale. Elle constitue un gisement considérable d'opportunités d'emplois en Guinée, compte tenu des ressources existantes sur les 350 km de littoral, le vaste domaine maritime et le réseau fluvial exceptionnel du pays. La

**Partie II** aborde les perspectives de développement de l'économie bleue qui sont considérables, avec des impacts réels sur l'emploi.

L'investissement dans le développement durable et la protection de l'environnement vont de pair pour contribuer à créer de plus en plus d'emplois verts et bleus. Ce Chapitre rappelle les défis et enjeux de la croissance verte et bleue et du développement durable, et présente les orientations de politiques en ce domaine, les enjeux concernant la création d'emplois verts et bleus en Guinée, notamment pour les jeunes, ainsi que les perspectives.

## 1. Les défis et enjeux de la croissance verte pour l'emploi

S'appuyant sur le concept élargi de développement durable, le modèle de croissance verte offre une voie permettant d'optimiser les synergies entre les objectifs économiques, sociaux et environnementaux permettant à un pays comme la Guinée de renforcer la résilience de ses communautés et la transformation de ses modes de production et de consommation. L'abondance des ressources naturelles renouvelables et non renouvelables est une richesse connue et reconnue sur laquelle le pays peut fonder sa transition vers une économie et une société écologiquement durable pour tous.

Le Programme des Nations Unies pour l'environnement (PNUE) définit l'économie verte comme suit : « Une économie qui engendre une amélioration du bien-être humain et de la justice sociale, tout en réduisant sensiblement les risques environnementaux et les pénuries écologiques. » Selon cette définition, l'économie verte comprend non seulement des aspects environnementaux (protection de la planète et des ressources naturelles) mais aussi des aspects socio-économiques (création d'activités et d'emplois, formation professionnelle, innovation et transfert de technologie, etc.).

Le concept des emplois verts renvoie à des modes de production écologiques, soit des produits et services écologiques ou des processus de production et des technologies écologiques. Les emplois verts sont des emplois décents qui contribuent à la préservation et la restauration de l'environnement, soit dans les secteurs traditionnels tels que l'industrie manufacturière et la construction, ou dans de nouveaux secteurs verts et émergents comme les énergies renouvelables et l'efficacité énergétique (BIT, 2024).

Les emplois verts permettent de : (i) améliorer une utilisation efficiente de l'énergie et de matières premières ; (ii) limiter les émissions de gaz à effet de serre ; (iii) minimiser les déchets et la pollution ; (iv) protéger et restaurer les écosystèmes ; (v) contribuer à l'adaptation aux effets du changement climatique.

A l'échelle de l'entreprise, les emplois verts peuvent produire des biens ou proposer des services respectueux de l'environnement (par exemple des bâtiments écologiques ou des moyens de transport non polluants), mais qui ne sont pas toujours fondés sur des processus de production et des technologies écologiques. C'est pourquoi, es emplois verts se distinguent aussi par leur contribution à des processus de production respectueux de l'environnement (par exemple, réduire la consommation d'eau ou améliorer les systèmes de recyclage).

Dans une transition écologique, l'emploi peut être affecté de différentes manières :

- la création d'emplois supplémentaires (par exemple, la fabrication d'équipements de contrôle de la pollution),
- le remplacement de certains emplois (passage des combustibles fossiles aux combustibles renouvelables par exemple),
- la suppression sans remplacement direct de certains emplois (arrêt, par exemple, de la production de matériaux d'emballage interdits par la loi)
- la transformation ou la redéfinition de certains emplois existants lorsque les compétences exigées, les méthodes de travail et les profils deviennent plus écologiques (plombiers, électriciens, ouvriers métallurgistes et ouvriers du bâtiment, par exemple).

**Défis et enjeux**

En Guinée, l'engagement des acteurs vis-à-vis de l'économie verte implique l'État, le secteur privé et la société civile. La croissance verte, outil de développement durable, peut répondre à de nombreux défis et enjeux pour le pays tels que :

- maintenir une croissance économique soutenue et valoriser un partage plus équitable des ressources ;
- réduire le chômage et le sous-emploi en valorisant les emplois verts et bleus d'une manière productive et décente ;
- limiter l'épuisement des ressources naturelles, la dégradation de l'environnement et les impacts du changement climatique ;
- promouvoir la transformation des modes de production tout en réduisant les impacts environnementaux des modes de production (mines, industries) et de consommation (notamment urbaine) ;
- assurer la sécurité énergétique et son accessibilité ;
- améliorer la sécurité alimentaire et nutritionnelle ;
- répondre aux défis du développement et de l'atteinte des Objectifs de développement durable (ODD) ;

- renforcer l'accès aux marchés internationaux et promouvoir l'intégration régionale, la coopération au développement et les partenariats notamment publics-privés.

La transition vers un modèle de croissance écologique suppose des efforts d'investissements dans plusieurs domaines :

- la réhabilitation des infrastructures socio-économiques et de transports ainsi que l'adaptation du stock d'équipements et bâtiments existants ;

- le déploiement de nouveaux réseaux d'infrastructures, notamment dans le domaine de l'énergie et des transports ;

- un effort de recherche et d'innovation pour intensifier les opportunités offertes par les chaînes de valeur et faire émerger de nouvelles technologies et de nouveaux modèles économiques ;

- la levée des barrières institutionnelles et la nécessité d'une mise en cohérence de façon inclusive des dispositifs institutionnels et de gestion du développement durable ;

- une institutionnalisation de l'intégration du développement durable dans les politiques et stratégies nationales et les programmes d'actions.

La Guinée a accompli des progrès en matière d'engagement et de mobilisation communautaire pour le développement durable, ce que démontrent notamment ses orientations de politiques publiques (climat, adaptation) et ses engagements en matière de Contribution nationale déterminée (CND).

La Guinée a rejoint l'initiative de *l'Accélérateur mondial pour l'emploi et la protection sociale et des transitions justes* lancée en septembre 2021 par le Secrétaire général de l'ONU, comme une réponse collective de l'ONU pour relever les multiples défis qui menacent d'effacer les progrès réalisés en matière de développement. L'objectif est d'accélérer l'atteinte des objectifs de développement durables (ODD) et la création d'emplois décents, principalement dans les secteurs de l'économie verte, du numérique et des soins, et d'étendre la couverture de la protection sociale à des milliards de personnes actuellement exclues.

## Des avancées notables

La Guinée installe peu à peu une approche participative qui permet non seulement d'intégrer les besoins réels des acteurs locaux, mais également de les impliquer dans le processus décisionnel. Une amélioration de la qualité de l'environnement contribuant à l'amélioration du bien-être des ménages est possible, à condition que la prise de conscience et l'appropriation de ces questions soient étendues. Le civisme écologique à travers l'éducation environnementale, est encore balbutiant, ce qui appelle à une forte de mobilisation sociétale et développementaliste.

La faible vulgarisation et la méconnaissance des textes relatifs à l'environnement par une proportion importante de la population, induit un faible degré d'application des textes par les acteurs. Ce qui est également lié à la faible conscience écologique nationale et surtout à l'absence d'instruments économiques plus incitatifs (principe du pollueur payeur ou d'usager payeur). La méconnaissance des textes explique le fait que de nombreux projets échappent encore à la réglementation relative aux études d'impact environnemental et social (EIES), et à la promotion des emplois verts.

Plusieurs programmes de formation universitaire ou professionnelle restent encore disciplinaires et non conçus de façon à prendre en compte tous les aspects du développement durable, notamment en matière de gouvernance environnementale et d'économie verte. Aussi, le secteur de la recherche environnementale n'est suffisamment valorisé, alors que son apport au développement économique et social est reconnu, et malgré une volonté politique affirmée par les ministères de l'Environnement, de l'Enseignement supérieur et de la Recherche scientifique, des partenariats publics-privés.

Le développement d'approches intégrées sur l'économie verte et la transition écologique, s'appuie sur des données pertinentes sociales, économiques et environnementales et sur la mobilisation d'un ensemble d'acteurs (décideurs, partenaires de la société civile et du secteur privé) pour réviser les politiques et programmes de développement, en tenant compte des grands enjeux liés à l'exploitation minière, et la protection des écosystèmes environnementaux dans les espaces ruraux et urbains.

L'agriculture durable doit constituer un levier majeur des politiques publiques pour promouvoir une croissance génératrice de revenus, équilibrée, inclusive et créative d'emplois décents. Le développement industriel guidé par des politiques industrielles vertes est au cœur des politiques de développement en Afrique. Le développement industriel vert, selon l'Organisation des Nations Unies pour le développement industriel (ONUDI), consiste à mettre en place des industries qui sont « *efficientes en termes de ressources et d'énergie, non polluantes, peu carbonées, peu génératrices de déchets, sûres et dont les produits sont gérés d'une manière responsable pendant tout le cycle de vie* ».

À travers les dispositions du Code de l'environnement, il existe un consensus national sur la nécessité d'intégrer l'économie, l'environnement et le social. Selon le Code de l'environnement et ses décrets d'application, tout projet de développement doit en principe minimiser son impact sur l'environnement tout en préservant sa rentabilité économique. De fait, l'ensemble des départements ministériels doit intégrer de facto les principes de l'économie verte dans ses politiques respectives. Aussi, le Code de l'environnement a consacré une politique incitative pour le recyclage de certains déchets et la promotion de technologies propres.

Des initiatives partenariales sont également conduites avec le secteur privé pour assurer l'intégration d'approches vertes dans le développement des chaînes de valeur et le recours aux technologies vertes. Pour ce faire, les institutions de conseil à l'investissement, les centres de promotion des exportations et les structures du secteur privé doivent assurer une veille stratégique et une coordination de leurs politiques pour promouvoir des process de production et des technologies vertes, qui soient créatrices d'emplois décents pour la Guinée.

**La transition énergétique**

L'approvisionnement énergétique, notamment les énergies renouvelables, les bâtiments et la construction, les transports, l'industrie de base, l'agriculture et la foresterie sont des secteurs ou domaines reconnus en raison de leur rôle dans les émissions de gaz à effet de serre, dans l'utilisation des ressources naturelles comme matières premières, mais aussi en raison de leur contribution à l'économie, à l'emploi et au revenu. Dans ces secteurs, les opportunités de création d'emplois verts sont larges, car la Guinée dispose d'un potentiel considérable pour valoriser les sources d'énergie renouvelable, les techniques de l'agriculture climato-intelligente et les solutions basées sur la nature.

La Guinée a un potentiel hydroélectrique très élevé (avec un réseau hydrographique très dense comprenant 1 161 cours d'eau) mais encore faiblement valorisé avec seulement près de 2 % du potentiel installé et exploité. Les principales sources d'énergie primaire qui composent le mix énergétique guinéen, sont la biomasse pour plus de trois quarts (77 %, et principalement du charbon de bois), les hydrocarbures importés pour un peu moins d'un quart (22 %), l'hydroélectricité (près de 1 %) et les énergies nouvelles et renouvelables comme le solaire, l'éolien et le biogaz pour environ 0,2 %. Aussi, plus de 84 % des ménages guinéens ont accès à la biomasse alors que 1,5 % seulement de la population a accès au gaz butane et de biogaz (contre 41 % au Sénégal et 63 % au Cap-Vert).

En Guinée, bien que la production d'électricité a augmenté de 70 % sur la période 2018-2022, grâce notamment à la multiplication par 2,4 de la production d'énergie hydraulique, la proportion des ménages ayant un accès fiable à l'électricité est de 53 % en milieu urbain (contre 44 % en 2018) en 2023, et de 7 % en milieu rural (contre 2 % en 2018). En dépit des efforts d'investissements intervenus durant la dernière décennie en infrastructures de production - *réalisation de barrages à l'image du barrage hydro-électrique de Souapiti d'une puissance installée de 515 mégawatts pour un coût de 1,3 milliard de dollars US* - de transport et de distribution, l'État guinéen continue de subir une forte pression financière en subventionnant l'électricité des producteurs indépendants. Au titre de l'exercice 2023, le montant de la subvention à l'électricité se chiffrait à plus de 3 200 milliards GNF.

L'accès à une énergie renouvelable et abordable fait partie des six leviers transformateurs à même d'accélérer les progrès sur les ODD, en plus des systèmes alimentaires, de la connectivité numérique, de l'éducation, de l'emploi et la protection sociale et du changement climatique, la perte de biodiversité et la pollution.

Le PNUD appuie l'élaboration de la *Stratégie nationale de l'énergie durable pour tous à l'horizon 2030*, l'actualisation de la Contribution Déterminée au niveau national (CDN), et l'élaboration du *Plan national d'électrification rurale* (PNER) structuré autour de trois programmes avec un objectif de l'accès universel à l'électricité à l'horizon 2040 :

1. Le Programme d'Urgence d'Électrification Rurale de la Guinée-PUERG : programme prioritaire quinquennal d'électrification pour les années 2023 à 2027, avec deux phases distinctes, qui permettra d'électrifier 4 550 localités et faire passer le taux d'électrification successivement de 7 % à 17 % et à 36 % pour un coût global de 1,582 milliard USD ;

2. Le Programme d'Électrification Rurale à Moyen Terme – PERMT : programme à moyen terme pour la période 2028 à 2033 qui couvrira 7 110 localités pour atteindre un taux d'électrification de 83 %, pour un coût global de 1,483 milliard USD ;

3. Le Programme Final pour l'Accès Universel à l'Électricité dans le Rural-PFAUER : programme à long terme pour la période 2034 à 2040, couvrant le reste des 3 520 localités qui permettra la couverture à 100 % du pays, pour un coût global de 541 millions USD.

Dans ces programmes couvrant environ 15 000 localités, le rôle des systèmes d'électrification à caractère majoritaire sont : (i) les systèmes solaires PV décentralisés (SPF/SHS) – 6642 localités soit 44 % ; (ii) les réseaux autonomes avec la petite hydraulique – 4908 localités soit 33 % ; (iii) les réseaux autonomes avec les sources solaires PV centralisées – 2638 localités soit 17.5 % et (iv) les extensions de réseaux MT – 836 localités soit 5.5 %.

Le PNER Horizon 2040, invite à reconsidérer la position et le rôle des pico, mini et micros centrales hydrauliques dans l'électrification des zones rurales, avec un recours à l'hybridation hydro-solaire (saisons sèches).

**L'agriculture et la foresterie**

Le pays est riche en terres cultivables avec un potentiel de terres irrigables estimé à 364 000 ha, dont moins de 10 % (30 200 ha) sont aménagées. Le patrimoine forestier est important et la pluviométrie est particulièrement favorable. L'agriculture et les activités connexes assimilées occupent plus de la moitié de la population active employée de 15 ans et plus dont trois-quarts de la population active en milieu rural (INS, 2022). C'est une agriculture de subsistance répondant principalement à une demande locale en denrées de base (riz, bananes, patates douces, fonio, maïs, produits maraichers), même si de grandes plantations industrielles existent pour certaines filières (huile de palme, bananes, arachide, ananas, mangues et aussi bois).

Sur le plan forestier, la Guinée dispose de potentialités importantes dans le domaine des ressources naturelles avec des forêts, des aires et des sites protégés, mais aussi des sources et des lits de cours d'eau, un écosystème varié et une importante biodiversité. Cependant, la plupart de ces ressources naturelles sont menacées. Selon des études de l'Organisation des Nations Unies pour l'alimentation et l'agriculture (FAO), le couvert forestier guinéen est passé de 7,2 millions d'hectares en 1990 à 6,5 millions en 2010, et se situe autour de 6 millions d'hectares actuellement.

Les facteurs de déforestation sont nombreux et comprennent des pratiques comme les mines à ciel ouvert, l'agriculture traditionnelle sur brûlis, l'utilisation de bois de feu, la carbonisation, la briqueterie et l'élevage extensif avec des animaux en divagation. Dans les zones de mangrove, le séchage du poisson, la riziculture, l'extraction de sel par chauffage de saumure sont aussi des pratiques mises en cause et dont dépendent de nombreuses communautés pour leur survie.

Ainsi, l'abattis-brûlis est l'itinéraire cultural privilégié pour disposer de terres d'une certaine fertilité. Avec les périodes de jachère qui se raccourcissent sous une forte pression démographique (de huit à dix ans traditionnellement à trois à cinq ans), les pratiques culturales contribuent à la disparition progressive des forêts et à l'épuisement des sols qui n'ont pas suffisamment de temps pour se régénérer.

Une prise de conscience pour un engagement politique fort et des efforts sont déployés pour le respect des accords internationaux à finalité environnementale signés par la Guinée dont le Plan stratégique des Nations Unies sur les forets des Nations Unies (2017-2030) et autres accords ayant pour objet l'atténuation des impacts sur le changement climatique. Pour ce faire, les stratégies nationales de développement énergétique, agricole, minier et industriel doivent intégrer des solutions énergétiques à faibles émissions de CO2 et des actions de protection de l'environnement au niveau national (eaux, forêts en particulier).

Malgré des progrès significatifs concernant les mesures politiques, juridiques et l'adoption de nouvelles approches visant à améliorer la gestion durable des ressources, les modèles économiques continuent d'accorder une attention insuffisante aux paramètres écologiques dans la planification du développement, la budgétisation, les investissements publics, ainsi que dans les normes et l'engagement du secteur privé.

**La promotion des emplois verts au cœur de la transition verte**

Le Programme des Nations Unies pour l'environnement (PNUE) définit les métiers verts comme des « emplois dans l'agriculture, l'industrie manufacturière, l'administration et les services, la recherche et développement, qui contribuent de manière substantielle à préserver ou à restaurer la qualité de l'environnement ». Il s'agit, par exemple, des métiers qui participent à préserver les écosystèmes et la biodiversité, à réduire la consommation d'énergie fossile, de matières premières, à décarboniser l'économie et à minimiser ou à éviter toute forme de déperdition et de pollution.

Les métiers verts sont donc potentiellement présents dans tous les secteurs de l'économie, sur des activités qui permettent de réduire la consommation d'énergie et de matières premières, de limiter les émissions de gaz à effet de serre, la production de déchets et la pollution, de protéger et de restaurer les écosystèmes. Ils permettent aussi aux entreprises et aux communautés de s'adapter au changement climatique.

Des mesures d'accompagnement à la transition verte sont nécessaire, pour faciliter la mobilité entre les métiers et les secteurs (métiers traditionnels vers métiers verts), renforcer les compétences pour la maitrise des processus de production écologiquement viables, la production d'énergie renouvelable, etc. Les opportunités d'emplois verts sont considérables, si des mesures appropriées sont mises en place, pour accompagner l'ensemble des acteurs économiques des filières agricoles, forestières, énergétiques, industrielles et autres (chefs d'unités de production, de transformation, de commercialisation...) vers les métiers verts.

En Guinée, la filière biomasse-énergie emploie des dizaines de milliers de personnes à travers la production, la transformation, le transport, le reconditionnement, la distribution et la commercialisation finale. Le sous-secteur des hydrocarbures emploie des milliers de personnes au niveau des dépôts et chaînes de transport et de la distribution, répartis entre des dizaines d'entreprises privées et publiques.

La transition vers les sources d'énergie renouvelable exige un accompagnement (formation, insertion), pour tirer parti des opportunités d'emplois verts ; l'électrification décentralisée combinant l'énergie hydraulique et solaire, génère des milliers d'emplois, y compris dans l'installation, la gestion et la maintenance des équipements.

Les stratégies en faveur de la croissance verte doivent être consolidées afin de mettre à la disposition des populations des infrastructures plus efficientes, des technologies adaptées et des services énergétiques durables qui permettront une diversification des activités productives créatrice d'emplois décents.

Maintenir les capacités de renouvellement des écosystèmes naturels et mettre en place des institutions et développer des instruments juridiques efficaces (et des mécanismes de financement durables, tout en informant, sensibilisant et éduquant les acteurs pour un changement de comportements et de pratiques, constituent des conditions nécessaires pour garantir une croissance économique soutenable et des opportunités d'emplois productifs et durables.

La transition vers des politiques et pratiques plus vertes dépendra essentiellement de la capacité à résoudre les problèmes liés aux politiques de gouvernance environnementale. À cet égard, il apparaît important d'adapter le législatif pour inciter, faciliter et mettre à la portée de chaque acteur des moyens concrets de s'impliquer et de coopérer avec d'autres. Soutenir la participation des populations locales dans les prises de décisions, valoriser les savoirs traditionnels et les meilleures pratiques de production susceptibles de protéger les écosystèmes, permettent de promouvoir les emplois verts.

Face aux défis et enjeux mentionnés, certaines réformes apparaissent indispensables. Quelques pistes sont proposées :

- la promulgation dans le domaine de l'environnement de lois et de règlements imposant des évaluations de l'impact environnemental et des audits environnementaux et des régimes de suivi et de vérification sanctionnant les entreprises qui nuisent à l'environnement ;

- la mise en place de subventions ou d'exonérations fiscales accordées aux entreprises pour récompenser l'adoption de sources d'énergies renouvelables et de procédés écologiquement rationnels ;

- la mise en place de programmes en faveur de marchés publics industriels verts et l'incorporation de conditions vertes dans les marchés publics ;

- l'application de politiques en faveur de l'innovation et du développement durable à faible teneur en carbone et la création de zones industrielles spéciales à faibles émissions de carbone, qui ciblent les investissements provenant de sociétés transnationales utilisant des technologies environnementales ;

- la mobilisation des biens publics nécessaires pour une intensification durable de l'agriculture : systèmes de recherche innovants et efficaces, infrastructure sociale et incitations économiques appropriées notamment des subventions et signaux émanant des prix, un régime juridique de la propriété foncière et un accès amélioré aux marchés facilité par l'infrastructure et la mobilité durables ;

- des campagnes d'information ciblées sur les PME pour mettre en lumière les avantages économiques à attendre du passage à des modèles économiques verts et les possibilités d'exportation résultant de la nouvelle demande mondiale ;

- l'amélioration de la qualité de l'enseignement scientifique et technique dans les établissements scolaires et les universités pour une formation adaptée aux impératifs du développement durable ;

- la mise en place d'interactions entre le monde entrepreneurial et les centres scientifiques et technologiques en créant à cette fin des pôles industriels et des parcs technologiques verts ;

- le développement des infrastructures relatives aux technologies de l'information et de la communication pour valoriser l'économie numérique et rationaliser les processus productifs et les modes de consommation durables ;
- la valorisation des technologies et des pratiques qui associent les productions végétales et animales, à une gestion écologique appropriée en recourant à des fermes-écoles, à des technologies agricoles climato-intelligentes et des transferts technologiques appropriés vers l'économie verte, etc.

**La transition verte : une condition pour la création d'emplois durables**

Dans les orientations stratégiques pour le développement durable et la promotion de l'économie verte en Guinée, il est mentionné que le verdissement de l'économie impliquera un investissement à grande échelle dans les nouvelles technologies, les équipements, les bâtiments et les infrastructures (en capital physique et humain), et pourrait donc représenter un stimulus important pour la création d'emplois. Plusieurs études, dont notamment celle de la Contribution nationale déterminée (CND), montrent que le maintien du statu quo conduirait à des pertes d'emploi alors qu'une transition vers des modes de production plus durables (agricole, industriel, minier...) peut avoir des effets importants en termes de création nette d'emplois.

Ces effets en termes de création d'emplois verts ne peuvent se concrétiser que si des mesures d'accompagnement dans l'emploi, la formation et l'entrepreneuriat sont mises en place de façon adéquate, grâce à des services de l'emploi de qualité et suffisamment outillés, et grâce à des partenariats public-privé.

Il s'agit aussi de mettre la transition verte au cœur des outils de planification, programmation, budgétisation et suivi-évaluation des stratégies sectorielles, et des programmes d'investissement, en s'appuyant sur la transition technologique et la mobilisation de l'ensemble des acteurs économiques au niveau national et local.

## 2. Les enjeux de l'économie bleue pour l'emploi

L'économie bleue constitue un gisement considérable d'opportunités économiques et d'emploi, pour un développement durable et inclusif. Souvent négligée ou sous-estimée, l'économie bleue est un levier majeur pour la transformation structurelle de l'économie, la transition vers des modes de production durables, et la promotion de l'emploi décent.

Selon la définition retenue par la Commission Economique pour l'Afrique (CEA) des Nations Unies, l'économie bleue concerne toutes les étendues d'eau et les rives (océans, mers, espaces côtiers, lacs, cours d'eau, nappes souterraines...). Elle implique une série d'activités économiques telles que la pêche et l'aquaculture, la transformation des produits de la mer, l'algoculture et la saliculture, le tourisme bleu, le transport fluvial et maritime, les ports et la construction navale, l'énergie marine et hydroélectrique et toutes les filières du secteur minier sous-marin. On peut y ajouter la gestion des mangroves, le stockage du carbone bleu, la bioprospection, les biotechnologies marines, la conservation marine, les énergies renouvelables (vagues et marées...), la sécurité maritime, la finance bleue, le commerce régional, les services publics de soutien aux activités maritimes et à la protection de l'écologie marine, l'océanographie, la recherche marine, etc.

L'économie bleue durable c'est aussi, « une économie océanique qui fournit aux générations actuelles et futures, des bénéfices économiques et sociaux équitablement répartis, tout en restaurant et en protégeant la valeur et la fonctionnalité intrinsèque des écosystèmes côtiers et marins, et qui repose sur des technologies propres et des flux circulaires de matériaux » (WWF, 2018).

Ainsi l'économie bleue est fondée sur des modes de production et de consommation durables, et une gestion durable des ressources marines et aquatiques, valorisant les chaines de valeur et filières génératrices d'emplois décents, et favorable à la réduction des risques environnementaux et aux incidences écologiques.

Pour la CEA, l'Economie bleue constitue un « formidable potentiel pour le continent africain », à la condition d'adopter des stratégies intégrées et multisectorielles (voir CEA, 2016, *Guide pratique pour mieux intégrer l'économie bleue dans les législations nationales, les politiques et les stratégies nationales*).

Construire une économie bleue durable, intègre la préservation des écosystèmes, la biodiversité et l'adaptation au climat. Les enjeux sont majeurs pour les économies de l'Afrique de l'Ouest, pour sortir des crises actuelles et futures, renforcer leur résilience, favoriser la transformation structurelle de leurs modes de production et de consommation, et stimuler la croissance économique inclusive.

En Guinée, comme d'autres pays d'Afrique de l'Ouest, l'économie bleue sous réserve d'une activité humaine - terrestre et maritime- durable, peut faire doubler la croissance du PIB, réduire considérablement la malnutrition, réduire le déficit énergétique, et créer des milliers d'emplois par an. Les ressources halieutiques y sont abondantes avec des impacts évidents sur la sécurité alimentaire et nutritionnelle, sur le niveau de revenu, sur la biodiversité. Le transport maritime a un fort potentiel, car la majorité des importations et exportations transitent par la mer.

Ce potentiel est entravé par la dégradation environnementale, les déficits d'infrastructure, la forte pression démographique, surtout dans les espaces côtiers de plus en plus urbanisés et exploités. La nécessité d'une gestion durable de ces ressources, avec l'apport des nouvelles technologies s'ajoute à celle d'une meilleure planification spatiale. Les programmes sectoriels (pêche, transport, extraction minière, tourisme...) sont développés sans prise en compte de leurs complémentarités ni du fait qu'ils partagent un même espace. La planification spatiale maritime et celle des espaces côtiers sont insuffisantes, pour faciliter la valorisation des ressources et les synergies inter-programmatiques.

Ces programmes sectoriels s'ils sont intégrés, peuvent constituer la base d'une transformation structurelle de l'économie. Ces ressources et activités bleues sont, en outre, de nature à permettre de faire un saut qualitatif dans le processus d'industrialisation, tout en intégrant le changement climatique et l'innovation (biotechnologies...).

## Les enjeux de l'économie bleue en Guinée

Les enjeux de l'économie bleue ont été largement débattus lors de la conférence organisée à Nairobi (Kenya) en novembre 2018, qui a rassemblé des représentants de plus de 180 pays. Ces débats ont permis de dresser des axes prioritaires pour le développement et l'emploi. Pour ce faire, les gouvernements sont censés :

- promouvoir des stratégies globales orientées vers l'action et qui placent les ressources humaines et l'économie bleue au centre du développement durable, pour contribuer à la réalisation des Objectifs de développement durable à l'horizon 2030 ;

- promouvoir la collaboration en vue de partenariats et des projets durables dans les différents secteurs de l'économie bleue et favoriser la croissance économique, la réduction de la pauvreté et la préservation des ressources pour les générations présentes et futures, grâce à une approche multisectorielle ;

- promouvoir la mobilisation de ressources financières adéquates auprès de sources publiques et privées, l'accès aux technologies et aux innovations pertinentes, et le renforcement des capacités des acteurs afin d'exploiter pleinement le potentiel des ressources de l'économie bleue.

- promouvoir le rôle des femmes dans l'économie bleue et l'identification des barrières et des possibilités offertes pour les autonomiser encore davantage et renforcer leur rôle dans les postes de responsabilité ;

- renforcer le rôle de la science et de la recherche afin de générer et diffuser les connaissances basées sur des données et des informations factuelles sur les moyens de promouvoir une économie bleue durable ;

- renforcer l'interaction entre la science et les orientations pratiques en ce qui concerne les ressources de l'économie bleue afin de guider les processus de décision ;

- renforcer les mécanismes de gouvernance de l'économie bleue, notamment par la sensibilisation et en veillant à garantir la participation des parties prenantes dans les orientations et la prise de décision ;

- promouvoir les synergies entre les autorités locales et les gouvernements nationaux dans la mise en œuvre des décisions relatives à l'économie bleue.

La Guinée a pris la pleine mesure de ces enjeux de développement de l'économie bleue à fort potentiel économique et de création d'emplois durables, en choisissant de valoriser davantage les ressources considérables que représentent près de 350 km de littoral atlantique, un vaste domaine maritime et un réseau fluvial exceptionnel. L'économie bleue occupe une place centrale dans la planification du développement et une Stratégie nationale de l'économie bleue a récemment été adoptée (2024). Cette stratégie repose sur plusieurs piliers :

- la planification spatiale maritime en favorisant les synergies entre les différentes activités que l'économie bleue dans le respect des équilibres naturels ;

- la mesure et la gestion des données relatives au bon état écologique ;

- les questions de sécurité, de sûreté et de coopération sous-régionale et internationale ;

- une politique d'aménagement et de protection du littoral (préservation de l'intégrité des sites, des écosystèmes côtiers et du patrimoine marin), appuyée par une gestion foncière équilibrée du littoral ;

- l'appui à la gouvernance et la coordination interministérielle, pour la mise en convergence des opportunités et actions en vue d'une croissance bleue inclusive et durable.

La raison d'être d'une stratégie de développement de l'économie bleue est précisément de valoriser le potentiel partiellement ou largement sous-exploité de divers secteurs comme la pêche, l'aquaculture, les activités portuaires, l'hydroélectricité, ou même de secteurs encore embryonnaires à ce jour comme le tourisme bleu. Ces perspectives qu'ouvre l'économie bleue en Guinée doivent respecter un impératif de durabilité, conformément aux engagements déjà souscrits par le pays, et doivent donc inclure une composante économique, une composante sociale et une composante environnementale.

La valorisation de certaines ressources hydriques est d'ores et déjà au cœur de l'économie de la Guinée, mais leur exploitation est loin de tirer parti de tout le potentiel existant.

Un bon exemple est celui du secteur de la pêche, qui induit, directement et indirectement, 12 % de l'emploi dans le pays, y compris l'emploi féminin (activités post-capture). Or les études estiment que le potentiel exploitable est près de deux fois supérieur à ce qui est exploité. Si la raréfaction de la ressource ne semble pas une menace immédiate dans les eaux guinéennes, la promotion d'une pêche durable reste posée. L'aquaculture est aussi un secteur à fort potentiel notamment en Haute et Moyenne-Guinée.

Le transport par voie d'eau et les activités portuaires sont également prometteurs pour l'économie bleue en Guinée, en particulier dans le cadre de la Zlecaf. Le tourisme bleu encore embryonnaire en Guinée, a un fort potentiel même s'il reste dépendant de l'existence d'infrastructures d'accueil et de transport, et d'une politique environnementale renforcée.

L'énergie hydraulique illustre l'enjeu de l'économie bleue en Guinée, avec un potentiel hydroélectrique de 6 000 MW, dont seuls 5 % sont actuellement mis en valeur. De nombreux projets d'aménagement hydroélectrique tels que les barrages de Souapiti (515 MW) et Amaria (300 MW) sur le Konkouré, ou Koukoutamba (280 MW) sur le Bafing dans le cadre de l'Organisation pour la mise en valeur du fleuve Sénégal (OMVS) peuvent accroitre la capacité énergétique et avoir multiples usages (production électrique, eau potable, pêche, transport fluvial, campements touristiques, etc.). Les étendues d'eau exploitables concernent de plus les quatre régions naturelles de Guinée, et l'énergie hydraulique peut non seulement permettre à la population d'accéder à l'électricité, mais aussi offrir des perspectives d'industrialisation et d'exportation dans un cadre régional.

Certains secteurs innovants (télécommunications, biotechnologies, séquestration du carbone, exploitation des grands fonds marins) pourraient éventuellement consolider les opportunités liées aux priorités sectorielles de l'économie bleue guinéenne.

Il est aussi reconnu que la sûreté et la sécurité de la mer et des eaux continentales sont une condition indispensable pour promouvoir l'économie bleue, gagner la confiance des investisseurs et créer des opportunités d'emplois.

La Guinée doit conjuguer son ambition de développement de l'économie bleue avec une politique visant à préserver l'environnement hydrique dans toutes ses dimensions (biodiversité, traitement des eaux urbaines résiduaires, contrôle des rejets industriels, gestion des déchets), en particulier dans le contexte du changement climatique.

Dotée d'un réseau fluvial de plus 6 250 km, le territoire guinéen est parsemé par plus de 1 000 cours d'eau formant neuf bassins nationaux (non partagés avec les pays voisins, dont celui du fleuve Konkouré) et quatorze bassins fluviaux internationaux, dont en particulier ceux du fleuve Sénégal (2e plus grand fleuve de l'Afrique de l'Ouest), du fleuve Niger (1er plus grand fleuve d'Afrique de l'Ouest), du fleuve Gambie, de la Makona et du Diani. Les ressources en eau renouvelable sont de l'ordre de 226 milliards de m3 réparties dans 23 bassins fluviaux. Le caractère saisonnier du régime de ces nombreux cours d'eau et les récurrences d'importants débits de crue en saison pluvieuse et de sévères étiages en saison sèche font de la maîtrise de l'eau un impératif de développement. Par conséquent, la Guinée fait face à de grands défis nationaux et également sous-régionaux à relever dans le domaine hydrique dans la mesure où elle est dans l'obligation selon les conventions internationales et régionales, de collaborer avec les autres États dans un esprit de solidarité et de coopération mutuellement bénéfique (Politique nationale de l'eau en Guinée, 2018). L'engagement du pays en faveur du développement durable appelle à la fois la valorisation et la préservation des ressources hydriques.

**La pêche et l'aquaculture : un secteur à forte intensité de main d'œuvre**

En Guinée, la gestion participative des pêcheries (administration, recherche, surveillance et acteurs sociaux) s'est imposée depuis les années 1990 par la formulation de plans d'aménagement et de gestion des pêcheries (PAGP) annuels guidés par des principes fondamentaux : une pêche écologiquement durable et économiquement rentable, l'importance économique et sociale du secteur (sécurité alimentaire, emploi, recettes fiscales) et les principes d'une bonne gouvernance du secteur des pêches.

Le secteur de la pêche contribue à la croissance économique, à la sécurité alimentaire par la satisfaction des besoins en protéines animales à base de poissons et à la création d'emplois, de richesses et de revenus pour les acteurs impliqués.

En ce qui concerne la pêche maritime, l'approvisionnement en intrants et les aménagements des points de débarquement couplés à des projets de moindre envergure à caractère participatif ou communautaire sont les deux types d'interventions qui ont largement contribué à son essor.

Sur les sites propices le long des fleuves, la pêche fluviale a toujours contribué à la sécurité alimentaire et à l'emploi, grâce à l'émergence de pôles de pêche de plus en plus actifs en Moyenne-Guinée et en Haute-Guinée.

Le secteur privé formel du secteur de la pêche, compte 313 entreprises dont 14 % sont gérées par des femmes. En y ajoutant les acteurs du secteur informel et leurs organisations structurées, le secteur de la pêche et de l'aquaculture fournirait deux cent mille emplois (environ 12 % de la population active) dont un quart d'emplois directs (pêcheurs, armateurs) et trois quarts d'emplois indirects (activités connexes de la pêche artisanale et industrielle, métiers de transformation, traitement et transport, services en mécanique, charpenterie, mécaniciens, froid...).

Les femmes sont fortement présentes dans les activités de post-captures et représentaient 98,7 % des 25 420 acteurs dénombrés le long du littoral guinéen dans la valorisation et la mise en marché des débarquements de la pêche artisanale guinéenne (10 330 mareyeuses, 622 mareyeuses-fumeuses, 633 sécheuses et 13 509 fumeuses).

Aussi, la pêche artisanale fixe les communautés de base le long du littoral et atténue les mobilités vers les grands centres urbains. Contrairement à la pêche industrielle, qui a tendance à concentrer ses activités à Conakry, l'atomicité des sites de pêche artisanale le long du littoral guinéen renvoie à une certaine stabilité sociale. À travers la pluriactivité manifeste, par la nécessaire combinaison des activités de pêche et de riziculture ou autres cultures, la pêche artisanale constitue une composante essentielle du développement des zones du littoral. Ainsi la complémentarité entre les activités marines et terrestres assure une sédentarisation d'un grand nombre de pêcheurs dans leur localité.

Plusieurs initiatives d'aquaculture ont été prises depuis 1996, dont son association à la riziculture et à l'élevage en Guinée forestière. À l'heure actuelle, quatre formes d'aquaculture sont pratiquées en Guinée : la rizi-pisciculture et la pisci-riziculture en Guinée forestière et Basse-Guinée, l'aquaculture de bassins hors sol communautaire en Moyenne et Haute-Guinée et des actions pilotes de valorisation des excavations minières par l'empoissonnement en cours de démonstration en Basse et Haute-Guinée.

Les résultats positifs obtenus ont encouragé le gouvernement guinéen à placer l'aquaculture familiale marchande, intégrée aux exploitations agricoles, parmi les activités à prioriser dans ses objectifs. Les avantages d'une telle initiative sont multiples, car l'aquaculture peut :

- contribuer à la sécurité alimentaire et nutritionnelle ;
- contribuer à générer des revenus substantiels pour les femmes et les jeunes et accroître leur autonomisation ;
- constituer une excellente activité de protection de l'environnement, déjà sérieusement menacé en Guinée ;
- contribuer à augmenter et à diversifier l'offre d'emplois locaux, principalement pour les jeunes déscolarisés et les jeunes universitaires ;
- réduire fortement le recours au poisson d'origine marine et par conséquent les pressions sur l'écosystème marin et l'environnement en général.

L'état des projets en cours et en perspective dans le secteur de l'aquaculture atteste des possibilités importantes de ce secteur. On peut citer le projet d'appui à la Pisciculture commerciale familiale (PISCOCFAM) de l'AFD, le projet Aquaculture communautaire en Haute et Moyenne Guinée du PNUD (financé par le Japon et la Russie), le Projet de développement agricole intégré en Guinée (PDAIG) dans dix préfectures de la Banque mondiale, le projet Agriculture familiale, résilience et marché en Haute et Moyenne Guinée (AgriFARM) du FIDA, le projet AbE (Adaptation basée sur les Ecosystèmes) qui correspond au projet d'Amélioration de la résilience des écosystèmes et des communautés vulnérables au Changement Climatique et aux menaces anthropogéniques à travers l'application d'une approche de la montagne à la mer de la conservation de la biodiversité et la gestion des bassins versants, du PNUD sous financement du FEM. De nouvelles initiatives sont envisagées par l'ANAG, telles que la pisciculture en cages flottantes, la pisciculture en bassins hors sol, la pisciculture marine, l'élevage des huîtres, la construction de centres de production de semences pour l'empoissonnement des plans d'eau en appui à la pêche, ou encore la mise en place de fermes aquacoles de conservation et de formation.

**Les enjeux du transport maritime**

Le secteur du transport maritime est fortement pourvoyeur d'emplois. Le gouvernement a défini une Lettre de politique sectorielle des transports pour la période 2016-2035 qui met en valeur les priorités, mais aussi l'important potentiel de ce secteur en matière de valeur ajoutée et d'emplois.

Le transport maritime du port autonome de Conakry (PAC) est de plus en plus couplé à la logistique terrestre et aux commodités (entreposage, suivi des marchandises, ports secs, assurances/garanties, etc.). Ainsi, avec la création d'un port sec à Kagbélén, directement connecté aux réseaux routier et ferroviaire, le gouvernement envisage de créer une véritable plate-forme multimodale d'éclatement pouvant desservir les corridors maliens, burkinabés et nigériens. Exclusivement dédié aux activités minières de la Compagnie des bauxites de Guinée (CBG), le port de Kamsar-CBG est le deuxième port guinéen à vocation internationale. À l'origine petit village de pêcheurs situé dans l'estuaire du Rio Nunez, sur l'océan Atlantique, ce port est devenu un centre industriel de la CBG en connexion ferroviaire avec le plateau du Sangarédi proche, qui est l'une des plus grandes réserves mondiales de bauxite. La SMB-Winning, un consortium international créé en 2014, a construit les terminaux de Katougouma et de Dapilon en amont du fleuve Rio Nunez pour l'évacuation de la bauxite.

Le port autonome de Conakry (PAC) est le principal port du pays. Il reçoit à la fois les navires de commerce, les minéraliers et les navires de pêche. Il a également un appontement pétrolier de 190 m (profondeur de 10 m) pour l'accostage de tankers de 25 000 tonnes de capacités actuelles et de 45 000 tonnes après dragage. Avec un linéaire de quai de 346 m ayant une profondeur de 10m, deux quais minéraliers sont destinés à recevoir respectivement l'alumine de la compagnie RusAL et le clinker des usines de ciment ainsi que les matières premières destinées à leur transformation. Le PAC dispose également d'un appontement pétrolier construit dans le cadre du deuxième projet portuaire (1989-1992), d'une longueur de 190 m avec une profondeur de 11,50m pouvant recevoir des tankers de plus de 45 000 tonnes. Cet appontement pétrolier est exploité par la Société guinéenne des pétroles (SGP) qui gère des bacs à terre situés à 800 m, alimentés par des pipe-lines.

Pour améliorer l'exploitation et la gestion du port, rechercher l'efficacité économique pour rendre le port de Conakry compétitif et attirer les armateurs et les grands acteurs maritimes, les autorités guinéennes ont signé des contrats de concession avec plusieurs compagnies privées de la place.

Le PAC peut se singulariser par sa compétitivité, mais aussi par sa qualité environnementale en obtenant le label Ecoports. Il sera être complété par l'aménagement de ports secs dans différentes régions du pays.

Le port de Kamsar-CBG a été construit dans le cadre du projet minier d'exportation de la bauxite de la Compagnie des bauxites de Guinée (CBG) qui opère en Guinée depuis 1973. Elle expédie à partir du port de Kamsar plus de 14 millions de tonnes par an, et exploite trois mines dans le voisinage de Sangarédi, qui se trouve à l'intérieur, à 138 km du port de Kamsar. Le port de Kamsar a l'avantage de pouvoir accueillir des bateaux minéraliers de plus de 200 m de long, à grands tirants d'eau de plus de 9 mètres. Le port de Kamsar-GAC est construit par la société Guinea Alumina Corporation, filiale de EGA (Emirates Global Aluminium), qui s'est engagée à exporter 250 000 à 300 000 tonnes de minerai par an.

Les ports de Katougouma et Dapilon, opérationnels depuis octobre 2016, sont réalisés par le consortium minier SMB-WAP (Winning Africa Port) constitué de plusieurs acteurs majeurs dans le domaine de l'extraction, de la production et du transport de bauxite et l'État guinéen. D'autres installations portuaires sont prévues dans un proche avenir à Bel-Air, Baralandé (Boffa) et Benty (Forécariah). Elles seront alimentées à l'image des ports de Katougouma et Dapilon avec des barges, qui transporteront les minerais vers des ports en eaux profondes.

Dans le cadre du projet Simandou, Winning Consortium Simandou (WCS) prévoit de construire des installations portuaires dans l'estuaire de la rivière Morébayah, près de Senguelen, dans la préfecture de Forécariah, pour charger le minerai de fer sur des barges, puis le charger sur de grands navires océaniques grâce à ses terminaux de transbordement de grande capacité en mer. Dans une deuxième phase, un nouveau port en eau profonde sera installé.

Le développement de ces ports aura des impacts significatifs sur les activités économiques et les opportunités d'emplois des zones concernées, si des dispositifs d'accompagnement pour l'emploi sont mise en place.

**Le tourisme bleu : un potentiel élevé pour le développement local et la création d'emplois durables**

Compte tenu du potentiel touristique du pays, le secteur du tourisme et de l'hôtellerie peuvent développer une série d'activités économiques et créer des emplois sur les territoires et les sites de patrimoine (naturel, culturel, historique) à valoriser.

Différents types tourisme peuvent être développés en Guinée, notamment le tourisme de découverte, le tourisme balnéaire, le tourisme communautaire et solidaire, le tourisme d'aventure et de sports ou de nature, l'écotourisme et le tourisme de vision. Le tourisme bleu réfère au tourisme maritime ou côtier, et vise à valoriser les ressources liées à la mer, au port, au fleuve, qui sont présentes dans la culture et l'identité locale des zones ciblées. Dans sa définition, le tourisme bleu contribue à la gestion maritime et côtière durable, en accord avec les accords mondiaux et les ODD.

Dans le cadre de la Stratégie nationale de l'économie bleue, le tourisme guinéen, maritime, côtier et continental recèle un indéniable potentiel pour stimuler une croissance durable et inclusive en Guinée.

Le pays peut développer une offre touristique diversifiée et de qualité, sur ses cotes maritimes, avec ses magnifiques plages de sable fin et de nombreuses îles, propices aux activités nautiques, à la pêche sportive et à l'observation de la faune marine (dauphins, oiseaux des îles Tristao une aire marine communautaire protégée). Le potentiel culturel et historique guinéen sur les côtes maritimes est aussi riche, car le pays fut également la plaque tournante des grandes civilisations et d'empires royaux d'Afrique de l'Ouest, dont on trouve encore des traces et des vestiges, ainsi que ceux de l'histoire esclavagiste et coloniale.

Ce sont principalement les sites de la traite des esclaves (ports négriers et prisons de la Soumba - Dubréka, de Benty à Forécariah, de Boké, de Dominya dans Boffa, le site archéologique de Farénya dans Boffa, etc.), les sites et monuments historiques (sites samoriens de Kérouané, site archéologique de Niani, mosquée de Timbo, échelles de Djinkan à Lélouma, pénitencier de Fotoba, ponts de liane en Guinée forestière, balafon Sosso Bala à Niagassola-Siguiri), les fêtes et cérémonies traditionnelles d'initiation au Bagataye (Rio Pongo), de pêche des mares de Baro, Koumana et Balato (musiques, danses, costumes traditionnels) et l'artisanat très riche et diversifié dans les zones maritimes et fluviales.

Enfin, l'offre d'hébergement s'est fortement améliorée et les capacités ont plus que doubler, y compris des écolodges sur des sites de patrimoine naturel (voir le Parc naturel Diwasi en Haute Guinée). Le parc national du Haut-Niger et le parc national du Moyen-Bafing ou alors la confluence du fleuve Niger et de la rivière Mafou, zone fréquentée par un groupe d'hippopotames, peuvent aussi s'adapter à ce type de tourisme de vision avec des écolodges construits et exploités en accord avec les principes environnementaux et sociaux responsables (voir la Stratégie nationale de développement durable du tourisme, 2019-2030).

Ce potentiel naturel est toutefois soumis à de fortes menaces et les pressions anthropiques sont amplifiées par les impacts du changement climatique. Des investissements sont nécessaires pour valoriser, la plupart des sites culturels et historiques et assurer leur mise en valeur. Le tourisme bleu pourrait créer plusieurs centaines de milliers d'emplois directs et indirects au cours de la décennie à venir.

## Des ressources hydrauliques diversifiées au service de l'emploi

La Guinée est dotée de ressources énergétiques diversifiées. Toutes les quatre régions naturelles de la Guinée ont des sites potentiels d'hydroélectricité : un potentiel hydroélectrique exploitable estimé à 6 000 MW pour une énergie annuelle garantie de 19 300 GWh. Moins de 5 % de ce potentiel sont mis en valeur à ce jour ; des ressources forestières estimées à 30 millions de m3 de bois ; un potentiel solaire de 4,8 kWh/m2/jour ; un gisement éolien dont la moyenne annuelle de la vitesse du vent varie entre 2 et 4 m/s. Les principaux consommateurs d'électricité sont le secteur minier et les ménages avec des parts respectives de 47 % et 31 % de la consommation globale d'énergie.

De multiples projets s'inscrivent dans le développement de l'économie bleue guinéenne - hydroélectricité, approvisionnement en eau et irrigation.

- Les nombreux projets d'aménagement hydroélectriques sur le Konkouré, Souapiti (515 MW) et Amaria (300 MW) ou ceux dans le cadre de l'OMVS (Koukoutamba sur le Bafing pour 280 MW) assurent des retenues d'eau de grandes capacités à multiples usages (production électrique, eau potable, pêche, transport fluvial, campements touristiques, etc.). D'autres projets guinéens retenus par la CEDEAO concernent des centrales hydroélectriques qui seront raccordées au réseau régional de 225 KW de l'Organisation pour la mise en valeur du fleuve Gambie-OMVG, les centrales de Balassa (fleuve Bafing), Fomi (fleuve Niger) et Digan (fleuve Gambie).

- Les retenues hydroélectriques représentent un potentiel favorable aux activités de pisciculture en fonction des caractéristiques de leurs plans d'eau, tels que le barrage de Garafiri (P. Kindia, SP. Souguéta), les barrages de Banéa et Donkéa/Kalé (P. Kindia, SP. Samayah) font partie du système Samou et sont de grandes retenues positionnées en série, le barrage de Kaléta (P. Dubréka, SP. Tondon) avec une température environnante plus élevée qui est favorable à la croissance des poissons.

Les retenues hydroagricoles et agropastorales sont des retenues qui sont supposées alimenter en eau un réseau d'irrigation de terres agricoles. Il existerait 37 retenues dans les quatre régions naturelles, certaines sur des propriétés privées, d'autres appartenant aux communautés locales, mais globalement, leurs infrastructures sont en mauvais état (49 % remplies d'eau, 16 % avec un réseau d'irrigation fonctionnel) mais pourraient constituer un potentiel important.

## Les enjeux de la gestion intégrée des zones côtières et maritimes

La protection de l'état environnemental de la mer et des eaux continentales, dont le suivi incombe pour les eaux marines au Centre de protection du milieu marin et des zones côtières (CPMZC), est essentielle, car les menaces sont nombreuses (pollution tellurique, déchets urbains, dont les matières plastiques, déchets industriels ou miniers, espèces invasives, menaces sur la biodiversité) tandis que les moyens pour prévenir, contrôler et éliminer ces pollutions semblent limitées. La mesure et le suivi de l'état écologique des eaux marines et continentales, nécessite des investissements et des projets de lutte contre la pollution, qui pourraient mobiliser des PME sous-traitantes dans la gestion des déchets et le recyclage.

La Guinée maritime, qui couvre à peine 20 % du territoire national, est aujourd'hui l'objet de convoitises qui la soumettent à des contraintes multiples, liées au climat mais surtout à des impacts anthropiques sévères : croissance démographique rapide et bilan migratoire fortement positif, industrialisation, urbanisation incontrôlée, déforestation accélérée par des remblais en zone de mangrove, développement de pratiques non durables d'exploitation des ressources naturelles renouvelables. Les effets sur les espaces naturels côtiers sont déjà visibles : risques de conflits d'usage et d'accès aux ressources foncières et naturelles, dégradations environnementales accrues et perte de services environnementaux indispensables à un développement durable du littoral guinéen.

Ainsi, cette course à l'occupation incontrôlée de la zone côtière guinéenne conduit à un développement rapide de secteurs économiques dont les intérêts sont souvent contradictoires. Le développement d'outils de planification spatiale côtière sont nécessaires pour une gestion durable du littoral, avec une vision prospective intersectorielle de l'aménagement, de la valorisation et de la conservation des ressources et des territoires côtiers sur le court, moyen et long terme.

La planification spatiale maritime s'impose comme un outil d'approche de l'organisation des activités destinées à limiter les conflits entre acteurs et activités, à favoriser les synergies et à limiter les impacts environnementaux cumulés. Cette approche est plus complexe que la planification côtière ou territoriale terrestre. Elle doit tenir compte des activités concernant les eaux de surface, la colonne d'eau et le sous-sol marin. Elle constitue aussi une stratégie prospective qui doit partir des enjeux actuels (activités, traditions, droits acquis, etc.) pour définir la vision partagée par les acteurs concernés du futur souhaité pour l'espace considéré et doit intégrer les paramètres de la valorisation des potentialités et les enjeux en termes de revenus et d'emplois nationaux.

La gestion intégrée des zones côtières est un élément important de la planification spatiale maritime qui articule l'interface des activités côtières et la planification terrestre. Or l'exploitation minière de la bauxite dans la zone nord-ouest de la Guinée a pris un tel élan que les ports miniers se sont multipliés dans la zone côtière guinéenne. La fréquentation de l'espace non extensible de la ZEE guinéenne va donc augmenter, nonobstant les droits de passage sécurisé d'autres navires mais aussi des conflits pour l'espace maritime et/ou pour les ressources halieutiques entre la pêche industrielle et la pêche artisanale, entre pirogues, bateaux de pêche et les barges de transport de la bauxite vers les navires de grands tonnages stationnés au large, entre pirogues, bateaux de pêche et barges sur le tracé des corridors miniers pour la haute mer.

La variabilité et la vulnérabilité climatiques actuelles et les questions de changement climatique et leurs impacts vont devenir des enjeux majeurs, qui nécessiteront des évaluations d'impact environnemental tant au niveau des plans et programmes (analyse d'impact stratégique) qu'au niveau des projets. L'analyse et le suivi de l'état écologique de la mer et des eaux continentales seront aussi indispensables.

Ainsi, le potentiel et les perspectives de développement de l'économie bleue sont considérables, tant du fait des ressources maritimes que des eaux continentales. La Guinée a pris conscience de ces opportunités pour tirer un meilleur parti de ce potentiel et une coordination interministérielle s'est mise en place. Le ministère du Plan et du Développement s'attache aujourd'hui à intégrer l'ensemble des dimensions stratégiques de l'économie bleue dans la vision planificatrice du développement durable de la Guinée.

L'analyse-diagnostic des défis liés à la préservation des richesses et l'exploitation du potentiel de l'économie bleue en Guinée établit clairement que le capital humain, par la formation de ressources humaines adéquates, demeure la première condition pour la promotion de l'économie bleue, et la création d'emplois durables.

Les métiers de l'économie bleue constituent une opportunité d'envergure. Par conséquent, il importe d'anticiper sur les besoins en main d'œuvre qualifiée des secteurs de l'économie bleue, à partir d'une cartographie des métiers de tous les secteurs concernés, et d'adapter l'offre de formation, en assurant un dialogue continu avec les opérateurs économiques de ces secteurs.

L'essor de l'économie bleue appelle entre autres une forte mobilisation de moyens et de technologies, des programmes d'investissement sur certains secteurs porteurs comme le transport maritime et les industries portuaires, l'hydroélectricité ou l'aquaculture et la mise en valeur de secteurs innovants, comme la séquestration du carbone bleu ou l'exploitation des fonds marins, qui peuvent également constituer des opportunités d'emplois durables.

CHAPITRE VI

# Le développement du secteur minier et l'emploi

## Introduction

Le secteur minier est l'un des principaux moteurs de la croissance économique nationale qui a atteint 5,7 % en 2023 et doit se poursuivre entre 5 % à 6 % par an sur les prochaines années. L'impact de la croissance économique sur la vie des populations est faible : la pauvreté (43 %) et les inégalités (l'indice de Gini se situe à 0,284) sont encore à des niveaux élevés. La croissance ne génère pas suffisamment d'emplois productifs face au dividende démographique.

La Guinée possède plus du tiers des réserves mondiales de bauxite (40 milliards de tonnes d'une teneur supérieure à 40 %). Elle détient les plus grands gisements de fer au monde (20 milliards de tonnes de teneur supérieure à 60 %) ainsi que des réserves en or, en diamant de très haute qualité, mais aussi en métaux de base (cuivre, plomb, zinc, cobalt), en calcaire et autres minéraux rares tels que le graphite.

Le pays se situe au deuxième rang mondial des producteurs de bauxite. Le secteur minier compte à lui seul pour plus de 70 % des recettes d'exportation et 23 % du PIB (alors que l'agriculture pèse pour 17 % du PIB, les activités manufacturières, de production d'énergie et de construction pour 15,4 % et le secteur tertiaire pour 38 % du PIB). Le secteur minier contribue pour seulement 5 % des emplois au niveau national, alors que l'agriculture contribue à 60 % des emplois.

En effet, près de 98 % de la bauxite exploitée est exportée à l'état brut. L'enjeu des réformes en cours est d'accroître la contribution du secteur minier à l'économie nationale, dans une perspective de développement durable, pour en faire un catalyseur de la transformation structurelle de l'économie guinéenne en faveur de la création d'emplois productifs et du développement durable de PME et d'industries locales.

## 1. Les potentialités du secteur minier

La République de Guinée dispose d'un potentiel minier riche et varié réparti sur l'ensemble de son territoire. La diversité de ce potentiel offre des opportunités d'investissement capables de soutenir une très forte croissance économique et la création d'emplois et d'activités génératrices de revenus pour les jeunes.

Le plan de développement du secteur minier (PDSM) développé en cohérence avec la nouvelle politique sectorielle formulée dans la déclaration de politique minière (DPM)[2], propose des actions concrètes de mise en œuvre des grandes orientations et axes stratégiques.

### Une richesse considérable insuffisamment exploitée

De par sa géologie, la République de Guinée est dotée d'importantes ressources minérales dont les niveaux de connaissance et de mise en valeur sont encore relativement faibles. Malgré l'ampleur limitée des travaux de levés géologiques et géochimiques réalisés à ce jour, le potentiel du pays en bauxite et en minerais de fer est exceptionnel et on sait que le sous-sol recèle une large gamme de substances métalliques, non métalliques, radioactives, précieuses, de même que des terres rares.

Les ressources minérales les mieux connues à ce stade selon les résultats des programmes de levés géologiques disponibles sont :

- la bauxite : les réserves sont estimées à 40 milliards de tonnes avec une teneur en alumine comprise entre 40 et 58 %, ce qui représente environ les deux tiers des ressources mondiales connues ;
- le minerai de fer : les ressources sont estimées à environ 20 milliards de tonnes, avec au moins quatre gisements de classe mondiale (Nimba, Simandou, Kalia et Zogota) dont la teneur en fer se situe entre 50 et 68 %. Des projets d'envergure, avec une incidence sur l'économie africaine, sont à l'étude et en attente d'une conjoncture internationale plus favorable ;
- les gisements d'or : d'importantes réserves en or dans le bassin Birrimien réparties dans les préfectures de Siguiri, Kouroussa, Mandiana, Dinguiraye et Kankan, dépassent largement les 700 tonnes. L'or de Guinée est de bonne qualité, titrant entre 850 et 980 ‰ (soit de 20 à 23,5 carats). Il se présente surtout sous forme de gisements secondaires (alluvions des lits et des terrasses

de cours d'eau), mais également primaires (filons, veines de quartz) ; ces gisements sont exploités aussi bien de façon artisanale, semi-industrielle qu'industrielle. L'essentiel de la production artisanale d'or de Guinée est tiré de la Haute-Guinée (Siguiri, Mandiana, Kouroussa et Dinguiraye), et cette production se répartit entre les orpailleurs et deux sociétés industrielles : la Société aurifère de Guinée (SAG) et la Société minière de Dinguiraye (SMD) ;

- le diamant : le potentiel est estimé à 30 millions de carats, dont la majeure partie est de la qualité de joaillerie ; certaines pierres peuvent atteindre en valeur des millions de dollars américains. Les réserves prouvées sont estimées à plus de 30 millions de carats, celles probables sont de plus de 500 millions de carats (selon les missions guinéo-soviétique de levée géologique) ;

- les autres minéraux : la Guinée dispose également d'autres ressources comme les métaux de base (cuivre, plomb, zinc, cobalt), le calcaire et d'autres minéraux rares, tels que le graphite ; également les minéraux dits de développement, parmi lesquels on peut citer des matériaux de construction tels que les roches ignées (sable, gravier latéritique, granites, syénites, syénites néphéliniques, dolérites, gabbros, gabbro-dolérites, etc.), que l'on retrouve un peu partout sur le territoire, ainsi que les minéraux de sable noir (ilménite, rutile, zircon, etc.), sans oublier les pierres fines semi-précieuses (aigue-marine, tourmaline, corindon, etc.) et du sel marin.

**Graphe 1. Évolution de la production mondiale de bauxite ( %) (2018 – 2023)**

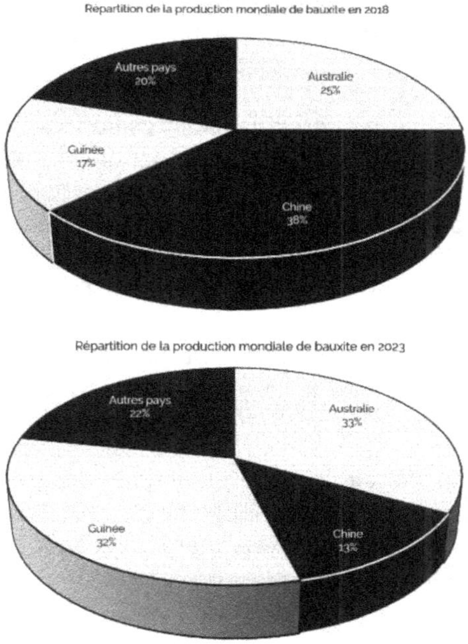


Source : Ministère des Mines et de la Géologie, République de Guinée

## 2. Les grands défis

Si la Guinée dispose de ressources minérales abondantes et diversifiées, sur le plan économique, le potentiel qu'elle représente est encore insuffisamment valorisé. Le secteur minier reste encore déconnecté du reste de l'économie compte tenu, entre autres, du faible développement des chaînes de valeur tant en amont qu'en aval des activités d'exploration et d'extraction des minéraux. En dépit de l'énorme potentiel minier, l'indice de développement humain (IDH) de la Guinée est en deçà de la moyenne africain, une importante frange de la population vivant dans un dénuement réel, y compris autour des sites miniers.

L'exploitation du potentiel minier pour le bénéfice de l'économie et des populations guinéennes a été longtemps freinée par d'importants obstacles dont les problèmes de gouvernance, le déficit chronique en infrastructures de transport et d'énergie, et le manque de main-d'œuvre locale qualifiée.

A court terme, le diagnostic du secteur des ressources minérales de la Guinée fait ressortir les problèmes immédiats suivants : un potentiel minier insuffisamment connu et sous-exploité ; des opérations minières très peu intégrées dans l'économie nationale et locale ; le manque d'infrastructures sur les sites enclavés ; le développement d'un artisanat minier aux effets négatifs sur l'environnement et sur les conditions sociales et de santé ; des capacités insuffisantes (centrales, locales) pour planifier, promouvoir, opérer et contrôler efficacement le secteur ; des tensions sociales dans les zones minières liées notamment à l'insuffisance de la planification des infrastructures et aux difficultés d'accès aux services sociaux de base, à l'emploi, aux opportunités d'affaires.

La croissance générée par les activités minières impacte les conditions de vie des populations, en les aggravant plutôt qu'en les améliorant. La pauvreté et les inégalités persistent, l'accès aux services sociaux de base de qualité est faible surtout dans les zones rurales. Les mines fournissent peu d'emplois, en l'absence d'unités de transformation et de remontée de chaines de valeur. Les revenus tirés par l'Etat et les communautés sont faibles, et les capacités de contrôle de l'activité minière, de collecte de taxes, et de mise en œuvre de la réglementation en vigueur, notamment le code minier, le code de l'environnement et la lettre de politique du contenu local et la politique RSE sont encore limitées.

Les populations rurales sont les premières victimes des conséquences néfastes de l'exploitation minière sur l'environnement (destruction des moyens subsistance et de résilience des communautés) et les recommandations des études d'impact environnementales et sociales des projets miniers sont peu mises en œuvre.

Les effets d'entrainement sur le reste de l'économie sont faibles car l'économie minière n'est pas assez connectée aux autres secteurs de l'économie, notamment le secteur agricole, l'élevage, la pêche, l'aquaculture.

Le déficit d'infrastructure de transport (routier, ferroviaire et maritime) compatibles avec l'activité minière et le reste de l'économie et le déficit de capacités de production énergétique ainsi que le déficit de main d'œuvre qualifiée correspondant aux besoins de l'activité minière, freinent le développement des chaînes de valeur dans le secteur minier et la diversification de l'économie.

La faiblesse des revenus de l'Etat tirés de l'exploitation minière (8 % des recettes de l'Etat en 2023, contre 20 % en 2018) pousse le Gouvernement à réfléchir sur la rationalisation des exonérations et des régimes de faveur.

L'adoption d'un nouveau Code minier (2011, amendé en 2013) et le renforcement de la transparence avec la mise en place, en 2016, de l'Initiative pour un développement minier responsable (IDMR), les éléments d'une nouvelle gouvernance ont été mis en place. Sur le plan juridique, la gouvernance du secteur minier en Guinée est désormais entièrement régie par le Code minier. Celui-ci est au cœur des réformes engagées par l'État pour que les sociétés du secteur opèrent en Guinée sur une base solide, stable, transparente et équitable (APIP, 2015). Le cadre institutionnel du secteur minier s'articule autour du ministère des Mines et de la Géologie, qui a pour mission de concevoir, d'élaborer et de mettre en œuvre la politique du gouvernement dans le domaine des mines et de la géologie.

## 3. Les réformes de gouvernance

La Guinée a entrepris d'importantes réformes qui touchent tous les secteurs de l'économie, et en particulier celui de l'exploitation des ressources minières. Elle s'est dotée d'un nouveau Code minier en 2013 qui met en avant le renforcement de la transparence et de la bonne gouvernance, l'application des mesures de protection de l'environnement et des mesures en faveur du développement communautaire.

Les réformes de la gouvernance, réalisées avec l'appui des partenaires au développement (Banque mondiale-BM, Banque africaine de développement-BAD, Programme des Nations Unies pour le développement-PNUD, Alliance pour la qualité des produits-GIZ, Société financière internationale-SFI, Institut de gouvernance des ressources naturelles-NRGI, etc.), ont permis de créer un environnement plus favorable à l'investissement dans le secteur minier.

Le nouveau Code minier, adopté en 2011 et amendé en 2013 en quelques-unes de ses dispositions, vise essentiellement à promouvoir un développement plus dynamique et responsable des ressources minérales du pays, dans un cadre plus transparent et libre de corruption. Notamment, la Société guinéenne de patrimoine minier (SOGUIPAMI) a été mise sur pied en vue de gérer les participations de l'État dans les sociétés minières.

Sur le plan continental africain, la Guinée, en tant que membre actif de l'Union africaine, s'est inspirée de la Vision minière africaine (VMA) qui prône l'exploitation équitable et optimale des ressources minières en vue d'une large croissance durable et d'un développement socio-économique soutenu. L'État guinéen reconnaît l'importance de coopérer dans le cadre des initiatives internationales comme le Processus de Kimberley, l'ITIE, l'Organisation de coopération et de développement économiques-OCDE, l'Intergovernmental Forum on Minings, Minerals, Metals and sustainable development-IGF et la VMA.

La Vision minière pour l'Afrique (VMA), adoptée par les Chefs d'État et de gouvernement d'Afrique en février 2009, constitue la réponse des ministres africains au paradoxe de vivre dans un continent où se côtoient d'immenses richesses en ressources naturelles, une pauvreté envahissante et de grandes disparités. La VMA propose un changement de paradigme qui abandonne le modèle d'exploitation des ressources extractives largement dépendant des marchés internationaux d'exportation pour adopter un modèle qui favorise une transformation structurelle des économies.

**La politique de responsabilité sociétale et de contenu local**

Dans le cadre de l'amélioration de l'impact de l'exploitation minière sur les communautés, l'Etat a pris les mesures suivantes :

1) La définition et l'encadrement d'une *politique de responsabilité sociétale des entreprises* (RSE) en 2015 ;

2) La définition et la mise en œuvre d'une *lettre de politique de promotion du contenu local* dans le secteur minier en 2017 ;

3) La mise en place d'une *Bourse de sous-traitance et de partenariat* pour favoriser l'accès des entreprises locales guinéennes aux marchés (offre et demande) du secteur minier guinéen ;

4) La mise en place d'un *Fonds de développement économique local* (FODEL) qui est alimenté par les sociétés minières au titre de leur contribution au développement local des communautés directement impactées par l'exploitation minière. En effet, le code minier guinéen de 2013 prévoit une contribution des sociétés minières au développement local de la communauté à 0,5 % de leur chiffre d'affaires pour la bauxite et le fer et à 1 % pour l'or, les diamants et les autres ressources. Le FODEL contribue au financement de la mise en œuvre de plusieurs activités locales comme le développement des infrastructures socioéconomiques de base, la promotion de l'économie locale et des activités génératrices de revenus et d'emplois, le développement du capital humain et le renforcement de l'intercommunalité. Ainsi, sur la période 2015-2020, les communautés locales ont bénéficié d'environ 32 millions de dollars au titre de la contribution des sociétés minières au développement local à travers le FODEL (source : Bulletin statistique N°012, 2021, ministère des Mines et de la Géologie) ;

5) La mise en place d'un *Fonds national de développement local* (FNDL) qui est géré par une Agence autonome, l'Agence nationale de financement des collectivités locales (ANAFIC). Le FNDL est alimenté par 15 % des redevances minières et est allouée sous forme de subvention de transferts à l'ensemble des collectivités locales du pays. De 2019 à 2022, l'ANAFIC a versé à travers le FNDL, un peu plus de 80 millions de USD à l'ensemble des 361 communes du pays dont 322 communes rurale (source : Ministère du Budget, 2022).

Certains défis se posent telles que la faible prévisibilité des fonds et le risque de rendre les collectivités locales dépendantes et moins enclines à fournir des efforts dans la mobilisation des recettes fiscales locales (voir le rapport du diagnostic fiscal de 10 collectivités locales réalisé par UNCDF et le PNUD en 2022). Pour relever ces nombreux défis, il faudrait améliorer la rapidité et la prévisibilité des transferts du FNDL aux collectivités locales et renforcer leur capacité de mobilisation des recettes locales et de gouvernance en termes de transparence, responsabilité et inclusion (Banque Mondiale, 2022).

## 4. Les mécanismes de promotion du contenu local

Un des enjeux majeurs est de faire du secteur minier le catalyseur d'une transformation économique durable et ancrée sur les territoires. Telle est l'ambition de la politique de promotion du contenu local. On entend ici par politique de promotion de contenu local l'ensemble des politiques, mesures et opérations qui concourent au renforcement des capacités des ressources humaines, entrepreneuriales et matérielles locales, au développement du transfert de technologies, à l'utilisation des compétences, biens et services locaux et la création des valeurs additionnelles mesurables à l'économie locale.

La promotion du contenu local est au centre de toutes les attentions dans le secteur minier depuis quelques années : « *Le contenu local s'est imposé comme l'un des principaux moyens d'éviter la constitution d'enclaves, de créer des compétences et de promouvoir l'industrie locale et la diversification économique* » (Kaiser EDP, 2015, *Guide pratique pour accroitre l'approvisionnement local dans le secteur minier en Afrique de l'Ouest*, Document de la Banque Mondiale).

De manière générale, le contenu local recouvre les retombées directes et indirectes sur une économie nationale attendues de l'exploitation d'un secteur (gaz, pétrole, mines, etc.), en plus du paiement des taxes, et des revenus ou royalties perçus par les Etats hôtes. Les résultats obtenus dans ce domaine sont ainsi en passe de devenir des indicateurs de bonne gouvernance dans le secteur minier (CNUCED, 2015, « Contenu local, effets structurants : concepts, attentes et réalités, Améliorer les effets structurants du secteur des ressources minérales dans les pays de la Communauté économique d'Afrique centrale »).

Le Forum Intergouvernemental sur les Mines, les Minéraux, les Métaux et le développement Durable (IGF), précise les cinq objectifs du contenu local, que sont :

- Augmenter l'approvisionnement de biens et de services en provenance des opérateurs locaux de la part des sociétés minières;
- Augmenter l'embauche de personnel venant de la population locale dans les exploitations minières;
- Augmenter les retombées des investissements miniers dans les secteurs non miniers;
- Augmenter la transformation locale (enrichissement) des produits des opérations minières;
- Augmenter les capacités des acteurs locaux en tant qu'opérateurs du secteur minier, y compris les entreprises publiques.

**La création d'institutions et organismes spécialisés**

Les autorités sont dotées de deux instruments fondamentaux :

1/ *l'Agence nationale de financement des collectivités locales* (ANAFIC), créée en 2016, a pour mission la mise en œuvre de la politique du gouvernement en matière de financement du développement local ; à ce titre, elle est chargée de mobiliser pour le Fonds national de développement local (FNDL) les ressources pour financer des projets d'investissement des collectivités locales ou de coopération inter-collectivités qui lui sont éligibles et assurer leur accompagnement ;

2/ *le Fonds de développement économique local* (FODEL), organisme spécifiquement minier, vise à promouvoir le développement des collectivités locales abritant les sites d'exploitation minière et les collectivités voisines. Il est destiné à soutenir la réalisation des infrastructures de base, des activités génératrices d'emplois et de revenus ainsi que d'autres activités de développement prévues dans les plans de développement local des collectivités locales concernées.

**Les principes directeurs**

*La politique de promotion du contenu local* est fondée sur les quatre principes directeurs suivants :

- développer les aptitudes et compétences d'un nombre croissant de travailleurs guinéens afin qu'ils puissent avoir les qualifications nécessaires pour occuper un large éventail de postes dans le secteur minier, incluant les postes de responsabilité ;
- concevoir une offre intérieure et un réseau d'approvisionnement durable en biens et services pour le secteur minier pouvant s'étendre à d'autres secteurs ;

- prendre des décisions sur la base de principes fondés sur l'économie de marché, assurant ainsi le bon fonctionnement des entreprises minières;
- utiliser des mesures claires, non-discriminatoires, transparentes et réalistes de manière à renforcer la confiance entre tous les intervenants.

**Le développement des entreprises locales**

L'intégration du secteur minier dans les territoires suppose une augmentation de la capacité des entreprises guinéennes à fournir des biens et services conformes aux standards de qualité requis par les entreprises minières à des prix concurrentiels.

Il est essentiel de développer et favoriser ainsi la croissance de chaînes de sous-traitances locales ayant la capacité de se conformer aux standards exigés par les entreprises minières et de les approvisionner pendant la durée de leurs projets. Pour ce faire, la politique gouvernementale vise à favoriser l'essor d'industries locales compétentes pouvant, à moyen et long terme, devenir des partenaires de premier choix pour des entreprises effectuant des investissements majeurs dans l'industrie minière locale. L'accent est mis sur la formation, les compétences et la qualité des biens et services offerts.

En particulier, tout investisseur majeur dans le secteur minier est ainsi conduit, en collaboration avec les autorités gouvernementales, à mettre en place un plan visant à faciliter l'approvisionnement en biens et services locaux, et qui doit être élaboré en fonction des principes et paramètres suivants :

- identification et partage transparent de l'information relative aux opportunités d'approvisionnement susceptibles d'être saisies par les entreprises locales ;
- évaluation des entreprises locales ayant la capacité de fournir des biens ou services répondant aux normes requises par l'entreprise minière ;
- promotion de liens ou partenariats entre les entreprises locales et des fournisseurs étrangers existants, de même que la mise en place de programmes de formation et de transfert de technologies visant à aider les entreprises locales à accroître leurs compétences.

La disponibilité d'une main-d'œuvre locale qualifiée et apte à répondre aux besoins en ressources humaines des projets miniers s'avère essentielle. Les projets d'investissement dans le secteur minier guinéen offrent des opportunités d'emplois directes et indirects pour la main-d'œuvre locale.

L'atteinte de ces grands objectifs, à l'horizon 2040, passe par la réalisation de chantiers majeurs, dont dépendent la croissance et l'emploi dans le secteur : renforcer l'infrastructure géologique nationale pour mieux connaître le potentiel minier ; créer un cadre propice à l'investissement minier pour faire face à la compétition ;accroître l'impact de l'exploitation responsable des ressources sur l'économie et catalyser le développement durable ; renforcer les capacités nécessaires à la maîtrise du processus de mise en valeur des ressources minérales.

## 5. La responsabilité sociale des entreprises propre au secteur minier et l'emploi

Une lettre de politique a été définie dans le cadre de la table ronde IDMR (Initiative pour un développement minier responsable, en février 2017, pour sa validation définitive. Elle vise, en se basant sur le cercle vertueux de la RSE, à promouvoir une gestion responsable et durable du secteur minier guinéen industriel.

Malgré un potentiel minier considérable et déjà une longue histoire minière, la Guinée n'est pas encore parvenue à mettre son secteur minier au service du développement durable du pays. La Guinée figure toujours parmi les pays les plus pauvres du monde, tandis que les activités minières, tant industrielles qu'artisanales, participent à une dégradation de l'environnement et par ricochet aux conditions d'accès aux ressources naturelles de base (eau, flore, faune, terre). Par ailleurs, le contexte de concurrence entre l'activité minière d'une part, l'agriculture et l'élevage, d'autre part, est au centre des enjeux de développement durable. On constate que l'insécurité alimentaire a tendance à augmenter dans les zones à forte concentration minière.

Adoptée en 2009, par les Chefs d'États de l'Union africaine, la Vision minière africaine (VMA) est le cadre de référence qui sous-tend l'élaboration de cette politique de la RSE pour le secteur minier guinéen. La politique de responsabilité sociétale des entreprises (RSE) dans le secteur minier est l'un des outils de cette réforme.

La performance intégrée et globale de la RSE se définit par les quatre dimensions suivantes qui impactent de manière directe l'emploi, celui des femmes et des jeunes en particulier :

- *la dimension environnementale* de la RSE : elle permet de prévenir, de gérer les impacts des activités minières sur l'environnement naturel et humain, les écosystèmes, en prenant des mesures de prévention, de mitigation, de restauration et réhabilitation des milieux d'accueil des projets miniers ;

- *la dimension sociale et le développement communautaire local* de la RSE : elle constitue un levier pour une meilleure gestion des impacts sociaux. Elle est également une opportunité de développement des emplois et des compétences, par la formation, l'emploi local, l'amélioration des conditions de vie par le renforcement des services sociaux de base et de développement des moyens d'existence durable pour les communautés locales ainsi que des activités génératrices de revenu (AGR). C'est aussi un facteur d'intégration et de cohésion sociale. Elle participe à la promotion et au respect des droits humains et sociaux ;

- *la dimension économique* « contenu local » de la RSE : elle constitue un levier de développement de la performance de l'entreprise dans l'amélioration et le renforcement des économies nationales, régionales et locales, avec une priorité donnée à l'emploi, à la formation et la promotion de personnel guinéen dans tous les postes de l'entreprise (et de ses sous-traitants), le transfert de techniques et de technologies ; la préférence accordée aux prestataires et fournisseurs guinéens ; la mutualisation des infrastructures de transport (portuaires, routières et ferroviaires) par différents projets miniers ainsi que l'utilisation partagée de celles-ci avec l'État et les tiers sont les principaux éléments de cette dimension pour le secteur minier ;

- *la dimension « Promotion de la participation active des parties prenantes »* de la RSE, basée sur l'information et une communication des informations.

Pour les entreprises, il s'agit d'adopter une démarche visant à maximiser les retombées positives locales de leur projet en ayant par exemple recours aux ressources humaines et entrepreneuriales locales (main-d'œuvre, biens et services) dans la mise en œuvre de leurs projets industriels et dans leurs activités courantes.

Un des principes de la RSE consiste à soutenir le développement à long terme, la formation, le transfert de technologie et l'emploi local ainsi que des relations d'affaires durables en Guinée.

## 6. L'emploi dans le secteur minier industriel et artisanal

Le secteur minier industriel fournit près de 14 mille emplois directs dont 94 % de guinéens. L'exploitation minière artisanale et à petite échelle de l'or et du diamant occuperait plus de 200 mille personnes, ainsi le secteur minier guinéen emploie 280 mille personnes soit 5,2 % de l'emploi total (Rapport ITIE, 2017).

La problématique de la création d'emplois par le secteur dépasse la création d'emplois directs. Ce sont aussi les emplois indirects et induits qui doivent être mesurés. En particulier dans d'autres secteurs, avec lesquels l'industrie minière est en lien, à travers par exemple les fournisseurs de moyens de production, la transformation des produits qui crée de la valeur ajoutée, la demande de biens et de services produits localement, etc.

Le secteur minier peut impulser une dynamique de croissance et un environnement propice aux nouvelles opportunités économiques qui profitent de nouveaux marchés et des compétences d'une main d'œuvre formée acquises grâce à son développement.

Il s'agit donc de comprendre comment mieux redéfinir la contribution des industries extractives à la création d'emplois dans le reste de l'économie, en prenant en compte les forces et facteurs de blocage identifiés par les experts du secteur. Les Principes directeurs de l'OCDE pour des contrats extractifs durables affirme à ce titre que : « Les communautés locales doivent pouvoir bénéficier des opportunités découlant des projets extractifs, telles que l'emploi, la fourniture de services et de biens d'approvisionnement, l'accès aux infrastructures, et d'autres retombées participant au développement de la communauté » (OCDE, 2019, « Principes directeurs pour des contrats extractifs durables », Dialogue sur les politiques de développement Axé sur les ressources naturelles).

Pour ce faire, de nombreux acteurs sont impliqués, afin de maximiser les retombées du secteur sur l'ensemble de l'économie et en faveur de la création d'emplois. L'industrialisation du secteur nécessite d'envisager une « révolution des compétences », mais aussi un décloisonnement entre les différents secteurs de l'économie, grâce à des politiques ciblées qui tendent à renforcer les liens intersectoriels et limiter les obstacles à l'entrée de certaines chaines de valeur sectorielles dans le giron de l'industrie minière. Les enjeux de formation sont importants, ainsi que les capacités d'accès au financement pour les PMI/PME locales et leur renforcement en termes de gestion. Les politiques du contenu local, sont un des leviers privilégiés pour maximiser les retombées du secteur minier sur l'ensemble de l'économie. Ce sont à la fois les collectivités locales, les entreprises et le gouvernement qui sont concernés par ces politiques et les mécanismes de gestion des dimensions du contenu local (création d'emploi et approvisionnement en biens et services), car au final leur coordination offre de multiples possibilités pour décupler les gains au profit de l'intérêt général.

### 6.1 L'emploi dans le secteur minier industriel et les enjeux de la politique du contenu local

De récentes études menées sur les conditions de mise en œuvre du contenu local dans le secteur minier en Guinée démontrent de grandes disparités dans les pratiques entre les entreprises tant dans le domaine de l'emploi, de la formation que de l'approvisionnement local.

- La majorité des entreprises respectent les quotas d'emplois locaux non qualifiés, mais beaucoup plus difficilement les enjeux rattachés aux emplois qualifiés, à la formation et à la fourniture locale. Les raisons semblent issues d'une combinaison entre : manque de sensibilisation et de connaissance du cadre légal, manque de compétences ou de biens et services disponibles au niveau local, manque de suivi-encadrement contrôle par les organes de l'Etat.

- Aucune donnée n'est disponible au niveau national et/ou des zones minières sur les emplois indirects et induits. Les PME guinéennes d'envergure nationale sont celles qui ont le plus d'opportunités pour sous-traiter avec l'industrie minière. Les PME ou micro-entreprises communautaires sont généralement mobilisées dans le cadre des politiques de RSE de certaines entreprises. Les PME/PMI guinéennes nécessitent d'être accompagnées afin de se renforcer en termes de capacités financières, de formalisation, de gestion et d'accès à l'information sur les appels d'offre.

- Le manque de compétences de la main d'œuvre est une caractéristique forte qui hypothèque de nombreuses opportunités d'accès à l'emploi pour les jeunes. Le nombre de centres de formation est insuffisant et la qualité des enseignements professionnels pas ou peu adaptée aux besoins de l'industrie.
- Une seconde étude de référence a identifié 11 secteurs à fort potentiel de développement pour dynamiser les emplois indirects et induits. Le processus d'approvisionnement est essentiel dans la chaine de valeur. Les fournisseurs du secteur génèrent une valeur ajoutée importante ainsi que des emplois.
- En termes d'emplois induits, plusieurs secteurs économiques ressortent comme potentiellement porteurs d'opportunités de création d'emplois : le transport, le commerce, l'hôtellerie et restauration, l'agriculture, l'artisanat, la construction, etc.
- La majorité des femmes se retrouvent dans les emplois induits, et en moindre nombre dans la sous-traitance (nettoyage, catering).
- La mise en œuvre récente du FODEL et du FNDL est au centre de toutes les attentions. Les fonds mis à disposition des collectivités devraient pouvoir financer le renforcement des compétences et générer de l'emploi local (emplois induits).

### 6.2 L'emploi dans les activités minières artisanales

En ce qui concerne l'activité minière artisanale qui regroupe plus d'emplois, l'approche est de renforcer la qualité des emplois et de faire monter en compétence les actifs dans les petites activités minières, d'augmenter la performance de l'artisanat minier et de cibler des mesures d'insertion des femmes et des jeunes dans ces métiers.

La production artisanale d'or et de diamant emploie plus de 250 000 personnes. Plus que des activités de subsistance, les exploitations semi-industrielles et artisanales d'or constituent la principale source de revenus de centaines de milliers de personnes en Guinée.

Le secteur minier artisanal se développe essentiellement sur un mode informel. Les rares études existantes estiment l'emploi dans le secteur à plusieurs centaines de milliers de travailleurs. Mais ce sont plus d'un million et demi de personnes qui tireraient leurs revenus du secteur minier artisanal guinéen.

Les conditions de travail sont dégradées pour tous les mineurs artisanaux, les risques d'accidents étant très élevés. Les femmes travaillent sur les sites d'extraction de l'or mais pas du diamant.

Aussi, les zones minières artisanales sont des territoires fortement impactés par les migrations internes et externes à la Guinée, suivant une logique saisonnière.

Les principaux enjeux dans le secteur artisanal n'est pas tant la création d'emploi - le secteur mobilise plusieurs centaines de milliers de travailleurs - que l'amélioration des conditions de travail dans la perspective de promotion de « l'emploi décent ». La formalisation suppose l'accès à une couverture sociale, et une couverture légale ; des emplois rémunérés de façon adéquate, et des moyens pour investir dans la formation, et les équipements.

On constate que le secteur artisanal minier est en croissance grâce à la mécanisation à petite échelle des exploitants artisanaux (utilisation des détecteurs de métaux et des machines-outils plus performants), à la plus grande ouverture à l'international du réseau de collecte et d'exportation et à l'annulation de la taxe à l'exportation.

Les enjeux de formation, de renforcement des compétences, de sensibilisation à la sécurité au travail, d'apprentissage à des pratiques plus respectueuses de l'environnement et la santé (utilisation des produits chimiques) sont au centre des enjeux du secteur artisanal minier.

Des appuis en termes de soutien financier, d'appui aux groupements (dont ceux des femmes), pourraient aider à multiplier les opportunités d'amélioration des revenus et de conditions de travail des mineurs.

Dans les zones minières artisanales, les enjeux de diversification de l'économie sont essentiels à prendre en compte car les denrées de base manquent et le taux d'inflation reste élevé.

### 6.3 Le renforcement du capital humain

Le secteur minier doit générer des recettes directes pour l'État, créer des emplois, bâtir des capacités, susciter l'entrepreneuriat local et des opportunités d'affaires notamment pour les femmes et les jeunes, développer des infrastructures à potentiel multi-usagers, moderniser l'économie et diffuser dans le pays les meilleures pratiques internationales de divers ordres : gouvernance, sanitaire, environnemental, etc.

La mission du développement minier durable est de valoriser et respecter la législation et la réglementation nationale en vigueur ; miser sur la compétitivité et la transparence pour capter les investissements internationaux; favoriser le renforcement du partenariat avec les communautés locales et associe les populations, notamment les femmes et les jeunes, au développement induit par les projets miniers ; contribuer au désenclavement physique et économique des sites miniers ; veiller en tout temps à minimiser les conséquences de ses activités sur l'environnement en général et sur la population et la biodiversité en particulier ; encourager l'émergence de nouvelles technologies et de pratiques plus performantes.

Les orientations stratégiques de la politique minière visent ainsi à une valorisation et un renforcement du capital humain, à travers des actions telles que :

- promouvoir la formation professionnelle continue et la gestion prévisionnelle de l'emploi et des compétences avec un accent mis sur les potentialités de chacun et sur la formation de l'ensemble des salariés ;
- participer au financement d'études supérieures par le biais de bourses d'étude et soutenir la formation professionnelle des élèves dans les communautés environnantes ;
- organiser des séances d'information et des formations concernant les normes de qualité, hygiène, sécurité et environnement (QHSE) ;
- soutenir le renforcement des compétences techniques et en techniques de gestion de certaines entreprises locales (administration, organisation, structure financière, capitalisation).

Si l'emploi et l'inclusion figurent dans toutes les priorités stratégiques du plan national de développement du secteur minier, le développement du capital humain constitue en tant que tel un de ses axes majeurs, à travers une série d'initiatives et de programmes particulièrement à destination des jeunes, et des jeunes femmes. Ce souci de valorisation et de renforcement du capital humain se manifeste à travers trois objectifs généraux : 1/ répondre aux besoins en compétences du secteur minier ; 2/ favoriser l'insertion des femmes et des jeunes dans toutes les sphères de l'activité minière ; et 3/ renforcer l'expertise nationale dans le secteur minier.

*Dans le secteur minier industriel*, la préférence est donnée à une approche qualitative en termes de formation des jeunes et des femmes : mise en place de programmes de formation continue, développement des écoles et institutions ou création d'établissements (l'École des mines de Boké est devenue une école d'excellence), qualification des jeunes et des femmes en gestion de projets, augmentation de la présence des jeunes cadres dans les instances de décision, développement d'un corps d'expertise minière pour répondre aux besoins des entreprises en main-d'œuvre qualifiée qui ne sont pas satisfaits. Différentes initiatives visent à former des femmes et jeunes en entrepreneuriat dans le secteur minier et à appuyer la création de groupements d'intérêt économique de femmes et de jeunes dans les zones minières.

## Conclusion : les investissements miniers pour accélérer la transformation de l'économie

Les ressources considérables dont la Guinée dispose, peuvent servir de catalyseur à une croissance multisectorielle inclusive, qui permettrait une diversification et une industrialisation économiques offrant des emplois productifs et décents pour tous. En délaissant le modèle développement rentier basé sur la seule exploitation des ressources, pour adopter un modèle qui favorise une transformation structurelle de son économie et une promotion des ressources au plan local, la Guinée s'est engagée sur une voie porteuse d'espoirs parce que susceptible d'irriguer à terme les territoires d'une nouvelle prospérité.

Le gouvernement de transition a exigé des sociétés minières le respect des dispositions des conventions signées avec la Guinée et leur engagement à investir dans les chaines de valeur notamment dans la transformation de la bauxite en alumine et des autres matières premières en produits semi-finis ou finis. Le gouvernement a lancé le programme d'exploitation des gisements de fer de Simandou en associant l'ensemble des parties prenantes préoccupées par les retombées sur l'économie nationale.

La mise en place d'un fonds souverain guinéen (alimenté par les ressources minières) pourrait être un levier majeur pour accélérer la transformation de l'économie et développer les services sociaux et renforcer la qualité du système éducatif et de formation professionnelle.

La transformation structurelle de l'économie peut être accélérée à travers l'injection d'une proportion importante des recettes minières dans le secteur agricole et halieutique, dans l'industrie de transformation, dans l'investissement dans le capital humain et le capital physique, avec une véritable intégration du secteur minier au reste de l'économie.

Les investissements miniers intègrent le développement des infrastructures, qui peuvent être bénéfiques à toute l'économie. Le développement des mines exige une amélioration des infrastructures de transport (route, voies ferrés, navigation) et énergétiques. Des corridors de croissance peuvent être envisagés pour exploiter les potentiels économiques des territoires (régions de Forécariah, Kamsar, Fria, Conakry, voir le Schéma Directeur des Infrastructures Minières).

À travers les projets miniers, l'État peut continuer à développer des partenariats, à financer la construction d'infrastructures de transport, à investir dans le capital humain et à maximiser l'impact des investissements en termes d'emplois directs, indirects et induits, notamment dans les secteurs productifs non miniers, comme précisé dans la Politique Nationale de l'Emploi. Les ressources minières pourront ainsi contribuer à l'amélioration des conditions de vie des populations, à travers une redistribution vers les services sociaux de base, et la création d'opportunités d'affaires, d'emplois et de revenus, et à contribuer à la protection de l'environnement et des ressources naturelles.

CHAPITRE VII

# Les secteurs de l'artisanat, de la culture et du tourisme : de fortes potentialités pour l'emploi

## Introduction

Les secteurs de l'artisanat, de la culture et du tourisme contribuent de façon significative à l'économie guinéenne et porte en eux des potentialités de développement et de création d'emplois considérables pour les jeunes et les femmes de Guinée, avec des effets d'entrainements sur d'autres secteurs économiques.

Compte tenu de la taille de l'industrie nationale guinéenne et de l'enclavement partiel de certaines régions, les activités de l'artisanat, des arts et de la culture, et du tourisme représentent des niches de production de biens et de services capables de répondre à des besoins croissants à l'échelle locale, régionale et internationale. Le développement de ces secteurs impacte sur le reste de l'économie, compte tenu de leurs relations avec d'autres secteurs de l'économie nationale tels que l'agriculture, l'élevage et la pêche, la transformation alimentaire, la construction et les transports, l'économie numérique, l'environnement, l'économie bleue, etc.

Ce chapitre rappelle les défis et opportunités de développement de ces secteurs et décrit les orientations stratégiques retenues par le gouvernement et les acteurs économiques, pour faire de ces secteurs des leviers de transformation économique et d'inclusion sociale dans les années à venir.

## 1. Le secteur de l'artisanat

Le secteur de l'artisanat emploie environ un quart de la population active autour d'une centaine de corps de métiers et représente plus de 40 % de la production manufacturière. Il totalise un peu moins d'un million de personnes en emploi (artisans à compte propre, employés, apprentis, aide-familiale...), exerçant des activités d'extraction, de production, de transformation, ou de prestation de service (entretien, réparation, etc.), essentiellement manuelle et exercée à titre principal dans une des branches des secteurs d'activités mentionnées par le Code de l'Artisanat.

Ce secteur regorge de grandes potentialités. Et ce, en raison de la multitude d'entreprises qui le composent, par l'extrême diversité des métiers, par l'importance de la main d'œuvre employée, par la fourniture des biens et services à des prix abordables à des populations à faible pouvoir d'achat et par l'existence de nombreux groupements, coopératives et associations professionnelles, et par l'importance des savoir-faire traditionnels et les enjeux de valorisation de patrimoine et savoirs culturels.

Les femmes sont actives dans un grand nombre de métiers de l'artisanat où elles sont souvent regroupées en coopératives et groupements. L'artisanat représente 42 % des activités économiques des femmes. Et les femmes contrôlent environ 20 % des activités de transformation artisanale, et quasi la totalité de certaines filières (notamment le textile, la teinture, la restauration...).

Dans le contexte particulier d'une industrie nationale encore peu développée, c'est l'artisanat et la manufacture semi-industrielle qui offre de nombreux biens manufacturés et services à faible coût pour satisfaire les besoins d'une population à faible pouvoir d'achat. Il contribue à la valorisation des matériaux locaux et des savoir-faire locaux, pour mettre à disposition des biens manufacturés utilisés par l'ensemble des populations du pays. Aussi, le développement de l'artisanat ne peut se faire sans les autres secteurs de l'économie nationale (agriculture, construction, pêche, mines, services...).

L'artisanat contribue à la formation, aussi bien des jeunes sortant du système scolaire que des jeunes déscolarisés ou non scolarisés, à travers l'apprentissage traditionnel qui encadre beaucoup plus de jeunes que l'ensemble des cycles réunis du système formel de formation technique et professionnelle. La formalisation de l'artisanat et la valorisation de l'apprentissage traditionnel sont des enjeux majeurs pour l'insertion des jeunes (notamment les jeunes femmes) dans l'emploi en leur garantissant des emplois productifs et décents.

Le secteur de l'artisanat regroupe de nombreuses micros et petites entreprises (MPE) et constitue l'un des plus importants pourvoyeurs de revenus et d'emplois, aussi bien en milieu urbain que rural. Les produits sont issus des métiers artisanaux tels que ceux de la forge, menuiserie, poterie, fonderie, teinturerie, bijouterie, couture, etc.

Les services de maintenance des équipements, sont aussi assurés par des artisans: mécaniciens, tôliers, peintres, soudeurs, plombiers, électriciens, réparateurs d'appareils électroniques, etc.

Le rôle de l'artisanat dans l'économie nationale doit aussi être apprécié dans ses relations avec les autres secteurs : industrie, tourisme, transport, commerce, agriculture, élevage, pêche, mines, services, etc. L'agriculture, par exemple, est accompagnée par l'artisanat en amont comme en aval à travers des activités diverses telles que la fabrication, la réparation et l'entretien de matériels agricoles, la fourniture de pièces adaptées ou encore la transformation des produits agricoles, etc. Enfin, l'artisanat contribue à l'essor du commerce et des échanges nationaux, régionaux et internationaux et l'apport de devises à travers le tourisme qu'il alimente. La forte présence des jeunes et femmes dans les filières artisanales interpelle sur la nécessité de développer des actions en faveur de la construction d'infrastructures de production et de commercialisation, l'équipement et la professionnalisation des acteurs.

### 1.1 La Stratégie nationale de développement et de formalisation de l'Artisanat

La Stratégie a été élaborée en 2022, à travers un processus de consultation multi-acteurs. Elle a pour objectif principal de promouvoir un développement inclusif et durable du secteur de l'artisanat par l'exploitation de ses potentialités, en vue de créer des emplois et des revenus décents.

La Stratégie articule cinq objectifs spécifiques avec des résultats attendus pour chacun d'eux :

1. *Promouvoir le secteur, accroître la commercialisation et l'accès aux marchés des produits et services* avec des résultats axés sur la performance en contenu local, la compétitivité des produits, un système de labélisation de la qualité, l'accès aux marchés, des capacités technologiques renforcées.

2. *Participer à la conception et au développement d'infrastructures de soutien au développement de l'artisanat*, avec des résultats axés sur la modernisation des installations et des infrastructures, la création de zones d'activités artisanales et d'espaces d'expression et de valorisation des produits, le renforcement des équipements et capacités des centres de formation.

3. *Promouvoir l'entrepreneuriat et l'innovation, le développement économique des entreprises artisanales et la création d'emplois*, avec des résultats axés sur le renforcement de l'esprit de créativité et d'innovation, l'appui à la formalisation et l'éligibilité des entreprises artisanales formalisées aux services financiers et/ou non financiers, la mise en place de synergies par une intégration verticale et/ou horizontale des corps de métiers, l'accès à un système de financement adéquat, la valorisation des maîtres artisans des métiers de l'apprentissage, la certification des compétences professionnelles des apprentis, le renforcement

de l'apprentissage dual dans les centres de formation professionnelle, l'accompagnement des apprentis à l'insertion professionnelle.

4. *Créer un environnement propice au développement du secteur au moyen d'une réglementation adaptée dans un cadre institutionnel efficace et bien structuré*, avec des résultats axés sur la qualité du cadre légal et juridique du secteur de l'artisanat, du cadre institutionnel, structurel et organisationnel, la mise en place de la chambre des métiers et la révision du code de l'artisanat, la gouvernance institutionnelle avec un renforcement du partenariat public/privé.

5. *Contribuer au développement des compétences techniques et professionnelles des artisans*, avec des résultats axés sur la mise en place d'un système cohérent de formation professionnelle, de dispositifs de formation et d'accompagnement adaptés aux besoins des artisans et entrepreneurs, sur la qualité de l'offre de formation professionnelle (diversifiée et accessible), le renforcement des capacités techniques et professionnelles des artisans et des structures de formation, le perfectionnement et la valorisation des acquis de l'expérience (VAE) pour exploiter de façon optimale le capital humain dont dispose l'artisanat, l'adéquation entre l'offre et la demande de formation professionnelle.

### 1.2 Les axes stratégiques de développement de l'artisanat

La Stratégie de développement de l'Artisanat met en avant cinq orientations stratégiques principales, qui sont déployées dans des projets prioritaires.

#### Axe stratégique 1 : Promotion du secteur et commercialisation des produits et services

- Promotion du contenu local ;
- Promotion et valorisation des produits et services de l'artisanat ;
- Facilitation de la commercialisation des produits ;
- Certification et labélisation de certains produits ;
- Accès aux marchés publics ;
- Accès aux services digitaux dans la production et commercialisation des produits y compris le marketing ;
- Mise en œuvre d'une stratégie de communication sur les produits artisanaux.

#### Axe stratégique 2 : Développement des infrastructures

- Identification et aménagement de zones d'activités artisanales ;

- Construction de villages artisanaux ;
- Rénovation et construction des espaces de commercialisation des produits ;
- Centres de ressources, équipements ;
- Centres de formation professionnelle.

**Axe stratégique 3 : Formation professionnelle et apprentissage**

- Développement de formations adaptées aux besoins du milieu productif ;
- Développement de formations dans les métiers innovants et verts ;
- Apprentissage traditionnel ;
- Accompagnement des parcours d'insertion des jeunes formés ;
- Valorisation des acquis de l'expérience professionnelle ;
- Alphabétisation ;
- Formations complémentaires en compétences de vie courante ;
- Rénovation du système d'apprentissage dans une vingtaine de métiers du secteur de l'artisanat ;
- Introduction de l'apprentissage de type dual dans une dizaine de métiers de l'artisanat ;
- Création d'un fond spécial d'orientation et de garantie pour l'artisanat.

**Axe stratégique 4 : Développement de l'entrepreneuriat, promotion de l'emploi jeunes et innovation**

- Identification de quelques filières phares, dans une approche de développement des chaines de valeurs structurantes, présentant un fort potentiel de croissance et création d'emplois et de revenus : Textile ; Bois et menuiserie ; Transformation agroalimentaire ;
- Promotion de l'entrepreneuriat ;
- Incubation et pépinières d'entreprises ;
- Formalisation des unités de production artisanales ;
- Développement des métiers innovants, prise en compte du numérique, des nouvelles technologies et des métiers verts ;
- Accès au financement.

**Axe stratégique 5 : Cadre institutionnel et règlementaire, organisation et structuration du secteur**

- Actualisation du Code de l'artisanat ;
- Elaboration et application des textes d'applications du Code de l'artisanat ;
- Appui à la structuration (organisations professionnelles, Chambre des métiers...) ;
- Appui à la gouvernance ;
- Développement de synergie, coordination et complémentarités des acteurs ;
- Développement de partenariats public-privé ;
- Vulgarisation en langues nationales, sur toute l'étendue du territoire national, le Code révisé de l'artisanat, la Nomenclature des métiers de l'artisanat, la Stratégie nationale de l'artisanat.

### 1.3 Des projets prioritaires en faveur de la structuration de l'artisanat

Les acteurs du secteur de l'artisanat, lors de la formulation de la Stratégie, ont identifié quatre projets prioritaires ayant pour objectif de définir, structurer, organiser, encadrer et accompagner le secteur de l'artisanat.

L'approche systémique a été retenue pour prendre en compte l'ensemble des enjeux de développement du secteur et de structurer un cadre d'intervention globale et complète. Chaque projet prioritaire permet de planifier et mettre en œuvre des actions ayant un impact structurant pour l'ensemble du secteur de l'artisanat. Les quatre projets prioritaires sont :

**Projet d'appui à l'organisation et à la structuration du secteur de l'artisanat en Guinée**

Le cadre règlementaire, l'organisation et la structuration du secteur de l'artisanat en Guinée a très peu évolué au cours des dernières années. Le cadre règlementaire est incomplet avec l'absence d'une Chambre des métiers et de l'artisanat et un Code de l'Artisanat obsolète. L'organisation actuelle du secteur est du seul ressort des artisans eux-mêmes, structurés au sein de leurs organisations professionnelles, qui rencontrent de nombreuses difficultés de gouvernance.

Le projet vise à assurer une meilleure réglementation, organisation, structuration et représentation du secteur, en vue de faciliter le développement des activités artisanales, sa normalisation et sa formalisation progressive qui sont des préalables nécessaires à sa promotion et son développement. Les actions suivantes sont identifiées : définir le cadre règlementaire du secteur par l'adoption d'un Code de l'artisanat adapté aux réalités du secteur ; mettre en place et rendre fonctionnelle la Chambre des Métiers et de l'Artisanat de Guinée (CMA) ; promouvoir l'organisation et la structuration des acteurs et actrices opérant dans le secteur de l'artisanat et renforcer les capacités des acteurs dans le domaine de la gouvernance

**Projet d'appui à la promotion, commercialisation et valorisation des produits et services dans les filières porteuses de l'artisanat en Guinée**

Le secteur de l'artisanat guinéen est marqué par une faiblesse structurelle de la promotion et de la valorisation de ses produits et services. Les savoirs traditionnels, comme les nouvelles créations des artisans sont faiblement connues, valorisées ou labelisées. La problématique de la commercialisation des produits et de l'accès des artisans aux marchés, notamment publics, se pose avec une grande acuité. En dépit de la stratégie nationale de promotion du contenu local, la consommation locale des produits guinéens demeure faiblement valorisée et systématisée. Le secteur souffre par ailleurs d'une faible exploitation des potentialités offertes par de nombreuses filières porteuses.

Le projet vise à promouvoir et valoriser des produits et services de qualité répondant aux exigences de qualité du marché national et international. L'objectif est de promouvoir les produits et services de l'artisanat guinéen à travers la valorisation, la labélisation, la commercialisation et l'amélioration de l'accès aux marchés, à travers des appuis en faveur de l'amélioration de la qualité des produits artisanaux, de l'accès aux marchés et à la commande publique, et la promotion du « consommer guinéen », du contenu local et de la labélisation en Guinée.

**Projet d'appui au développement de la formation professionnelle et de l'apprentissage dans le secteur de l'artisanat en Guinée**

Le système de l'enseignement technique et de la formation professionnelle en Guinée est marqué par des déficits, dont la faiblesse des capacités formatives (infrastructures, ingénierie, formateurs, référentiels, modules, outils pédagogiques et didactiques), la faible qualité des formations dispensées et leur inadéquation avec les besoins en qualifications qui évoluent très vite et la faible reconnaissance la formation à travers l'apprentissage traditionnel. Or dans le secteur de l'artisanat, la formation professionnelle représente un enjeu majeur pour l'amélioration des capacités techniques et entrepreneuriales des artisanes et artisans, notamment dans un contexte d'évolution technologique rapide et compte tenu des opportunités offertes par les technologies dans les métiers artisanaux.

Le projet vise à renforcer les dispositifs de formation, à promouvoir des formations de qualité adaptées aux besoins, à valoriser les connaissances et à offrir de nouvelles alternatives d'insertion pour les jeunes, à travers des actions clés :

renforcer les compétences des artisanes et artisans par des formations adaptées aux besoins de l'économie ; développer et valoriser l'apprentissage traditionnel ; accompagner les parcours d'insertion des jeunes formés (auto-emploi, entrepreneuriat) ; développer un mécanisme de valorisation des acquis de l'expérience professionnelle et assurer la certification des formations dispensées.

**Projet d'appui au développement de l'entrepreneuriat, de l'innovation technologique et de la formalisation des unités de production dans les filières porteuses de l'artisanat en Guinée**

L'emploi informel et le sous-emploi touchent les travailleurs du secteur de l'artisanat et particulier les jeunes et les femmes. De nombreux facteurs expliquent cette situation : la faiblesse structurelle de l'accès et de la qualité de la formation professionnelle, l'absence de dispositifs d'accompagnement à l'insertion, la faible culture de l'entrepreneuriat, le manque d'accès à l'information sur les opportunités de marchés, aux possibilités de financements ou la faible utilisation des nouvelles technologies. Or, le secteur de l'artisanat guinéen offre de nombreuses potentialités pour les jeunes désireux d'entreprendre et de valoriser les savoir-faire de leurs territoires ou de leurs familles.

Le projet vise à développer et renforcer l'entrepreneuriat dans les métiers de l'artisanat, à travers un appui complet (formation, conseils, financement) des actrices et acteurs, notamment les jeunes, afin de créer des et/ou moderniser les entreprises et accroitre leurs performances. Il vise à accompagner graduellement la formalisation des activités informelles artisanales et renforcer les capacités de ses opérateurs. Les actions identifiées sont les suivantes : renforcer les compétences des artisans dans le domaine de l'entrepreneuriat ; mettre en place des systèmes d'incubation et de pépinière d'entreprises pour renforcer les compétences entrepreneuriales des jeunes ; faciliter les procédures de création et/ou de formalisation des entreprises pour les artisans et les jeunes entrepreneurs ; faciliter l'accès au financement des activités artisanales et l'accès à l'information sur les opportunités de marchés (locaux, régionaux).

## 2. Le secteur du tourisme

L'OMT (Organisation mondiale du tourisme) définit le tourisme comme « les activités déployées par les personnes au cours de leurs voyages et de leurs séjours dans les lieux situés en dehors de leur environnement habituel pour une période ».

Le secteur du tourisme est reconnu pour ses potentialités à générer des richesses et à créer des emplois. En effet, en termes de potentiel touristique, la Guinée dispose de nombreux atouts, de par la richesse de ses patrimoines naturels, culturels et son artisanat. Un paysage aux contrastes variés avec des plages de sable aux massifs montagneux en passant par de grandes savanes, la qualité de l'accueil et de l'hospitalité de ses habitants, les côtes et les nombreux cours d'eaux, les cascades, les montagnes et forêts, les parcs nationaux et réserves abritant une faune sauvage ainsi que les monuments historiques, les traditions et l'artisanat constituent des atouts indéniables, relevés dans la Stratégie nationale de développement durable du tourisme, qui permettent de développer différents types de tourisme (tourisme solidaire et communautaire, écotourisme, tourisme culturel, tourisme de vision…). Dans le cadre de la mise en œuvre des orientations de la Stratégie nationale de développement durable du tourisme, il est envisagé un accroissement significatif du nombre de touristes à hauteur de 200 000 en 2025 et 300 000 en 2030.

Cependant, pour tirer le plus grand profit de ce potentiel, plusieurs contraintes doivent être levées, notamment la faiblesse des ressources allouées au financement du secteur et la faible promotion des activités et produits touristiques, l'insécurité dans certaines périodes et zones, le faible aménagement des infrastructures touristiques, la faible capacité de ressources humaines, le manque d'accompagnement des acteurs économiques et entrepreneurs du secteur touristique.

Par ailleurs, comme indiqué dans le document de Stratégie nationale de développement du tourisme, des améliorations sont nécessaires pour mieux adapter aux besoins réels du secteur les diplômés des écoles guinéennes de formation aux métiers du tourisme et de l'hôtellerie. Le tourisme étant un secteur transversal et multisectoriel, il ne peut se développer que dans le cadre d'une meilleure coordination interministérielle et du renforcement des mécanismes de concertation avec toutes les parties prenantes, qu'il s'agisse d'entités publiques ou privées.

A lui seul, le secteur du tourisme et de l'hôtellerie pèse pour très peu dans le PIB (environ 3 % du PIB) et dans l'emploi (environ 1 % de l'emploi) au niveau national). Par contre, si ce secteur est développé en interactions étroites avec d'autres secteurs économiques (artisanat, culture, environnement, agriculture…), les retombées en termes de revenus et d'emplois peuvent être très importantes.

Plusieurs actions sont planifiées dans secteur touristique, en particulier la réhabilitation, l'aménagement et la promotion des sites touristiques du pays ; le développement et la promotion de l'hôtellerie touristique, et la promotion des dynamiques intersectorielles entre la culture, l'artisanat et le tourisme, ou entre l'environnement et le tourisme vert et bleu (voir la Stratégie nationale de promotion de l'économie bleue).

### 3. Le secteur de la culture

La Guinée dispose d'un important patrimoine culturel avec des savoir-faire porteurs d'identité et des arts pouvant être appliqués à l'industrie et contribuer à la création de richesse nationale. Le pays est notamment reconnu pour sa diversité et la complémentarité de ses écosystèmes naturels, le brassage des populations qui mettent en commun des activités et des pratiques sociales et culturelles différentes. Il est aussi reconnu pour son histoire politique singulière et la mobilité de ses populations. Ces facteurs expliquent la richesse exceptionnelle de la culture guinéenne.

Depuis son accession à la souveraineté nationale, la culture guinéenne a toujours été un vecteur de mobilisation et de convergence pour renforcer la cohésion sociale et le rayonnement du pays. Cette volonté a toujours été matérialisée par la création d'un Département en charge de la Culture au sein de la structure gouvernementale, dans le but de mettre en œuvre la politique du pays en matière de valorisation, de promotion et de développement des arts et de la culture.

Ainsi, la mise en valeur optimale du potentiel de développement économique et social de la culture, à travers l'appui à la création, à la production et à la diffusion culturelle a toujours été l'un des enjeux affirmés de la politique culturelle de la Guinée. Cependant, le secteur culturel est confronté à plusieurs difficultés freinant la satisfaction d'une demande de plus en plus complexe. Pour en faire un réel levier de développement et de création de richesses, plusieurs actions nécessitent d'être menées notamment :

- L'appui au renforcement des capacités institutionnelles et organisationnelles pour une meilleure gouvernance du secteur des arts, de la culture et du patrimoine historique et la promotion de la coopération culturelle ;

- L'appui à la professionnalisation des acteurs du secteur culturel en vue d'améliorer la qualité et la compétitivité de l'offre artistique et culturelle ;

- L'appui au développement d'un écosystème entrepreneurial favorable à l'innovation et la créativité dans les domaines des arts et de la culture ;

- Le développement d'infrastructures adéquates répondant aux normes internationales pour une meilleure circulation des œuvres artistiques et culturelles en capitalisant sur les acquis existants ;

- L'appui à la restauration, la conservation, la sauvegarde, la gestion et la mise en valeur du patrimoine culturel national dans le but de promouvoir la valorisation, la diffusion et la transmission aux générations futures.

Dans le cadre de sa coopération avec le Gouvernement guinéen à travers son document stratégique pluriannuel intitulé Plan Cadre des Nations-Unies pour le Développement Durable, le Système des Nations-Unies (SNU), et en particulier le Programme des Nations-Unies pour le Développement (PNUD), a apporté en 2022 son appui au Ministère de la Culture, du Tourisme et de l'Artisanat (MCTA), dans l'élaboration d'un Programme-cadre pour la promotion et le développement du domaine des arts, de la culture et du patrimoine historique comme vecteur de création d'emplois et de richesses en Guinée.

Se fondant sur les valeurs d'une société riche par la diversité et la complémentarité de ses pratiques socioculturelles, le brassage de ses populations et une singulière histoire politique, qui expliquent la richesse exceptionnelle de la culture guinéenne, la vision portée par le Programme-cadre du secteur de la Culture se résume comme suit :

« *Faire de la culture, des arts et du patrimoine culturel des outils de rayonnement national et international, de renforcement de la cohésion sociale et de consolidation de la paix, et un secteur moteur de transformation économique et sociale, et de création de revenus et d'emplois durables en Guinée* ».

Le Programme-cadre d'Appui au Secteur de la Culture (PASEC) s'étend sur cinq ans (2023-2027) et a pour objectif principal de créer les conditions requises pour la valorisation économique et sociale durable des arts, de la culture et du patrimoine historique en Guinée, pour une meilleure contribution à la création d'emplois et de richesses.

Le PASEC vise à soutenir le développement des filières porteuses dans les domaines des arts, de la culture et du patrimoine historique, dans une approche chaines de valeur, à travers cinq grands axes prioritaires :

1. Le renforcement des capacités institutionnelles et organisationnelles pour une meilleure gouvernance du secteur des arts, de la culture et du patrimoine historique, y compris le domaine de la coopération culturelle ;

2. Le renforcement des capacités techniques et opérationnelles des structures de formation, des acteurs et des professionnels du secteur culturel en vue d'améliorer la professionnalisation, la qualité et la compétitivité de l'offre artistique et culturelle ;

3. L'appui au développement d'un écosystème entrepreneurial favorable à l'innovation et à l'inclusion dans les domaines des arts et de la culture ;

4. La création d'infrastructures adéquates répondant aux normes régionales et internationales, pour une meilleure production et circulation des œuvres artistiques et culturelles ;

5. La mise en place d'un dispositif pérenne dédié à l'inventaire, la restauration, la conservation, la sauvegarde, la gestion et la mise en valeur du patrimoine culturel national dans le but de promouvoir la valorisation, la diffusion et la transmission aux générations futures.

Le PASEC a identifié cinq projets prioritaires :

1. Projet « Actions de Gouvernance Inclusive pour des Réformes réussies dans les secteurs des Arts et de la Culture (AGIR) »

2. Projet « Accès au Marché pour les produits culturels par le biais d'Infrastructures respectant les Standards (AMIS) »

3. Projet de « Décentralisation Culturelle (PDC) »

4. Projet « Installation d'un écosystème entrepreneurial favorable au Management appliqué au Patrimoine, aux Arts, à la Culture et au Tourisme (IMPACT) »

5. Projet « Promouvoir la Diplomatie culturelle de Guinée à des fins Economiques (PRODIGE) »

## Conclusion

Bien que les secteurs de l'artisanat, du tourisme et de la culture représentent une faible proportion du PIB, ils occupent plusieurs dizaines de milliers de personnes et pourraient générer nettement plus d'emplois de qualité si les acteurs économiques de ces secteurs sont accompagnés et les synergies intersectorielles sont renforcées.

Ces secteurs regorgent de grandes potentialités, en raison de la multitude d'entreprises qui le composent, par l'extrême diversité des métiers, par l'importance de la main d'œuvre employée, par la fourniture des biens et services aux populations locales, par l'existence de nombreux groupements, coopératives et associations professionnelles, et par l'importance des savoir-faire traditionnels et les enjeux de valorisation de patrimoine et savoirs culturels.

Les efforts consentis pour accroitre les opportunités de création de richesses et d'emplois dans ces secteurs, notamment pour les jeunes et les femmes, sont notables, notamment à travers l'adoption de stratégies nationales et programmes cadre, qu'il s'agit de mettre en œuvre à travers des allocations budgétaires (BND) et la mobilisation de partenaires au développement et de partenaires privés.

CHAPITRE VIII

# Les programmes publics d'emploi et l'approche à haute intensité de main d'œuvre

## Introduction

Les programmes publics d'emploi et l'approche à haute intensité de main-d'œuvre, constituent l'un des outils les plus importants pour la création d'emplois et l'insertion des jeunes, en utilisant les ressources disponibles localement, des technologies appropriées et en valorisant la planification décentralisée et la mobilisation des compétences locales.

En Guinée, ces programmes constituent un levier d'action non négligeable, pris en considération dans les cadres d'orientation stratégique et plans nationaux de développement économique et social.

L'importance des investissements en infrastructures pour assurer l'accès aux services de base et promouvoir le développement est aujourd'hui très largement comprise. La moitié des investissements publics dans la plupart des pays du Sud concernent les infrastructures et, dans bien des cas, plus de 50 % de ces investissements (et jusqu'à 80 ou 90 % dans les pays les moins avancés) sont financés par des banques de développement et des bailleurs de fonds extérieurs.

## 1. Les objectifs des programmes publics d'emploi

La croissance économique nationale ne génère pas suffisamment d'emplois productifs et les inégalités économiques, sociales et environnementales restent élevées, en raison d'un ensemble de facteurs structurels et conjoncturels qui impactent sur les opportunités et la qualité des emplois, y compris le changement climatique et la dégradation de l'environnement, les changements technologiques et les tendances démographiques. Les programmes publics d'emploi (PPE) peuvent améliorer les perspectives d'emploi et de revenus aux catégories les plus touchées par la pauvreté et la vulnérabilité au travail, en particulier dans les activités urbaines et rurale informelles.

Les Programmes publics d'emploi ou programmes de travaux publics, basés sur l'approche à haute intensité de main d'œuvre, se concentrent généralement sur la production de biens et de services publics comme moyen de créer des opportunités d'emploi, que ce soit le développement et l'entretien des infrastructures, la promotion des travaux verts avec la gestion des ressources naturelles et la réhabilitation de l'environnement, ou la construction de biens sociaux (par exemple, écoles, centres de santé, infrastructures d'énergie...) ou de services (soins de santé, éducation, assainissement, etc.).

Les PPE sont aussi des programmes d'investissement à long terme financés et mis en œuvre par le gouvernement ; ils créent directement des emplois par le biais d'activités productives à haute intensité de main-d'œuvre. Ces mesures visent à fournir des emplois aux travailleurs qui ne peuvent pas subvenir à leurs besoins, en raison d'un manque d'opportunités d'emploi dans leur région. Ces programmes peuvent également être financés et mis en œuvre par des bailleurs ou des agences de développement, en collaboration avec un gouvernement. Le terme PPE est utilisé de manière collective et comprend les programmes de garantie d'emploi qui sont des programmes à long terme et institutionnalisés. Ils sont souvent une composante du système national de protection sociale.

En s'attaquant aux effets et aux causes profondes des inégalités par le biais de ces approches multisectorielles, les PPE créent des emplois qui jouent un rôle de catalyseur pour la réduction de la pauvreté et des inégalités, et la réalisation de plusieurs des Objectifs de Développement Durable (ODD).

Les PPE peuvent être des outils de création d'emplois pour des groupes ciblés, ou dans des zones affectées, dans des délais courts et dans des contextes spécifiques. Les PPE ne dépendent pas d'autres acteurs, tels que les entreprises privées pour créer des emplois, en particulier lorsque ces entreprises ne parviennent pas à créer un nombre suffisant d'emplois, dans un contexte de crise ou d'incertitudes fortes pour l'investissement privé.

Les PPE peuvent avoir des objectifs et des implications multiples, tels que : la création d'emplois, la sécurisation des revenus, la protection sociale, la fourniture d'infrastructures naturelles ou physiques, de biens et de services publics. Les PPE sont parfois qualifiés de mesures de protection sociale ou de programmes actifs du marché du travail.

La conception et la mise en œuvre des PPE répondent à deux types de défis :

1- *Les défis structurels* et les opportunités limitées d'emplois formels et productifs; les PPE peuvent être conçus pour garantir des emplois et étendre la protection sociale aux ménages pauvres et vulnérables ; les PPE sont alors un outil pour soutenir la formalisation des emplois et l'extension de la protection sociale ;

2- *les crises et chocs externes* : les PPE, en tant qu'outil de politique anticyclique, peuvent intervenir pour répondre à des chocs économiques, climatiques, sanitaires, sociopolitiques ou autres, en ciblant les catégories de population les plus touchées par les effets de ces crises.

**Encadré 1. Les objectifs multiples des PEP**

Les PEP peuvent répondre à de multiples défis, en ayant différents objectifs ;

- Créer immédiatement un emploi rémunéré pour les personnes les plus vulnérables ou qui sont difficiles à atteindre par d'autres mesures politiques ;

- Fournir un revenu complémentaire et compensent ainsi les pertes de revenus d'autres activités du à des chocs (récession, pandémie...) ;

- Soutenir et stimuler la demande locale, compensant en partie les réductions de la demande intérieure et internationale en cas de récession et chocs externes ;

- Compléter et soutenir d'autres mesures de politique sociale, économique et du marché du travail ;

- Mobiliser la capacité du secteur privé grâce à des marchés publics adaptés et des incitations (travaux d'infrastructure et de maintenance par exemple) ;

- Renforcer la résilience des communautés en améliorant les infrastructures et les services publics locaux et en leur fournissant les ressources nécessaires pour répondre à leurs besoins (activités liées à la santé ou aux soins dans le domaine de l'eau, de l'assainissement et de l'hygiène...) ;

- Soutenir les revenus à partir de salaires minimums ou appropriés dans un contexte donné ;

- Offrir une passerelle possible vers l'emploi grâce une offre d'expérience professionnelle et une amélioration des compétences non techniques, à condition que d'autres mesures actives d'insertion dans l'emploi complètent le dispositif ;

- Contribuer à la reconstruction d'une meilleure communauté et d'une meilleure société après la crise ;

- Répondre aux besoins locaux, ainsi qu'aux priorités nationales, telles que les ODD, l'adaptation au changement climatique et son atténuation, et la restauration des écosystèmes ;

- Aider à reconstruire un contrat social en démontrant l'engagement des gouvernements à répondre aux besoins des personnes vulnérables par la création d'emplois utiles ;

- Développer rapidement les capacités administratives par le biais des services publics de l'emploi, des bureaux d'aide sociale ou d'autres points d'entrée avec des registres de bénéficiaires potentiels et des mécanismes de versement des salaires.

Source : BIT, 2020

**Création d'emplois de qualité, protection sociale et formalisation**

Les PPE visent la création d'emplois mais aussi l'amélioration de **la qualité des emplois**. L'une des principales caractéristiques des PPE est qu'elles intègrent une approche « fondée sur les droits ». Les PPE garantissent un revenu et une couverture sociale dans le cadre d'un travail décent. Ainsi, les PPE renforcent le respect du salaire minimum, la sécurité et la santé au travail, grâce auxquels les travailleurs informels sont intégrés dans les institutions formelles.

Les PPE jouent un rôle essentiel dans l'amélioration de la sécurité sociale en contribuant à la création de socles de **protection sociale**. Ces programmes ciblent les travailleurs sans emploi ou sous-employés, les travailleurs informels et ruraux, en leur offrant un travail rémunéré plus prévisible et en améliorant la sécurité de leur revenu. Les PPE ciblent les personnes en âge de travailler (15 ans et plus) et complètent souvent d'autres programmes de transferts monétaires qui ciblent généralement les personnes qui ne sont pas en mesure de travailler (par exemple, les enfants, les personnes âgées et les personnes avec un handicap lourd). Les PPE peuvent jouer un rôle important de protection sociale en permettant à l'État de cibler les catégories vulnérables, de garantir les droits des citoyens au plein emploi et à une couverture sociale universelle.

Les PPE peuvent également renforcer les mécanismes visant à assurer la **stabilité des revenus** des travailleurs informels (soutenant ainsi la transition de l'économie informelle vers l'économie formelle) grâce à des moyens de subsistance alternatifs, des infrastructures, des travaux communautaires et des compétences pour une meilleure employabilité, et en favorisant la dignité par le travail.

A leur conception, ces programmes visent **la création d'emplois,** par opposition à d'autres programmes d'infrastructure ou d'offre de services à long terme dont les opportunités d'emploi et la durée des travaux sont subsidiaires et donc de portée limitée pour la création d'emplois. Toutefois, en appliquant l'approche à haute intensité de main-d'œuvre, notamment dans la construction, la réfection et l'entretien d'infrastructures, les PPE et les différents instruments nationaux peuvent se compléter. Les méthodes des travaux d'infrastructure à haute intensité de main-d'œuvre, ou l'augmentation de l'intensité de main-d'œuvre dans les investissements d'infrastructure, offrent une alternative économiquement viable et rentable dans le cadre des stratégies pour l'emploi, sans compromettre la qualité des produits et services offerts.

Le choix des biens et services à fournir à travers les PEE et approches HIMO, peut-être soit situé au niveau central sur la base du **plan d'investissement public** (PIP), soit situé au niveau décentralisé au en impliquant les collectivités locales et les communautés locales à travers les **plans d'investissement locaux** (PIL), avec une plus grande probabilité de création ou de maintenance des actifs dont bénéficient directement ces communautés.

La perte de biodiversité et le changement climatique ont des répercussions négatives sur les écosystèmes, et donc sur les activités économiques, sur les emplois et les moyens de subsistance (hausse de températures plus élevées, sécheresses et inondations de plus en plus fréquentes...). Les PEP intègrent des mesures d'adaptation, telles que **les travaux verts** utilisant une approche basée sur les ressources locales et/ou **les solutions fondées sur la nature**, qui peuvent aider à faire face à la crise du climat et celle de la biodiversité.

## 2. Les programmes d'emploi publics en Guinée

En Guinée, l'approche à haute intensité de main d'œuvre a été mise en œuvre dans le cadre de différents programmes et projets de développement dont certains ont montré des résultats probants.

Le dispositif national conçu pour promouvoir les initiatives de haute intensité de main-d'œuvre s'est constitué sous l'égide d'une agence nationale, l'Agence guinéenne d'exécution des travaux d'intérêt public (AGETIPE) pour promouvoir l'approche HIMO en Guinée, avec pour objectif la création d'emplois pour les jeunes sans qualification dans un grand nombre de secteurs -construction, 'entretien des infrastructures, services publics, assainissement, travaux verts, etc.

Créée au début des années 2000 sous la forme d'une organisation non gouvernementale (ONG) à but non lucratif, l'AGETIPE a été érigée, par décret en établissement public à caractère administratif. L''agence a pour mission « de faire exécuter des travaux et services d'utilité publique pour le compte de l'État, des collectivités décentralisées ou de toute autre personne publique ou privée, selon des procédures et techniques qui concourent à l'utilisation maximum de la main-d'œuvre et qui facilite l'émergence et le renforcement des petites et moyennes entreprises ». L'AGETIPE peut aussi gérer les marchés au nom des municipalités et des collectivités de base.

L'AGETIPE, en se référant à son décret de création et aux différents rapports de diagnostic institutionnel, constitue, comme ailleurs en Afrique de l'Ouest, un outil de renforcement de la gouvernance des travaux d'intérêt public et de création potentielle d'emplois pour les jeunes dans les centres urbains et ruraux. En sa qualité de maître d'ouvrage délégué, la stratégie d'intervention de l'agence est le faire faire en recrutant des entreprises, des sociétés et des ONG sur appel d'offres et en privilégiant des critères essentiels, notamment l'emploi et l'insertion des jeunes.

Les programmes publics d'emploi mis en place visent la création d'emplois et l'amélioration des moyens de subsistance des communautés locales, par des investissements d'infrastructures appropriées, la fourniture de biens et services de base, tels que les soins de santé, l'éducation, les installations d'eau et d'assainissement mais aussi des logements, en utilisant le plus possible des ressources disponibles localement.

La démarche HIMO s'appuie sur la participation locale à la planification du développement. Les investissements infrastructurels constituent un réel potentiel de création d'emplois et de renforcement des compétences bien qu'ils ne soient pas toujours privilégiés, car nombre de projets d'investissements et travaux publics n'intègrent pas l'emploi comme objectif immédiat alors que des solutions à haute intensité d'emplois et utilisant des ressources locales peuvent être intégrées dans des projets d'envergure. Ces travaux concernent entre autres les routes et les pistes, la mise en valeur des terres, les petits barrages, les puits et systèmes d'irrigation, le drainage et l'assainissement, ainsi que les équipements sociaux tels que les écoles et les centres de santé.

Les programmes d'emploi publics et l'approche HIMO valorisent la passation de marchés et la maîtrise d'ouvrage au niveau décentralisé et renforcent le développement de services de maintenance appropriés avec les communautés bénéficiaires. Pour l'AGETIPE, l'emploi local est dans la démarche de haute intensité de main-d'œuvre le principal centre d'attention. Les objectifs immédiats des programmes HIMO sont la création d'emplois, la promotion des petites entreprises et l'exécution par le secteur privé, de travaux publics en utilisant de manière optimale des ressources disponibles au niveau local et en garantissant des conditions décentes de travail ; l'amélioration de l'accès des communautés défavorisées aux ressources de production et aux services sociaux ; la fourniture d'une assistance en faveur des systèmes de protection sociale.

Les approches à haute intensité de main-d'œuvre sont privilégiées, car elles sont majoritairement financées grâce à des ressources fiscales locales et des prêts de banques de développement à des conditions concessionnelles et elles sont dispensées au niveau des structures de formation nationales et avec le concours de la maîtrise d'ouvrage locale.

Les investissements en infrastructures représentent près de 70 % des investissements publics en Guinée. Une importante partie des investissements privés et communautaires est également injectée dans les infrastructures tels que les routes secondaires, les barrages, les canaux d'assainissement et la gestion de l'eau, l'irrigation, le logement et, parfois, les écoles et collèges. Ces investissements contribuent directement au bien-être des populations et à la mobilisation communautaire. Ils améliorent l'accès aux services sociaux de base tels que l'éducation et la santé et, et les opportunités d'emploi dans d'autres secteurs comme celui de l'agriculture ou de l'industrie manufacturière.

Dans d'autres domaines, tels que la conservation des sols et de l'eau ou la lutte contre l'érosion côtière, les travaux de protection de l'environnement réalisés avec l'approche HIMO contribuent à la préservation des ressources naturelles productives et à la protection des écosystèmes.

Les travaux basés sur l'approche HIMO (tels que les travaux des pistes rurales, de protection des ressources naturelles...) apportent de réels avantages pour un résultat de qualité égale ou supérieure aux approches plus capitalistiques;

dans celles-ci, les Le couts du capital s'élève à 80 % environ de l'investissement total, alors que le coût de la main-d'œuvre ne représente que 10 % (main-d'œuvre spécialisée), alors que dans l'approche HIMO le ratio est entre 30 à 40 % du coût pour le capital et 40 à 60 % pour la main-d'œuvre.

Des études comparatives menées par l'Organisation internationale du travail (OIT) montrent que, sans compromettre la qualité de l'infrastructure, les approches HIMO sont particulièrement bénéfiques pour au moins trois raisons : i) le coût est entre 10 et 30 % moins cher que les travaux à plus forte intensité d'équipement ; ii) les dépenses en devises se réduisent de 50 à 60 % environ ; et iii) il y a deux et quatre fois plus d'emplois créés pour un même type d'investissement.

Plusieurs projets HIMO ont obtenu des résultats très significatifs, et ont été recensés dans les rapports relatifs au cadre d'accélération des objectifs de développement durable.

On peut, entre autres, citer le programme national d'emploi spécifique pour les jeunes dans les zones à risque de tension du Fonds de consolidation de la paix (PBF) qui comprend un volet important de travaux d'assainissement pour la réinsertion des jeunes; le projet « filets sociaux productifs » (soutenu par la Banque mondiale) dont la composante 2 porte sur les travaux HIMO ; les projets de bitumage des voiries urbaines au niveau du ministère des travaux publics, ou encore le programme HIMO d'appui de l'Union européenne pour l'assainissement et la réhabilitation des voiries secondaires à Conakry et d'autres villes secondaires (8 millions d'euros). Il y a aussi les initiatives d'appui à la protection sociale soutenues par l'Unicef et le programme national d'infrastructures rurales du ministère de l'Agriculture avec le soutien de la Banque mondiale et le Fonds international de développement agricole ou encore le projet conjoint de la Banque africaine de développement et du Programme des Nations Unies pour le développement (PNUD) en faveur des infrastructures socio-économiques en zones forestières, en Haute et Moyenne Guinée.

Le projet des filets sociaux productifs financé par la Banque mondiale (25 millions USD) vise à améliorer les revenus des groupes vulnérables en milieu urbain en créant des emplois temporaires dans le cadre des travaux HIMO et de tester un programme pilote de transfert d'argent dans les zones rurales. Tel que conçu dans sa phase initiale, le projet est structuré autour de trois composantes dont la première est relative aux travaux HIMO, en vue de créer à court terme 24 000 emplois pour les jeunes sous-employés ou sans emploi de plus de 18 ans, dont 40 % de femmes. Le projet permet aussi de financer une centaine de micro-projets, cohérents avec les plans locaux de développement, pour assurer la remise en état des infrastructures communautaires, l'entretien et le pavage des routes, l'assainissement, le curage des caniveaux, etc.

Le projet d'appui à l'insertion économique des jeunes et des femmes vulnérables à travers les activités d'assainissement exécuté par l'Organisation des

Nations Unies pour le développement industriel (ONUDI), le Programme alimentaire mondial (PAM), l'Unicef et le PNUD sur financement du Fonds de consolidation de la paix (2,1 millions USD) a pour objectif de créer des opportunités de revenus pour les groupes de jeunes et de femmes vulnérables en ciblant 4 000 bénéficiaires directs, dont 2 500 jeunes et 1 500 femmes. Ce projet a favorisé l'accès aux revenus et aux rations alimentaires à travers des activités d'assainissement (collecte et tri) et d'aménagement intégré de 23 quartiers et districts, de 46 espaces publics et des plages des communes de Conakry et de treize préfectures. Le projet a intégré des activités de sensibilisation et de formation des jeunes et des femmes, et associations sur la culture de la paix, la citoyenneté, la prévention des conflits et la promotion de la non-violence. Cinq cents membres des associations de jeunes et de femmes ont été formés aux techniques de recyclage ou de traitement des déchets, au niveau de cinq centres de compostage, et à la vente de produits recyclés (compost). Ce projet a distribué également des vivres aux groupes vulnérables pendant les sessions de formation et lors des travaux communautaires d'assainissement dans le cadre du programme Vivres contre travail. Ce programme a constitué un exemple de projet de lutte contre la vulnérabilité et l'exclusion sociale.

Le programme national d'emploi spécifique pour les jeunes à risque de conflit et pour des formations orientées sur la culture de la paix et la citoyenneté dans les zones à risque de tensions sociales (PBF, 2,5 millions USD), s'inscrit dans le cadre de la consolidation des acquis de projets antérieurs et a pour objectif de promouvoir l'autonomisation des jeunes et des femmes à risque de conflit. Pour mettre ces jeunes à l'abri des risques de mouvements de violence, le projet a privilégié la création d'emplois et la formation à travers des travaux d'assainissement (fonds de réactivité), l'appui aux initiatives entrepreneuriales et aux activités génératrices de revenus et l'animation socio-éducative à la citoyenneté et à la culture de la paix. Il a été exécuté dans quinze préfectures du pays et dans cinq communes de Conakry, en ciblant 5 500 jeunes de 100 associations de jeunesse.

Le programme INTEGRA (financé par l'Union européenne, 2019-2023) a permis de former et d'insérer près de 8 000 jeunes, dans un parcours d'intégration, qui articule des actions d'orientation et conseils, de préformations, d'insertion en chantiers-jeunes (travaux d'infrastructures, et d'agriculture en haute intensité de main d'œuvre), couplées avec des formations qualifiantes, des formations en compétences de vie, en management et éducation financière, et des services d'accompagnement à l'insertion post-chantiers/formations. Ce programme a aussi permis d'accompagner 500 primo-entrepreneurs, de renforcer 200 entrepreneurs via des services d'incubateurs/accélérateurs, et de permettre à une centaine d'entrepreneurs de d'accéder à des financements.

## Conclusion

Une Stratégie nationale pour la promotion des approches à haute intensité de main d'œuvre est en cours d'élaboration pour être validée en 2024. Cette stratégie est arrimée la Politique nationale de l'emploi (PNE) et alignée aux priorités nationales du Programme Simandou 2040.

L'objectif de cette Stratégie est d'inscrire l'approche HIMO dans un cadre normatif qui orientera les investissements publics et privés (dans tous les secteurs de l'économie) vers la création d'emplois décents, le renforcement des compétences et l'émergence des PME locales, tout en améliorant les conditions de vie des populations, en particulier les plus vulnérables.

Cette stratégie est aussi articulée au programme des investissements publics afin de systématiser les approches HIMP et maximiser l'impact des investissements sur la création d'emplois et le développement des PME locales.

Les approches HIMO est une composante des mesures actives du marché du travail, pour faciliter l'insertion des jeunes et cibler les catégories les plus vulnérables, comme elle est une composante des mesures d'extension de la couverture de protection sociale et de formalisation des emplois.

Enfin, les approches HIMO s'intègrent dans le développement des territoires, comme outil de valorisation des ressources locales et des savoir-faire locaux, pour des investissements à moindre coût dans la fourniture d'infrastructures productives, sociales, marchandes ou de protection de l'environnement.

CHAPITRE IX

# L'appui à l'entrepreneuriat des jeunes et des femmes

## Introduction

Si des opportunités de création d'emplois se multiplient dans les secteurs porteurs de l'économie, avec des stratégies d'investissement favorables à l'emploi, il est nécessaire que les dispositifs d'emploi, de formation, d'insertion et d'appui à l'entrepreneuriat soient pleinement efficaces.

Les mesures actives du marché du travail qui ciblent les jeunes et les femmes et autres catégories vulnérables, incluent les programmes d'emploi publics et les approches à haute intensité de main d'œuvre, les programmes d'appui à l'entrepreneuriat et à l'auto-emploi, les subventions et aides à l'emploi auprès des entreprises (stage, alternance, volontariat), les services de l'emploi (intermédiation, placement, conseils, orientation, accompagnement à l'emploi) ou encore les programmes de formation et d'insertion dans l'emploi.

**Figure 1**

Les politiques actives du marché du travail (PAMT)

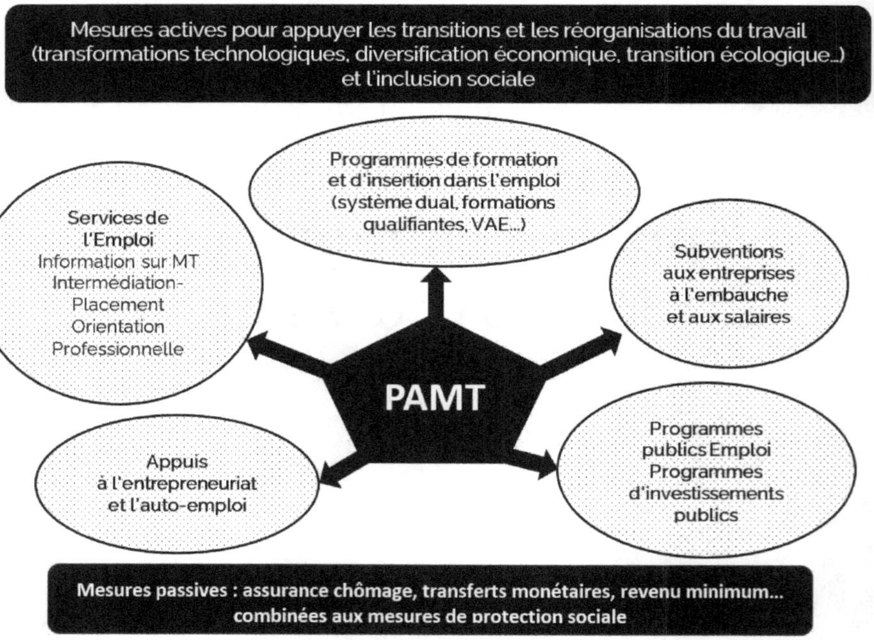


Les programmes d'appui aux entrepreneurs, intègrent des mesures d'appui au secteur privé, et à la création et l'accompagnement des micro, petites et moyennes entreprises (MPME), y compris la formalisation. Ces programmes incluent aussi le soutien aux mesures réglementaires, fiscales, et de protection sociale, et les dispositifs en faveur de l'inclusion financière.

## 1. Les défis et enjeux de l'entrepreneuriat

En Guinée, le groupe des personnes de moins de 35 ans représente près de 78 % de la population totale. Au sein de ce groupe, la tranche de 15 à 34 ans représente environ de 3,6 millions de personnes qui en âge de travailler (soit la moitié de la population des 15 ans et plus).

**Figure 2. Pyramide des âges, Guinée, 2020**

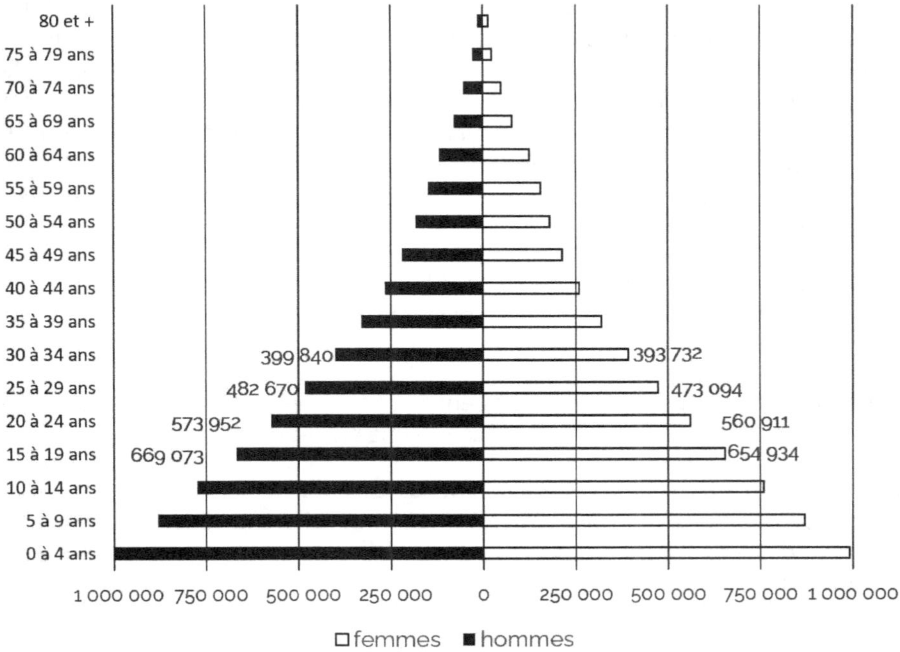


La majorité des jeunes qui sont en âge de travailler sont dans l'emploi, et leur grande majorité occupent des emplois précaires et informels (voir Chapitre 2).

Les jeunes représentent plus de la moitié de la population en âge de travailler (52 % de la population des 15 ans et plus ont entre 15 et 34 ans). Aussi, 45 % des jeunes de 15 à 34 ans sont dans la main-d'œuvre – c'est-à-dire dans l'emploi ou au chômage et la majorité des jeunes dans l'emploi (82 %) sont des travailleurs à compte propre et des aides familiaux non rémunérés. Enfin, 95 % des jeunes de 15 à 34 ans sont dans l'emploi informel, soit presque autant que la moyenne nationale.

Les jeunes qui se lancent dans la création d'une entreprise rencontrent de nombreuses difficultés de natures diverses : attitude de la société à l'égard de l'entrepreneuriat, manque de compétences entrepreneuriales, manque d'expérience professionnelle, absence de fonds propres, absence de contacts et d'opportunités d'accès au marché, etc.

La création puis la gestion d'une entreprise exigent de pouvoir mobiliser un réseau de relations indispensables au bon fonctionnement de l'entreprise : relations commerciales avec les fournisseurs et les clients, connaissance de leurs pratiques, maîtrise des règles informelles régissant le fonctionnement d'un secteur, compréhension des relations avec les administrations (procédures administratives, fiscalité du travail, réglementation propre à un secteur d'activité, etc.).

La création d'entreprise exige également la mobilisation d'un « capital technologique ». Il est en effet nécessaire de maîtriser les procédés et les éléments-clés de la chaîne de valeur d'une activité ou d'un produit, d'évaluer la nature et la qualité des matières premières nécessaires, de déterminer les équipements nécessaires et de savoir auprès de qui les acquérir, etc. Ce capital technique est propre à chaque métier et peut s'acquérir par la formation et par la pratique. Il est indispensable à la gestion d'une entreprise (gestion budgétaire, planification/programmation, organisation et gestion des ressources humaines, gestion de stocks, etc.).

Aussi, la création d'entreprise n'est possible que si le promoteur a pu acquérir le capital financier nécessaire au financement de l'investisseur et au fonds de roulement.

Enfin, l'expérience professionnelle et entrepreneuriale antérieure constitue un des facteurs déterminants dans le succès d'une entreprise.

Or, les jeunes ne possèdent généralement pas le capital humain, financier et social nécessaire pour créer et faire prospérer une nouvelle entreprise. Ils disposent rarement d'une expérience sectorielle, managériale ou professionnelle antérieure (à travers une formation en alternance, un stage, du volontariat...).

**Figure 3.**

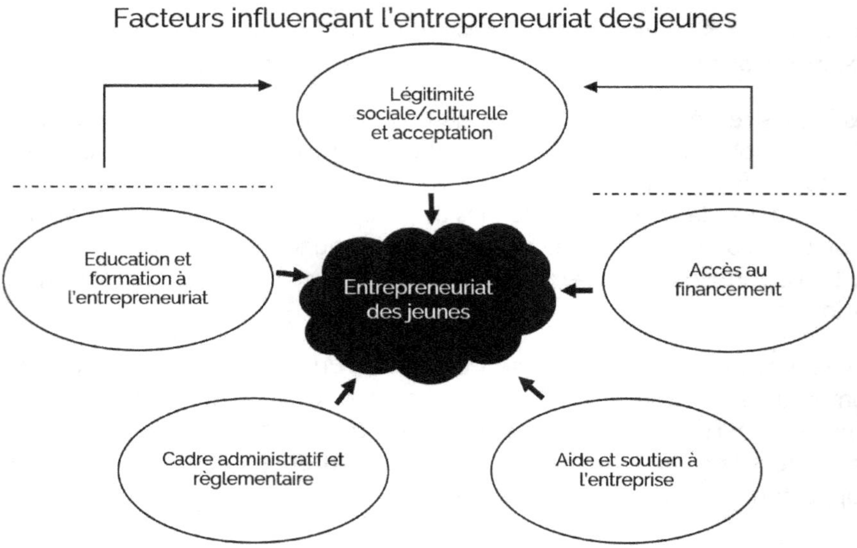


Source : NC.

La promotion de l'entrepreneuriat en Guinée, joue un rôle positif pour inciter à la prise d'initiatives et au développement de petites et moyennes entreprises.

La dynamique entrepreneuriale, c'est-à-dire la volonté d'entreprendre et la capacité d'identifier une opportunité et de la transformer en une activité économique générant un revenu dans un contexte donné (économique, social, technologique, administratif et fiscal), constitue le moteur indispensable à l'émergence du secteur privé national compétitif. Des métiers ne peuvent devenir « porteurs » que si des dynamiques entrepreneuriales peuvent s'exprimer et se matérialiser, créant ainsi des opportunités d'emplois pour les promoteurs eux-mêmes et pour les employés dont ils auront besoin.

Plusieurs mesures peuvent être mises en place, pour d'une part, améliorer l'accès à l'éducation et à la formation professionnelle et technique, l'accès aux dispositifs de renforcement des compétences et (re)qualifications (formations qualifiantes, certifiantes de jeunes en reconversion ou de jeunes peu/non qualifiés), l'accès à une première expérience professionnelle, et, d'autre part, pour améliorer l'accès aux financements ou aides à la création d'entreprise, aux services financiers et non financiers (éducation financière, business plan, accompagnement post-création…).

Certains programmes incluent le renforcement des compétences transversales (de vie), les compétences numériques, les compétences entrepreneuriales (GERME…), le business coaching, et autres services d'appui à l'entrepreneuriat.

Ces programmes peuvent aussi être pleinement intégrées dans les écoles professionnelles et techniques (ETFP), et dans les universités, de façon à inclure une perspective entrepreneuriale plus importante dans les curricula, à prévoir de nouvelles lignes directrices et une formation à l'intention des enseignants, à développer de nouvelles formes d'évaluation et d'accréditation ainsi qu'à instaurer une collaboration plus concrète entre les écoles ETFP et le monde de l'entreprise.

Le développement d'une activité de production (de type entrepreneuriale) dans les écoles de formation professionnelle et technique semble également jouer un rôle important, à la fois pour les rapprocher des réalités des entreprises et pour que les apprenants soient mis en situation de production et de gestion.

De manière générale, il est nécessaire de renforcer le rôle des entreprises et de leurs organisations professionnelles dans la définition des orientations, les curricula et le pilotage des activités de formation professionnelle et technique. En effet, ils joueront d'autant mieux leur rôle qu'ils pourront intégrer, dans le contenu des formations et les méthodes pédagogiques, les aspects liés à la production et aux besoins réels du marché.

Il est aussi indispensable de valoriser l'apprentissage traditionnel tout en développant l'accès à la formation professionnelle continue et la promotion des formations initiales en alternance. Il convient également de mettre en place un système de suivi-évaluation des besoins et des compétences, avec l'ensemble des parties prenantes notamment les entreprises du secteur privé et les organisations professionnelles.

## 2. La stratégie nationale de développement du secteur privé

La stratégie nationale de développement du secteur privé propose un plan d'action structuré pour libérer le potentiel du secteur privé guinéen, en insistant sur la nécessité de densifier et diversifier l'offre de capital pour supprimer le premier obstacle à la croissance des entreprises (l'accès au financement), de construire des chaînes de valeurs compétitives, afin de développer la valeur ajoutée locale et de faciliter le climat des affaires pour les grandes entreprises, de disposer d'institutions privées renforcées et structurées, de mettre en place un dispositif d'appui à la formalisation, et de renforcer les capacités d'incubation.

Cette stratégie s'appuie sur le renforcement de la formalisation, l'inclusion financière, le renforcement des capacités au sein de l'écosystème entrepreneurial, un cadre de contenu local propice à la compétitivité guinéenne. Elle s'est attachée à cibler la majorité de TPME ainsi que les grandes entreprises par une approche inclusive dans des secteurs prioritaires - si les TPME représentent plus de 90 % du secteur privé guinéen, et contribuent à plus de 80 % des emplois en Guinée, les grandes entreprises jouent un rôle structurant du secteur privé. La stratégie vise à faire des jeunes, des femmes et des régions une cible privilégiée, à soutenir les opportunités de résilience, et à promouvoir un cadre de « contenu local » pour le secteur privé national afin de maximiser les opportunités de sous-traitance.

Le recours croissant aux mesures de contenu local, demande à renforcer les qualifications de la main-d'œuvre locale et intégrer les PME au sein de pôles prioritaires d'investissement, créateurs de haute valeur ajoutée (miniers, agricoles, industriels...).

Des efforts ont été notables, par exemple à travers les mesures de facilitation des affaires pour aider administrativement la création d'entreprises et réduire les coûts et délais d'obtention des autorisations d'exercice. Le gouvernement a ainsi instauré un guichet unique au sein de l'APIP et établi la plateforme de concertation du secteur privé guinéen.

La révision du Code des investissements et la préparation d'une nouvelle loi pour encadrer les partenariats public-privé (PPP) sont le reflet de cette solide promotion des investissements.

**Figure 4. Recommandations stratégiques pour le développement du secteur privé**

15 recommandations stratégiques pour la stratégie de développement du secteur privé

| | |
|---|---|
| FORMALISATION | • Établir un cadre légal clair pour les PME pour promouvoir la formalisation<br>• Inscrire l'effort de formalisation dans une campagne de communication<br>• Mener des réformes fiscales pour lutter contre la fraude et inciter à se formaliser |
| ACCÈS AU FINANCEMENT | • Faire de l'inclusion financière un enjeu prioritaire<br>• Opérationnaliser les sources de financements alternatifs existants<br>• Diversifier l'offre en financement avec des sources nouvelles et renforcées |
| RENFORCEMENT DES CAPACTÉS | 1. Soutenir l'offre en formation à l'échelle nationale et dès l'école primaire<br>2. Promouvoir une communauté entrepreneuriale par des centres d'incubation<br>3. Créer des réseaux de services de conseil aux entreprises pour favoriser des synergies |
| COMPÉTITIVITÉ | 1. Renforcer le cadre existant en matière de contenu local<br>2. Diversifier le panier d'exportation de la Guinée<br>3. Favoriser les initiatives de valeur partagée entre grandes entreprises et PME |
| CADRE D'EXÉCUTION | 1. Mettre la communication sur les actions entreprises au cœur du processus<br>2. Promouvoir la réunion et la structuration des acteurs clés du secteur privé<br>3. Positionner l'APIP au cœur du dialogue entre les institutions et les entreprises |

Source: NC.

## L'inclusion financière

L'inclusion financière inclut la protection des usagers de services financiers, l'éducation financière et l'accès aux produits et services financiers. Le gouvernement s'attache à mettre en œuvre des actions de renforcement des capacités financières auprès de cibles spécifiques, les entrepreneurs. L'importance des banques et institutions de microfinance dans le paysage financier guinéen justifie à double titre qu'elles soient outillées pour répondre aux besoins des PME.

Face au coût élevé du capital, le gouvernement a mis en place des fonds d'appui pour secteurs clés (agriculture...), et des fonds de garantie, pour encourager les banques à financer les entreprises en sécurisant leurs prêts. Le gouvernement veille également à ce que les banques soient davantage incitées à injecter des fonds au bénéfice du secteur privé et facilite de ce fait le développement d'un marché de crédit interbancaire, en monnaie locale. En ce qui concerne la microfinance, il s'agit d'appuyer ce secteur avec un cadre réglementaire renforçant la coordination des acteurs. En outre, il s'agit de favoriser des offres alternatives tels que des fonds d'investissement, des Business Angels, des prêteurs de marché, le paiement en ligne et le développement du financement participatif, etc.

La stratégie nationale de développement du secteur privé, vise à diversifier les sources de financement avec un fonds de garantie ciblant les femmes en priorité. En continuation des projets du Programme des Nations Unies pour le développement (PNUD) et du gouvernement en matière d'autonomisation des femmes, et des offres élaborées par la Banque internationale pour le commerce et l'industrie de la Guinée (BICIGUI) avec la SFI, il s'agit de garantir des prêts à des jeunes et des femmes entrepreneures en priorité.

L'offre disponible en financement alternatif a été cartographiée afin d'établir l'opérationnalisation d'un fonds de garantie s'adressant à des segments prioritaires et à sa mise en œuvre. La bonne marche de cet outil permet d'élargir l'accès à d'autres segments tout en opérationnalisant l'offre de crédit-bail. Ce financement s'articule avec le programme des « grappes/secteurs prioritaires » afin de pouvoir financer les PME intégrées au sein des chaînes de valeur prioritaires.

**L'appui aux entreprises locales**

Face à un écosystème entrepreneurial peu développé, le gouvernement promeut la mise en place d'un cadre législatif intégrant des normes favorisant la sous-traitance locale et le renforcement des capacités entrepreneuriales locales. Il s'attache à densifier l'offre en structures tels des incubateurs et des accélérateurs d'entreprises, en privilégiant des secteurs identifiés comme prioritaires et à fort potentiel de croissance, et en nouant des partenariats avec des institutions publiques et privées disposant d'une expérience reconnue.

La stratégie vise également à identifier des chaînes de valeur, capables de créer un impact environnemental, social et économique sur leur écosystème, en s'appuyant sur des investissements ciblés (garantie, prêts, capital) à de grandes entreprises du secteur en échange de leur participation à des programmes renforçant la chaîne de valeur d'un ou plusieurs produits. Il s'agit d'identifier des entreprises piliers – c'est-à-dire les entreprises structurantes et liées à un tissu de PME – pour établir des opportunités de sous-traitance sur toute la chaine de valeur.

Le gouvernement s'attache à susciter la vocation entrepreneuriale par l'organisation de concours entrepreneuriaux annuels. Il s'agit d'identifier et de récompenser par un concours des start-up guinéennes. Des messages forts sur la compétitivité et le leadership entrepreneurial ont été donnés auprès de la jeunesse afin de dynamiser les jeunes startups autour d'une telle initiative.

Le gouvernement a aussi souhaité promouvoir l'incubation des start-up guinéennes à fort potentiel dans plusieurs villes du pays, de façon à densifier le marché de l'emploi, accroître la confiance de la population auprès des institutions.

**La finance inclusive en faveur de l'entrepreneuriat des jeunes et des femmes**

L'inclusion financière est l'ensemble des dispositifs mis en place pour lutter contre l'exclusion bancaire et financière et englobe toute une gamme de produits et services financiers et non-financiers rendus accessibles aux populations précaires.

Pour stimuler l'emploi, et notamment celui des jeunes à travers un tissu dense de PME, le pays a engagé des initiatives d'appui à la financiarisation inclusive, en s'appuyant sur les institutions de microfinance et la finance digitale. Et ce, afin de réguler le secteur tout en développant, via des fonds d'investissement, les infrastructures de crédit au plus près des populations et des micro-entreprises.

La problématique de l'inclusion financière est en effet un enjeu économique majeur pour les économies en développement comme celles du pays. En Guinée, selon les données disponibles, sur une population active estimée à 7 millions d'individus, le nombre de personnes titulaires d'un compte dans une institution financière est d'environ 10 % en 2014. Avec la forte pénétration de la téléphonie mobile et les progrès de la monnaie électronique, ce taux a été multiplié par trois en dix ans. L'inclusion financière est une dimension essentielle pour lutter contre les inégalités et la pauvreté. Aussi, des études empiriques ont démontré l'importance de l'inclusion financière comme vecteur de croissance économique.

Les banques existent naturellement pour accorder des crédits et faciliter les placements et les faire fructifier. C'est en accordant du crédit qu'elles trouvent leur propre croissance, le crédit étant en quelque sorte leur matière première. Cependant, elles doivent contribuer à la promotion d'une finance inclusive, et pour ce faire, elles doivent contribuer à élargir le marché, le rendre plus accessible et plus sûr. À cet égard, le point de rencontre entre la finance classique et la généralisation de la finance digitale peut contribuer à des avancées significatives.

Le nombre d'institutions de microfinance performantes s'est notamment accru afin d'améliorer l'accès aux services financiers de populations qui en sont encore exclues, en particulier en milieu rural.

Le secteur de la microfinance est très concentré, mais la concurrence devrait s'accroître dans les prochaines années avec l'entrée de nouvelles institutions de microfinance). Actuellement, le secteur repose essentiellement sur quelques institutions de microfinance, telles que les coopératives d'épargne et de crédit et des entreprises à statut de société anonyme.

On note une progression importante dans la détention de comptes en Guinée qui est surtout liée à la monnaie électronique dont le développement est très rapide. Les disparités d'accès entre comptes dans une institution financière et comptes de monnaie électronique, sont notables selon l'âge, le sexe et les niveaux d'éducation : les jeunes, les femmes et les moins éduqués ont plus de comptes de monnaie électronique que dans une institution financière (contrairement aux hommes, personnes plus âgées et les plus éduquées). Les populations rurales ont un moindre accès aux services financiers formels, quel que soit le type de compte (taux de détention autour de 18 %).

Les services financiers via la téléphonie ou mobile banking se développent et se diversifient à un rythme soutenu ces dernières années. Cette activité, qui a vocation à renforcer l'inclusion financière dans le pays, ne porte pour l'instant que sur des services financiers de base (retraits et dépôts d'espèces sur un compte électronique dédié, transferts d'argent, paiements de factures, etc.), avec toutefois une prédominance des opérations de rechargement de compte et de retrait d'espèces.

La Banque centrale de la République de Guinée (BCRG) a entrepris une démarche de révision du cadre réglementaire et de renforcement de la supervision des IMF avec l'adoption d'une nouvelle loi régissant la microfinance en Guinée.

Le Crédit rural de Guinée est la première institution de microfinance par la taille. Cette institution compte à elle seule 157 points de services (sur un total de 349 pour le secteur) implantés dans tout le pays. Les autres IMF ont un ancrage essentiellement urbain, d'abord à Conakry et, dans les principales villes du pays. Les IMF urbaines qui ciblent une clientèle de salariés et de petits, voire moyens entrepreneurs et commerçants, se sont engagées dans une offre de moyens de paiement (interne) relativement diversifiée (Cofina et Finadev) pour fidéliser leur clientèle.

Les actions de microfinancement concernent en Guinée des secteurs aussi divers que l'agriculture (caisses villageoises d'épargne et de crédit autogéré, groupements villageois, coopératives paysannes, centres d'autonomisation des femmes, organisations professionnelles agricoles), l'artisanat (groupements d'artisans, associations féminines), le financement de l'économie sociale ou de services (institutions de crédit solidaire, mutuelles d'épargne et de crédit, entreprises de services aux organisations de producteurs) ou la protection sociale (mutuelles de santé ou caisses de santé primaire).

Les crédits accordés restent majoritairement de court terme et financés par les dépôts à vue des clients et par des lignes de crédit des projets/ONG (Banque africaine du développement-BAD, Programme des Nations Unies pour le développement-PNUD, etc.).

En Guinée, la promotion des PME et des institutions de finance inclusive a instillé une dynamique encourageante pour l'accès des femmes et des jeunes au financement de base, conditions essentielles au développement de l'entrepreneuriat. Une gamme de services est promue par les institutions de la microfinance visant à renforcer les capacités des différents acteurs concernés (fédérations de structure mutualiste, organisations non gouvernementales, organisations de producteurs ou de consommateurs, banques villageoises) et à offrir des services financiers de façon durable aux micro-entrepreneurs et autres groupes défavorisés.

Une gamme de produits, plus large et variée pour s'adapter aux besoins et contraintes des bénéficiaires primaires, a été développée ces dernières années (garantie, caution, financements d'entrepreneurs ruraux, leasing, plan d'épargne logement, plans d'épargne pour l'éducation des jeunes, etc.).

Ces appuis comprennent notamment la mise en place d'activités de formation en analyse financière, gestion de portefeuille et suivi des opérations de prêt ainsi que la création de systèmes informatiques et de communication adaptés (exemple de l'initiative YouthConnekt, PNUD).

Le développement de cadres réglementaires appropriés et transparents constitue également une avancée significative, afin de susciter un environnement favorable à l'offre de services de microfinance. Par ailleurs, la mise en place de plusieurs institutions nationales veillant à l'intégration financière des initiatives de développement de la Guinée, comme l'Agence nationale d'inclusion économique et sociale (ANIES), l'Agence nationale de financement des collectivités (ANAFIC) et autres instruments comme les Mutuelles financières des femmes africaines (MUFFA), joue un rôle significatif pour promouvoir des politiques pro-pauvres utiles et bénéfiques.

En Guinée, un cadre de concertation de la finance inclusive a été établi depuis 2020, ainsi qu'un plan d'action biannuel avec notamment le concours de l'Agence de promotion des investissements privés (APIP), de la BCRG, de l'APB, de l'Association des IMF, et avec l'appui du PNUD.

Ce plan prévoit l'établissement de partenariats stratégiques permettant la mise à disposition de 50 millions de dollars américains pour le financement des PME ; le lancement de la structure « La finance s'engage » pour de mobiliser des acteurs et favoriser le lancement de projets pilotes pour un meilleur accès aux financements ; l'appui à la formalisation des TPE-PME ; une communication efficace et inclusive ; et le renforcement institutionnel de l'APIP.

Une des leçons retenues ces dernières années en Afrique a été de ne plus créer des institutions de petites tailles, mais d'articuler très tôt, et au mieux, les entités isolées, notamment rurales, avec des institutions de microfinance existantes ou des réseaux nationaux solides. Ceci a permis de diversifier la clientèle, d'élargir les opportunités à l'échelle infra régionale ou nationale et de minimiser les risques.

Aussi, des programmes d'éducation financière ciblés ont été mis en place pour faire progresser l'adoption des services financiers, en particulier en matière de droits de déposants, d'épargne et de comptes de monnaie électronique. Ces programmes contribuent à une réduction de la vulnérabilité financière des populations guinéennes.

Les fonds d'investissement et de soutien aux entreprises visent à apporter aux PME et aux IMF un financement adapté et des appuis-conseils et un encadrement non financier. Ces appuis peuvent être adaptés et ciblés : conseils en direction des secteurs d'activité de l'entreprise, outils de gestion financière et services commerciaux à des tarifs abordables, développement de réseaux de distribution pour le marché local et l'exportation, formation sur le terrain, etc.

Ces actions sont aussi fondamentales pour promouvoir l'éclosion des micro, petites et moyennes entreprises, favoriser la mise à niveau et renforcer les capacités de gestion de ces entités en vue de la création d'emplois productifs et décents.

Les fonds d'investissement et de soutien aux entreprises favorisent aussi la croissance des institutions financières en leur offrant un accès à des capitaux propres et un appui dans la gestion de leurs investissements.

De nouveaux modèles microfinanciers ont ainsi fait leur apparition avec les *greenfields*, qui cherchent à démontrer que les leçons apprises vont permettre de parvenir plus rapidement à la rentabilité des institutions de microfinance grâce à davantage de professionnalisme et à des systèmes et des pratiques plus affinés.

L'Union européenne a testé de son côté avec succès la facilité ACP-UE dénommée *Microfinance Capacity Building Initiative* comme véhicule de dons, ouverte à tous les acteurs spécialisés (ONG actives dans la microfinance, bureaux d'étude, institutions financières et banques) et s'est engagée à élargir ces soutiens.

Rappelons que, dans les pays du Sahel, la microfinance a eu un impact particulièrement significatif sur l'emploi des femmes et a permis de créer chaque année de l'ordre de 40 000 emplois indépendants, grâce aux coopératives d'épargne et de crédit et aux banques de céréales.

Plus globalement, les programmes de microfinancement ont généré, selon certaines estimations, 110 000 emplois par an en Afrique de l'Ouest et Afrique centrale au cours de la période 2005-2019.

La stratégie d'inclusion financière définie par le gouvernement guinéen est une feuille de route, convenue et adoptée consensuellement au niveau national, qui sert aux parties prenantes à mener les actions nécessaires pour atteindre les objectifs fixés. C'est un document de politique qui marque l'engagement de l'État auprès aussi bien du secteur privé que des partenaires au développement.

La stratégie d'inclusion financière vise à renforcer le secteur de la microfinance, de la monnaie électronique, des banques et des assurances en vue de faciliter et encourager des innovations pour une plus grande inclusion financière dans le pays. Elle est centrée autour des valeurs suivantes : (i) les populations sont au centre de la stratégie élaborée avec pour finalité d'offrir des services financiers aux populations, particulièrement à celles qui n'y ont pas accès, afin de minimiser leur vulnérabilité et de favoriser leur croissance économique et sociale ; (ii) les institutions de microfinance, les établissements de monnaie électronique et les banques sont les institutions identifiées pour rendre ces services aux populations, la stratégie ayant pour objectif de mettre en place un cadre propice pour assurer leur professionnalisation et leur pérennité.

Ainsi, la vision de l'inclusion financière, adoptée par la Guinée, se veut responsable, agissant sur l'offre (renforcement du cadre réglementaire et de la supervision ; développement des infrastructures de paiement, encouragement des innovations), mais aussi en faveur de la demande (renforcement de la protection du consommateur et éducation financière des populations).

En d'autres termes, cette stratégie s'attache, d'une part, à améliorer les conditions de vie de la population grâce à un accès de tous les segments sociaux aux services et produits financiers formels et, d'autre part, de permettre aux petits entrepreneurs de développer leurs activités grâce à des financements et des partenariats innovants. Elle mise également sur la finance numérique pour atteindre toutes les cibles, en particulier les personnes vulnérables et exclues du système financier classique. Des études de marché sur l'offre et la demande de services financiers et non financiers et l'identification d'entreprises partenaires pour le développement économique local et régional (filières porteuses, secteur créateur d'emplois, valorisation des productions et des potentialités locales, etc.) ont aussi été encouragées.

## 3. Les mesures d'appui à l'auto-emploi et à la formalisation

Le statut de travailleur indépendant regroupe trois situations : les employeurs (engageant au moins un salarié de façon continue), les travailleurs à compte propre (n'engageant pas de salarié sur une période continue), et les aides familiaux.

En Guinée, la majorité des personnes qui sont dans l'emploi, ont le statut de travailleurs indépendants - soit 82 % d'entre eux. Parmi ces derniers, les travailleurs à compte propre sont majoritaires soit 62 % de la population totale en emploi, alors que les aides familiaux représentent 17 %, contre une proportion réduite d'employeurs qui pèsent pour moins de 3 % (source : INS, Rapport ENESIG 2019, voir le Chapitre 3).

Les emplois indépendants sont concentrés dans le secteur primaire et le secteur tertiaire - respectivement 48 % et 45 % - et représentent près de 12 % dans le secondaire, dont :

i) les travailleurs à compte propre plus présents dans les secteurs tertiaire et primaire ;

ii) les employeurs plus présents dans le secteur secondaire ;

iii) les aides familiaux concentrés dans le secteur primaire.

Les personnes en auto-emploi regroupent l'ensemble des employeurs et des personnes travaillant pour leur propre compte (les membres de coopératives ou associés sont aussi inclus dans l'auto-emploi).

En Guinée, les personnes en auto-emploi représentent les deux tiers de la population en emploi, avec une proportion plus élevée en milieu rural. En milieu urbain, les trois quarts des femmes sont dans l'auto-emploi (75 % contre 50 % parmi les hommes) et, en milieu rural, la proportion des hommes est de 73 % contre 60 % pour les femmes.

Plus de la moitié des jeunes de 15 à 34 ans qui sont dans l'emploi, sont dans l'auto-emploi, et sont essentiellement des travailleurs à compte propre (voir Chapitre 3).

En Guinée, la grande majorité des personnes occupant le statut d'employeurs ou de travailleurs à compte propre (c'est-à-dire en auto-emploi) sont dans le secteur informel. Ce secteur est défini comme l'ensemble des unités de production non enregistrées au registre du commerce, ou à la Caisse nationale de sécurité sociale, sans numéro d'immatriculation, ou caractérisées par l'absence de comptabilité (voir Chapitre 3).

L'auto-emploi domine dans les activités de commerce (86 %) et les services (62 %) et représente plus de moitié de l'emploi dans les unités de production informelles de l'industrie (57 %).

L'analyse de la situation de l'emploi en Guinée montre que les questions relatives à l'informalité et la vulnérabilité dans l'emploi sont des défis majeurs, en particulier pour l'insertion durable des jeunes. La promotion des emplois de qualité, y compris dans l'auto-emploi, reste un enjeu de premier plan, à travers la formalisation des emplois, notamment en faveur des jeunes et des femmes.

**L'auto-emploi : de quoi s'agit-il ?**

L'auto-emploi réfère à une situation dans la profession.

La classification internationale selon la situation dans la profession (15ème Conférence des statisticiens du travail, 1993) se base sur six catégories : i) salariés ; ii) employeurs ; iii) personnes travaillant pour leur propre compte ; iv) membres de coopératives de producteurs ; v) travailleurs familiaux collaborant à l'entreprise familiale ; vi) travailleurs inclassables d'après la situation dans la profession.

Cette classification distingue deux groupes :

- *Les emplois rémunérés :* emplois pour lesquels les titulaires ont des contrats explicites ou implicites, écrits ou oraux, qui leur donnent droit à une rémunération de base qui n'est pas directement dépendante du revenu de l'unité pour laquelle ils travaillent (cette unité pouvant être une entreprise, une institution à but non lucratif, une administration publique ou un ménage).

- *Les emplois à titre indépendant :* emplois dont la rémunération est directement dépendante des bénéfices provenant des biens ou services produits (la consommation propre étant considérée comme faisant partie des bénéfices). Les titulaires prennent les décisions de gestion affectant l'entreprise ou délèguent cette compétence. Dans ce contexte, le concept d'entreprise inclut les entreprises unipersonnelles.

Généralement, les salariés sont classés dans le groupe des emplois rémunérés et les autres situations dans celui des emplois à titre indépendant. Selon cette classification, les États ont toute la latitude d'harmoniser cette classification avec leur situation spécifique.

Les catégories qui ont été retenues comme exerçant dans la situation de l'auto-emploi (selon la définition des statisticiens du travail, Organisation internationale du travail-OIT) sont :

- *Les employeurs :* personnes qui, travaillant pour leur propre compte ou avec un ou plusieurs associés, occupent le type d'emploi défini comme « emploi indépendant » et qui, à ce titre, engagent, sur une période continue incluant la période de référence, un ou plusieurs employés rémunérés.

- *Les travailleurs à compte propre :* personnes qui travaillent pour leur propre compte, avec un ou plusieurs associés et n'engagent aucune personne employée sur une période continue, incluant la période de référence.

- *Les membres de coopératives ou associés :* personnes qui occupent un « emploi indépendant » et, à ce titre, appartiennent à une coopérative produisant des biens ou des services, dans laquelle chaque membre prend part sur un pied d'égalité à l'organisation de la production, des ventes, et décide des investissements ainsi que de la répartition des bénéfices de l'établissement entre les membres.

- *Les travailleurs familiaux* collaborant avec l'entreprise familiale sans rémunération : personnes qui occupent un « emploi indépendant » dans une entreprise orientée vers le marché et exploitée par un parent vivant dans le même ménage.

Source : Organisation internationale du travail-OIT, 1993.

Compte tenu des défis de l'emploi des jeunes en Guinée, et en particulier de la dimension qualitative des emplois occupés par les jeunes (emplois vulnérables et emplois informels en majorité), le cadre d'orientation stratégique en faveur de l'emploi des jeunes, que constituent la Politique nationale de l'emploi (PNE) et la Stratégie nationale pour l'emploi des jeunes (SNAPEJ) qui lui est arrimée, met l'accent sur la création d'emplois productifs et décents pour les jeunes, en particulier par des mesures d'appui à l'auto-emploi, à la formalisation des MPME et au développement d'entreprises durables.

Plusieurs types d'interventions multidimensionnelles ont été identifiés comme prioritaires, dans le cadre de la formulation de la politique de l'emploi ; Ces priorités ont été regroupées autour de cinq axes stratégiques :

1. L'intégration de cibles emplois dans les politiques macroéconomiques et sectorielles et d'investissement public. Axe 1 : la promotion de l'emploi décent et productif dans les politiques macroéconomiques, sectorielles et les stratégies régionales.

2. Les compétences et l'adéquation des compétences/emplois. Axe 2 : le développement des compétences et l'employabilité de la main-d'œuvre.

3. Le développement durable des entreprises et la formalisation des micro-entreprises et de l'auto-emploi en particulier chez les jeunes et les femmes. Axe 3 : le développement des entreprises et la formalisation des micro-entreprises informelles.

4. La mise en place de mesures actives ciblant les groupes vulnérables pour faciliter leur insertion durable dans l'emploi. Axe 4 : les mesures actives d'accompagnement et d'insertion dans l'emploi des groupes vulnérables.

5. La gouvernance du marché de l'emploi et le système d'information du marché du travail. Axe 5 : l'amélioration de la gouvernance du marché de l'emploi

Accélérer la formalisation des micro petites et moyennes entreprises (MPME) constitue un des objectifs spécifiques de l'Axe 3, en complémentarité avec les objectifs d'appui à l'entrepreneuriat (en particulier les primo-entrepreneurs), d'inclusion financière, et de facilitation à l'accès aux marchés et à la commande publique.

**Les mesures intégrées en faveur de la formalisation des MPME**

L'économie informelle se caractérise par une absence de couverture légale, des conditions de travail non protégées, et l'absence d'inscription aux systèmes de protection sociale.

Généralement, les mesures d'appui à la formalisation incluent un ensemble de mesures intégrées, en particulier : la reconnaissance légale et l'adoption d'un statut spécifique des micro-entreprises et des travailleurs à compte propre (ou travailleurs indépendants), des incitations fiscales et réglementaires, des procédures adaptées et simplifiées pour l'enregistrement des unités de production informelles, des facilités pour l'accès à la couverture sociale, ou encore des appuis à l'organisation et à la professionnalisation des MPME.

Un Cadre de concertation interacteurs pour la formalisation des MPME en Guinée, a été mis en place en 2023 sous le lead du ministère en charge des PME, à travers notamment l'APIP et la CCIAG. Un projet de décret pour la mise en œuvre du Statut Entreprenant (tel que défini dans le cadre de l'OHADA), a été élaboré et soumis au ministère du Budget. Il s'agit de créer un statut simplifié avec des procédures administratives simplifiées, des incitations fiscales adaptées et une couverture sociale octroyée d'office, en plus d'autres mesures d'accompagnement à la formalisation (formations, accès aux services financiers et non financiers, inclusion financière...).

*Pour une stratégie intégrée en faveur de la formalisation*

Les orientations stratégiques adoptées dans la recommandation 204 sur la *Transition de l'économie informelle vers l'économie formelle* (OIT, 2015) soulignent trois types d'intervention :

- la formalisation des unités économiques informelles : à travers, notamment, l'enregistrement des unités économiques, une conformité accrue à la réglementation, et l'extension de l'application de la législation en matière de travail et de sécurité sociale ;

- la formalisation des emplois informels : en particulier par l'extension de l'application de la législation du travail, l'extension de la couverture de sécurité sociale, l'officialisation de la relation de travail (contrat enregistré...), l'enregistrement des emplois dans les unités à formaliser et l'enregistrement des travailleurs indépendants ;

- la création d'emplois productifs dans l'économie formelle : grâce à la promotion des entreprises formelles, l'augmentation des opportunités d'emplois dans l'économie formelle à travers des politiques favorables à la diversification économique et au développement durable des entreprises.

Ces mesures ne sont efficaces que dans le cadre de stratégies intégrées visant explicitement la formalisation de l'emploi et des unités de production, tant à l'échelle macroéconomique qu'à l'échelle microéconomique. Parmi les facteurs de succès des politiques de formalisation (en témoignent les expériences latino-américaines), l'adoption de telles stratégies intégrées est largement mise en avant.

Ces stratégies intégrées couvrent un package de mesures telles que :

- des mesures visant la promotion de l'enregistrement et de la création d'entreprises – à travers des régimes fiscaux simplifiés pour les PME et les microentrepreneurs, la reconnaissance d'un statut aux travailleurs indépendants, des programmes de transfert d'innovation et de technologies, d'accès au crédit, d'accompagnement et de business coaching, etc. –, couplées à la mise en place d'incitations à la formalisation de l'emploi (réductions des cotisations sociales pour les micro-entrepreneurs, renforcement de l'inspection du travail) ;

- des mesures en faveur de la formalisation des emplois qui portent sur l'environnement réglementaire (inspection du travail, adoption de régimes spéciaux pour les travailleurs ruraux ou les travailleurs domestiques...) et sur des incitations à la formalisation de l'emploi, à travers une simplification administrative, des réductions des cotisations sociales pour les emplois créés, des subventions à l'embauche, des programmes de développement des compétences, etc.

Les stratégies intégrées de formalisation, qui ont fait leur preuve dans un grand nombre de pays, combinent généralement :

- des politiques macroéconomiques (budgétaires, fiscales, monétaires) et des politiques commerciales et sectorielles visant à promouvoir l'emploi productif, en favorisant la transformation structurelle des économies et la mise en place de politiques actives du marché du travail (ciblant notamment les jeunes et les femmes) ;
- des réformes du cadre réglementaire et institutionnel, en faveur d'une extension de la couverture de protection sociale, de la réduction des coûts de mise en conformité avec la loi (procédures simplifiées pour l'enregistrement des micro-entreprises et travailleurs à compte propre, exemptions fiscales, plus de ressources allouées à l'inspection du travail...), de l'amélioration de la transparence et de la responsabilité des institutions publiques pour une perception positive des opérateurs économiques quant à l'équité des institutions, et d'une meilleure sensibilisation et information sur les coûts élevés de l'informalité face à des coûts réduits de formalisation ;
- des mesures ciblant les MiPME et les travailleurs à compte propre, pour un accès facilité aux services financiers, à la formation et au développement des compétences, un accès amélioré à la technologie et l'information sur les marchés, un accès facilité aux marchés publics (par exemple par des quotas pour les petites entreprises, ou simplification des procédures) ;
- un soutien à l'organisation des opérateurs économiques du secteur informel et l'extension de l'affiliation et des services des organisations de travailleurs et d'employeurs aux acteurs économiques du secteur informel.

## 4. Des expériences réussies en faveur de l'entrepreneuriat des jeunes

Des expériences nationales en faveur de l'auto-emploi et de la formalisation des MPME, ont été conçues et mises en œuvre, de manière intégrée, avec le concours de partenaires au développement, dont la Banque africaine de développement (BAD) et le Programme des Nations Unies pour le développement (PNUD). Ces initiatives portent d'intéressants résultats, qui permettent d'envisager l'élargissement des programmes en faveur de l'auto-emploi.

### Le Programme INTEGRA

Le programme d'appui à l'insertion socio-économique des jeunes-INTEGRA (financement Union européenne, 2019-2023) mis en œuvre sous l'égide du ministère en charge de l'emploi des jeunes, et en collaboration avec le ministère en charge de la formation professionnelle et de l'emploi et le ministère en charge du secteur privé, a appuyé un dispositif d'insertion des jeunes (migrants de retour ou migrants potentiels) dans l'emploi et l'entrepreneuriat, en adoptant une approche intégrée, à travers un ensemble de mesures tout au long d'un parcours d'insertion des jeunes. Ces dispositifs se sont inscrits dans des actions d'appui aux plans de développement local et de renforcement de chaînes de valeur de secteurs porteurs.

Les interventions du projet ont porté sur plusieurs volets articulés dans le cadre d'un parcours d'insertion des jeunes :

- la formation et la mise en emplois via des chantiers-écoles dans des travaux à haute intensité de main-d'œuvre commandités par les collectivités locales dans le cadre de leurs plans de développement local (PDL) ;
- le renforcement de l'employabilité des jeunes (formation professionnalisante, compétences de vie, compétences transversales) ;
- des appuis à l'entrepreneuriat des jeunes (éducation financière, formation en gestion entrepreneuriale, accompagnement par des incubateurs, suivi post-création d'entreprise...) en renforçant certaines chaînes de valeur créatrices d'opportunités économiques ;
- des services d'orientation et d'accompagnement à la formation en entreprise (stages premier emploi) ;
- une offre de services financiers adaptée et répondant aux besoins des bénéficiaires dans les régions d'intervention à travers des institutions de microfinance opérant dans ces régions.

Les actions de l'ASCAD (Agence du service civique d'action pour le développement) sont aussi inspirées de cette approche intégrée, visant l'insertion des jeunes déscolarisés ou non scolarisés. La mission principale de l'ASCAD telle qu'assignée dans son décret de création, est de « promouvoir l'éducation citoyenne des jeunes Guinéens et de leur faire acquérir une qualification professionnelle en vue de faciliter leur insertion socio-économique ».

Plus qu'une « école de la deuxième chance », c'est avant tout une école de civisme, de citoyenneté, de solidarité et de discipline, qui assure une formation technique certifiée et une insertion durable dans l'emploi, par un accompagnement post-formation. Ces actions s'inscrivent dans des partenariats avec plusieurs institutions publiques et entreprises privées (Total et Renault Trucks, par exemple) et agences de développement (Banque mondiale, PNUD, Agence française pour le développement...).

**Le programme YoutConnekt Guinée**

Le PNUD a adopté une approche similaire, dans le cadre du programme YouthConnekt, en identifiant les principaux défis que les jeunes rencontrent dans leur parcours d'insertion socio-économique, que ce soit pour accéder à un emploi salarié, s'installer à son compte (activité indépendante) ou créer sa propre entreprise. Ces actions ciblent les jeunes diplômés, y compris ceux désirant une reconversion, et les jeunes peu qualifiés, déscolarisés ou non scolarisés, qu'ils soient sans emploi ou qu'ils occupent des emplois en particulier en tant que travailleurs indépendants.

Six grandes composantes structurent le parcours d'intégration des jeunes, avec pour objectif de renforcer leur employabilité et de fournir un service d'accompagnement personnalisé :

1. *savoir-être* : compétences comportementales et compétences de vie ;

2. *savoir-faire* : formations techniques qualifiantes et certifiantes ;

3. *savoir vendre* : culture commerciale (marketing) et compétences digitales ;

4. *éducation financière* : formations à l'épargne et l'investissement ;

5. *accès aux financements* : accès au crédit bancaire à des coûts adaptés ;

6. *accès à des services d'accompagnement* : accompagnement post-formation, post-création d'entreprise ou de groupements ; business coaching ; mise en relation partenariale avec les banques et IMF ; appui à la formalisation.

Le programme de renforcement des compétences et d'interconnexion des jeunes dénommé « YouthConnekt Guinée » constitue un cadre fédérateur pour un ensemble d'interventions en faveur de l'insertion socioprofessionnelle des jeunes en Guinée. Ce programme conduit par la Direction nationale de l'emploi et l'auto-emploi des jeunes (DNEAJ) en collaboration avec l'AGUIPE, l'APIP, et d'autres institutions, se décline en trois principaux volets (parcours d'insertion, accès à l'information et connexion des jeunes) et a notamment pour ambition d'utiliser l'information digitale pour favoriser la mise en place d'un hub digital dédié à l'emploi des jeunes et accessible à tous.

YouthConnekt Guinée vise à renforcer l'employabilité des jeunes et leur insertion socio-économique durable à travers leur implication et leur participation en vue d'une croissance inclusive et créatrice de revenus. Le programme se fixe trois résultats majeurs : 1) les jeunes hommes, femmes, migrants (personnes déplacées), y compris des personnes vivant avec un handicap, sont connectés et partagent leurs savoirs et savoir-faire ; 2) les jeunes sont informés et peuvent dialoguer avec les services, agences de l'État et les acteurs économiques ; 3) les jeunes sont qualifiés et outillés pour contribuer au développement socio-économique du pays.

YouthConnekt Guinée est constitué de trois volets ou composantes majeures :

1) Le volet relatif au parcours d'insertion des jeunes : il s'agit d'agréger les initiatives de développement de toutes les parties concernées en faveur d'un parcours d'insertion socio-économique des jeunes dans une plate-forme commune et de leur offrir ainsi une vision pour leur développement et leur avenir. Le parcours est composé de différentes actions de formation pour renforcer l'employabilité des jeunes (savoir-être, savoir-faire, savoir vendre/se vendre, éducation financière), d'appuis à l'accès au financement et de services d'accompagnement à la création d'entreprises et en post-création. Il doit être complété par des services d'accompagnement/orientation avant et après le parcours d'insertion. Le projet privilégie le modèle ASCAD (service civique d'action pour le développement) complété par des services d'accompagnement avant et après le parcours.

2) Le volet communication et de dialogue (entre jeunes et structures gouvernementales et non gouvernementales) : il s'agit ici de fédérer tous les acteurs de la société civile, du gouvernement, du secteur privé et des partenaires techniques et financiers autour d'une cause nationale en faveur de la jeunesse, de proposer une politique publique de l'emploi en faveur des jeunes qui offre une coordination effective des initiatives (projets et programmes) par le biais d'une cartographie complète des interventions, par le soutien et la promotion des systèmes d'information sur le marché du travail (SIMT) et de passerelles pour l'emploi en vue d'un parcours d'insertion cohérent. Ce volet comprend également l'accès à l'information sur les services et structures d'appui des jeunes (qui fait quoi, pour qui, etc. – cartographie des services, projets, programmes, acteurs/structures, etc.). La capitalisation d'expériences (témoignages de jeunes de l'Agence du service civique d'action pour le développement, livre blanc sur l'insertion des jeunes, etc.) fait partie de ce volet.

3) Le volet relatif pour la connexion des jeunes : il s'agit de mobiliser la jeunesse autour d'activités de promotion de l'insertion socio-économique des jeunes (promotion de l'entrepreneuriat jeune, des indépendants, activités fédératives des initiatives, de partage, d'échanges, de dialogue, consultation, la promotion de la santé sexuelle et reproductive des jeunes, etc.), de leur participation à la vie de leur communauté via l'organisation d'évènements spécifiquement YouthConnekt Guinée ou d'autres manifestations nationales africaines et internationales.

Le hub digital a pour objectif de rassembler, sur une plate-forme de marché virtuelle, l'ensemble des services offerts aux jeunes afin de favoriser leur insertion socio-économique ; et ouvrir un espace de dialogue socio-culturel. Il vient appuyer ces trois volets.

Plusieurs mesures principales ont été définies :

1) *Les mesures d'appui-conseil, de bilan/orientation professionnelle* : en début de parcours (c'est-à-dire à l'accueil des jeunes, et à la suite de l'enregistrement)

mais aussi tout au long du parcours d'insertion. Ces services seront fournis pour toutes les catégories de jeunes (jeunes diplômés, jeunes déscolarisés/non scolarisés ou peu qualifiés).

*2) Les mesures en faveur de l'employabilité* des jeunes au cours du parcours :

- coaching en *soft skills/life skills :* savoir-être, savoir se vendre et autres compétences transversales demandées sur le marché du travail, y compris les *digital skills ;*

- formations qualifiantes et certifiantes en particulier ciblant les jeunes diplômés y compris ceux désirant une reconversion et les jeunes peu qualifiés, déscolarisés ou non scolarisés et travaillant dans le secteur informel ayant un profil de salariés ou de travailleurs indépendants ;

- formations en éducation financière, marketing, management et compétences entrepreneuriales (business plan, etc.), suivant la méthode Gérez mieux votre entreprise-GERME ou des méthodes similaires.

*3) Les mesures de promotion de l'entrepreneuriat des jeunes, d'accès au financement* (services de finance inclusive), *et d'accompagnement pour une insertion rapide et durable dans l'emploi* (accompagnement post-formation, post-création d'entreprise, *business coaching*).

Ces mesures sont adaptées aux besoins de la demande de travail (filières porteuses et secteurs prioritaires ciblées dans les politiques sectorielles et de diversification économique des régions), selon une approche fondée sur les chaînes de valeur et les systèmes de marchés, dans un cadre territorialisé.

*4) Les mesures de promotion de l'égalité des chances et des droits humains.* Les jeunes femmes, les jeunes migrants et les personnes vivant avec un handicap bénéficient de mesures spécifiques en faveur de l'entrepreneuriat, de mesures ciblant l'insertion des migrants (de retour, en particulier), de mesures en faveur de leur protection et leur sécurité, etc.

Une composante du programme est dédiée à l'entrepreneuriat féminin sous le projet *YouthConnekt for Women.*

Le défi de la jeunesse guinéenne ne repose pas seulement sur son employabilité mais également sur sa capacité à se projeter dans sa propre société et à se construire un avenir. Les jeunes doivent être perçus comme des leaders actuels et futurs qui méritent l'investissement nécessaire afin d'améliorer leur participation responsable à la vie de leur communauté.

Le programme YouthConnekt Guinée vise à renforcer la résilience des jeunes et à valoriser les talents afin de tirer parti du dynamisme démographique par des mesures de renforcement de leur employabilité et d'accompagnement vers l'emploi, en particulier vers l'entreprise et le travail indépendant, formalisés et protégés.

## Conclusion

Ces actions mobilisent un grand nombre de structures publiques nationales, locales (directions nationales, agences d'emploi, services d'orientation, centres de formation professionnelle technique, écoles professionnelles, chambres des métiers, chambres d'agriculture, organisations professionnelles ou patronales, directions au niveau déconcentré, collectivités locales et communes...), ainsi que des agences privées et des incubateurs. Une bonne coordination des interventions de ces différents acteurs publics et privés est nécessaire pour assurer la pérennisation de ces dispositifs d'accompagnement et de renforcement de l'employabilité des jeunes pour une insertion durable dans l'emploi.

Par ailleurs, la formalisation des MPME exige des réformes du cadre réglementaire et institutionnel en faveur de la mise en place du Statut de l'entreprenant en facilitant la conformalité à la loi (procédures simplifiées pour l'enregistrement des micro-entreprises et travailleurs à compte propre) et en adoptant des mesures d'accompagnement tels que l'extension de la couverture de protection sociale et l'obtention d'avantages fiscaux, sociaux et professionnels.

PARTIE III

# L'emploi et l'inclusion sociale en Guinée

## Introduction

Les jeunes rencontrent de nombreux défis pour leur insertion durable dans l'emploi et la sous-utilisation de leur force de travail présente un défi majeur. La grande majorité des jeunes qui travaillent occupent des emplois vulnérables et précaires, ce qui impacte leur parcours professionnel et les possibilités d'insertion durable et de mobilité sociale.

La tendance à la marginalisation et à l'exclusion des jeunes sont des risques réels sur la cohésion sociale et le développement humain durable, qui appellent à repenser l'action publique au service d'une jeunesse engagée et responsable.

Il apparaît urgent d'agir pour l'inclusion sociale, c'est-à-dire lutter contre la pauvreté, la vulnérabilité et les inégalités, principales causes des situations d'exclusion sociale, à travers la mise en place de mesures redistributives et de soutien aux revenus des catégories les plus pauvres et les plus vulnérables et l'adoption de mesures intégrées en matière d'emploi et de protection sociale, visant à réduire et à prévenir la pauvreté et la vulnérabilité dans toutes leurs dimensions.

La prise en compte des catégories spécifiques de la population est aussi essentielle, comme les femmes qui travaillent principalement dans le secteur informel, gagnent en moyenne 30 % de moins que les hommes en raison du type d'occupation, de l'éducation et des responsabilités familiales qu'elles assument.

Aussi, l'inclusion des groupes vulnérables dans l'emploi comme les personnes vivant avec un handicap, présente un autre défi. La segmentation du système d'emploi réduit les opportunités socioéconomiques et les disparités dans l'accès à l'éducation et la formation et aux services sociaux sont fortes.

Cette seconde partie porte sur les questions relatives à l'emploi et l'inclusion sociale (chapitre 10) et la protection sociale (chapitre 11). Elle se concentre aussi sur les enjeux relatifs à l'égalité du genre dans l'emploi et l'autonomisation des femmes (chapitre 12) et à l'inclusion des groupes les plus vulnérables dans l'emploi (chapitre 13).

CHAPITRE X

# L'emploi décent et l'inclusion sociale

## Introduction

L'inadéquation des compétences, la précarité des emplois occupés, les forts taux de sous-emploi et de chômage, notamment chez les jeunes, impliquent des coûts économiques et sociaux très élevés pour la société. Les jeunes constituent une menace de taille pour la paix et la cohésion sociale, si leurs perspectives d'avenir sont incertaines et fragiles.

Cette partie pose la question de comment promouvoir l'inclusion sociale et in fine la cohésion sociale. Or l'emploi constitue un levier majeur pour promouvoir l'inclusion sociale et renforcer la cohésion sociale. Mettre l'emploi au cœur des politiques publiques et des dynamiques de transformation structurelle de l'économie nationale ouvre des options concrètes pour favoriser la cohésion sociale, à travers des mesures d'inclusion sociale des groupes vulnérables et les plus éloignés de l'emploi.

Pour rappel, la cohésion sociale concerne la manière dont un système social tient ensemble, fonctionne et reste uni. La cohésion sociale est construite autour de trois valeurs clés que sont l'inclusion sociale, le capital social et la mobilité sociale :

- L'inclusion sociale se réfère à la mesure dans laquelle tous les citoyens peuvent participer sur un pied d'égalité dans la vie économique, sociale et politique, y compris le fait que les personnes sont protégées en cas de besoin ;

elle vise à ouvrir des perspectives pour tous et à s'attaquer aux causes profondes des inégalités (systémiques) ;

- Le capital social renvoie à la confiance entre les personnes et dans les institutions et au sentiment d'appartenance à une société ;
- La mobilité sociale se réfère à l'égalité des chances de passer d'une catégorie sociale à une autre.

Le concept d'exclusion sociale est lié à ceux de la pauvreté, le chômage et la précarité au travail, la privation de certains droits et la non-participation aux instances de prise de décision.

En se référant aux orientations du Comité européen pour la cohésion sociale, le concept de cohésion sociale est « la capacité d'une société à assurer le bien-être de tous ses membres, à minimiser les disparités et à éviter la polarisation. Une société cohésive est une communauté solidaire composée d'individus libres poursuivant des buts communs par des voies démocratiques » (DGCS/CAS, 2013).

## 1. La vulnérabilité dans l'emploi et l'exclusion sociale

La population guinéenne est très jeune : les trois-quarts ayant moins de 35 ans et l'âge moyen estimé à 22 ans. La tranche des 15-35 ans (définition de la jeunesse par la Charte africaine) représente près du tiers de la population totale, soit 3.4 millions en 2020. Ces jeunes représentent près de la moitié de la population en âge de travailler en Guinée. À l'horizon 2030, il y aurait 5,8 millions de jeunes âgés de 15 à 35 ans. Chaque année, au moins 300 000 adolescents atteignent l'âge de 15 ans et rentrent dans la catégorie des jeunes en âge de travailler (INS).

Ce dividende démographique se conjugue par une forte demande sociale, qui ne pourra être comblée que par des investissements importants dans le capital humain et une création massive d'emplois productifs, à travers notamment la promotion d'industries locales (agroalimentaire, manufacturière, etc.) et la construction d'infrastructures (économiques, sociales, éducatives, sportives, culturelles...).

Les attentes des jeunes portent sur plusieurs dimensions : l'acquisition d'une bonne éducation et d'une qualification professionnelle adéquate et correspondant à leurs ambitions, l'accès à des emplois productifs et décents, l'engagement citoyen et la représentation dans la vie politique, l'accès aux infrastructures et compétences dans les activités sportives, socio-éducatives, artistiques et culturelles qui sont à la fois des sources d'épanouissement personnel, et de revenus décents.

En Guinée, les jeunes comptent parmi les personnes les plus vulnérables, en particulier lorsque survient une crise économique, sanitaire, climatique, ou autre choc exogène. Les jeunes peu ou non qualifiés et les jeunes ayant quitté le système scolaire de façon précoce sont les plus vulnérables.

La proportion des jeunes, ni dans l'emploi ni dans l'éducation ou la formation, représentent 37 % des 15-35 ans. Cette proportion est plus élevée parmi les jeunes femmes (46 % contre 24 % pour les jeunes hommes) et parmi les jeunes vivant en milieu rural (41 % contre 32 % en milieu urbain).

Si la vulnérabilité dans l'emploi concerne la grande majorité des jeunes - soit 82 % des 15-35 ans - certaines catégories sont plus touchées, telles que les jeunes femmes (90 % des 15-35 ans occupent un emploi vulnérable) ou encore les jeunes urbains au chômage de longue durée (diplômés ou non), les jeunes travailleurs urbains sous-employés, les jeunes ruraux qui exercent des activités peu productives ou encore les jeunes vivant avec un handicap. À chaque catégorie, des mesures spécifiques sont nécessaires pour lever les obstacles et contraintes à la participation à la vie économique, culturelle et sociopolitique de la nation.

Les jeunes travailleurs occupent 95 % des emplois informels. Le taux de vulnérabilité des jeunes dans l'informel est très élevé : la grande majorité d'entre eux travaillent à compte propre, sont des apprentis, stagiaires et bénévoles non payés, ou des aides familiales non rémunérés, et seulement un dixième d'entre eux sont des apprentis rémunérés ou ont un statut de patron d'unités de production informelles (INS 2019).

La prédominance de l'agriculture de subsistance à faible productivité et le manque d'infrastructures sociales et économiques accélère le dépeuplement des zones rurales et la mobilité des jeunes dont la proportion en milieu rural est en baisse continue. Les jeunes des zones rurales sont particulièrement désavantagés par l'insuffisance d'infrastructures scolaires et sanitaires et la plupart occupent des emplois très faiblement rémunérés et précaires.

L'agriculture est le secteur qui offre le plus de possibilités pour accélérer la croissance, assurer la sécurité alimentaire, créer des emplois durables, accroître les revenus et contribuer à la balance commerciale à travers le développement de l'agro-industrie. Cependant, le potentiel agricole du pays est encore largement sous-exploité. La productivité agricole reste faible en raison notamment de la faiblesse du capital humain et des investissements productifs.

La situation des personnes vivant avec un handicap demeure relativement peu connue en Guinée. Mettre en place des dispositifs d'insertion sociale et économique ciblant les personnes handicapées est essentiel, pour leur permettre de sortir de l'errance quotidienne et de la marginalisation. À l'instar de la quasi-totalité des pays membres de l'Organisation des Nations Unies, la Guinée s'est dotée d'un ensemble de textes relatifs au respect des droits sociaux et humains, démontrant ainsi sa bonne disposition à lutter contre toutes les formes d'injustice, de discrimination et d'exclusion. Cependant, l'analyse de la situation des personnes vivant avec un handicap en Guinée, montre que, malgré les efforts accomplis, les écarts demeurent profonds entre la reconnaissance formelle des droits et leur respect effectif.

La ratification de la Convention n° 159 sur la réadaptation professionnelle et l'emploi des personnes handicapées par la Guinée, a conduit à l'adoption d'une loi favorisant l'accès de ces personnes à l'emploi avec un quota. Cette loi a permis à des jeunes diplômés souffrant d'un handicap physique d'être recrutés dans la fonction publique guinéenne. Le plaidoyer doit se poursuivre pour la continuité de ce processus en parallèle aux initiatives en faveur de l'autonomisation des jeunes personnes handicapées non scolarisées ou déscolarisées.

Le développement des activités sportives, culturelles et socio-éducatives, est aussi une priorité nationale, à travers des projets d'infrastructures sportives, des projets en appui aux jeunes entrepreneurs évoluant dans ces métiers, et la création d'écoles spécialisées telles que l'Ecole nationale d'éducation physique et sportive (ENEPS), sans compter le développement d'espaces sportifs et de loisirs en milieu urbain notamment.

Le secteur culturel génère des opportunités d'emplois importantes, et permet de renforcer la résilience des jeunes et la cohésion de la société. Le Programme cadre d'appui au secteur de la Culture (PASEC) axe ses priorités vers l'industrie culturelle et créative et l'entrepreneuriat culturel, les infrastructures culturelles, la décentralisation culturelle ou encore la diplomatie culturelle, et souligne la contribution majeure du secteur de la Culture dans le produit intérieur brut et la création d'emplois, en particulier à l'intérieur du pays.

## 2. L'inclusion sociale par la promotion de l'emploi décent

L'analyse de l'inclusion sociale est liée à l'analyse de la situation de l'emploi, tant du côté de la demande (secteurs productifs) que de l'offre (éducation/formation). En effet, l'emploi et le travail décent constituent un facteur d'inclusion sociale essentiel, et ils contribuent grandement à la construction de la paix, de la cohésion sociale et à la justice sociale.

Des mesures actives du marché du travail, mises en œuvre par les services publics, sont essentielles pour encourager l'embauche des jeunes et étendre la protection sociale aux personnes sans emploi. Ces mesures peuvent inclure des programmes de requalification, d'apprentissage et de mentoring, des programmes d'appui à l'entrepreneuriat, notamment féminin, des travaux à haute intensité en main d'œuvre mis en œuvre dans le cadre des programmes d'investissement publics. Aussi, des mesures de renforcement de l'adéquation emploi-formation, en réponse aux besoins des secteurs porteurs de l'économie doivent être promues et intensifiées.

Mettre l'inclusion sociale et la lutte contre les inégalités au centre des politiques publiques (politiques macroéconomiques et sectorielles, politiques éducatives et sociales) est essentiel, car la majorité de la population en âge de travailler est confrontée aux risques d'exclusion sociale et économique.

Des programmes spécifiques pour contrer le chômage, le sous-emploi, la précarité et l'exclusion des catégories vulnérables notamment parmi les jeunes, doivent accompagner les orientations stratégiques nationales, afin de veiller à ce que les jeunes puissent bénéficier d'une offre d'emploi de qualité, d'un accompagnement en formation en entreprise (formation continue, apprentissage, stage, formation tout au long de la vie) à la fin de leur scolarité mais aussi d'un accompagnement à la création d'entreprises durables dans un environnement institutionnel et juridique favorable.

Les jeunes peu qualifiés, non scolarisés ou déscolarisés doivent avoir la possibilité de poursuivre leur scolarité et de se former. Ils doivent pouvoir bénéficier de programmes de remise à niveau, de requalification et de validation des connaissances et de l'expérience acquise – en particulier dans l'économie informelle) - ainsi que de programmes d'accompagnement pour accéder à un emploi productif et décent dans les secteurs porteurs.

Il est de la responsabilité de la société de créer un cadre favorable pour assurer l'intégration par l'emploi des jeunes sortant du système éducatif et en âge de travailler. L'emploi est l'un des faits que les sociologues qualifient de « totaux » parce qu'ils conditionnent de multiples autres aspects comportant des dimensions économiques, sociales et culturelles). Le travail décent est un moyen de gagner sa vie, de garantir sa sécurité financière, mais aussi de faciliter l'accès à la santé et à l'éducation, et donc au développement du capital humain.

Le travail décent ouvre la porte à la pleine participation à la société tout en contribuant à la dignité et à la valorisation de la personne. Le travail décent développe également la cohésion sociale et renforce les liens familiaux et communautaires. Par conséquent, priver la majorité des jeunes de l'acquisition d'une qualification professionnelle et d'un travail de qualité, c'est aussi entraver leur développement personnel et humain et les pousser vers une exclusion sociale dont les conséquences peuvent être irrémédiables.

Compte tenu de l'importance de la dimension qualitative des emplois occupés et de la prédominance de la vulnérabilité et l'informalité des emplois, notamment ceux occupés par les jeunes et les femmes, et compte tenu des questions de discrimination à l'égard de certaines catégories sociales, le cadre d'orientation stratégique que constituent la Politique nationale de l'emploi (PNE) et la Stratégie nationale de l'emploi des jeunes qui lui est arrimée, met l'accent sur la création d'emplois productifs et décents en faveur des groupes les plus vulnérables, pour lutter contre l'exclusion sociale.

Plusieurs types d'interventions multidimensionnelles ont été identifiés comme prioritaires, dans le cadre de la formulation de la PNE, et ce, en alignement avec les priorités du programme national de développement économique. Ces priorités ont été regroupées autour de cinq axes stratégiques : 1/ la promotion de l'emploi décent et productif dans les politiques macroéconomiques, sectorielles et les stratégies régionales ; 2/ le développement des compétences et de l'employabilité de la main-d'œuvre ; 3/ le développement des entreprises et la formalisation des microentreprises et petites et moyennes entreprises ; 4/ la mise en place de mesures actives d'accompagnement et d'insertion dans l'emploi des groupes vulnérables ; 5/ la gouvernance du marché de l'emploi et le système d'information du marché du travail.

La mise en place de mesures actives d'accompagnement et d'insertion dans l'emploi des groupes vulnérables en particulier parmi les jeunes et les femmes, les personnes vivant avec un handicap et les migrants, prend en compte les dispositifs d'accompagnement et de promotion de l'égalité des chances en ciblant les besoins spécifiques des groupes vulnérables, ainsi que le renforcement des services publics de l'emploi en charge de l'intermédiation entre l'offre et la demande de travail, du profilage des bénéficiaires et de la mise en œuvre efficace des mesures d'insertion sur tout le territoire national, avec des agences opérationnelles au niveau local et ancrées dans des partenariats renforcés avec les collectivités locales, le secteur privé, les organisations professionnelles et associations locales. Ces mesures incluent aussi des programmes en faveur de l'insertion des migrants de retour et de lutte contre les migrations irrégulières et des programmes d'extension de la couverture de protection sociale aux groupes vulnérables, tels que définis dans la Politique nationale de protection sociale.

### 3. La participation citoyenne et la cohésion sociale

Les mesures en faveur de l'inclusion sociale incluent l'accès aux services sociaux (éducation, santé...), l'accès à une couverture santé, l'accès à un emploi productif et décent (salarié, indépendant) et l'accès à la formation tout au long de la vie. Les mesures en faveur de l'engagement citoyen et la participation des jeunes à la vie publique et le développement du leadership et de la responsabilisation des jeunes, sont aussi essentielles.

L'action publique doit ainsi s'orienter vers des politiques et interventions transversales, territoriales, ciblées et fondées sur les réalités vécues par les catégories vulnérables et exclues.

La participation active à la vie publique et les activités d'éducation à la citoyenneté contribuent également au succès des initiatives et programmes en faveur de l'emploi et la formation en donnant ainsi un cadre favorable à la cohésion sociale et au développement durable.

La participation des jeunes à la vie publique est l'un des six principes directeurs du cadre stratégique de développement de la jeunesse et des sports, mais aussi l'une des exigences de la feuille de route du gouvernement, de la Charte africaine de la jeunesse, du Programme d'action mondial pour la jeunesse et d'autres conventions et internationales ratifiées par la Guinée dont l'Agenda international pour le développement à l'horizon 2030.

Pour que les jeunes soient porteurs de valeurs républicaines et inculquent les principes de la démocratie et de l'État de droit, l'éducation civique et citoyenne peut être d'un apport majeur en les aidant à acquérir les connaissances nécessaires pour participer à la vie publique et avoir une bonne compréhension du fonctionnement des institutions et du système politique.

Un accent est particulièrement mis sur le renforcement des capacités des jeunes à comprendre les enjeux et à exercer leurs droits et leurs devoirs en adoptant des valeurs et des attitudes démocratiques et en se dotant de compétences nécessaires à une citoyenneté active par des actions concrètes sous différentes formes (forum, séminaire, alphabétisation fonctionnelle, théâtre...). Les intermédiaires, tels que les conseils locaux ou le Conseil national de jeunesse, les associations de jeunes et d'autres acteurs influents, peuvent aussi servir de relais pour toucher un public plus large de jeunes aussi bien en zones rurales qu'urbaines en vue de communiquer entre eux, mais aussi pour identifier et répondre à leurs attentes fondamentales et spécifiques.

En matière de jeunesse, la Guinée s'est toujours alignée sur la position commune de l'Union africaine dont l'objectif vise à favoriser sur le continent l'émergence d'une nouvelle génération de jeunes leaders autonomes, solidaires, responsables et engagés, c'est-à-dire des jeunes capables de faire des choix, de se soucier d'autrui, d'assumer leurs propres actes, mais aussi des jeunes capables de s'affirmer par rapport à un idéal et d'agir en conséquence.

Le leadership de la jeunesse guinéenne est reconnu et sollicité au niveau continental à travers plusieurs actes dont la coordination des organisations régionales et continentales de jeunes et de femmes.

Les jeunes ont toujours fait preuve d'un grand dynamisme associatif en Guinée. Pendant près d'une décennie la jeunesse guinéenne a occupé le poste de premier secrétaire général du Mouvement panafricain de la jeunesse, coordination continentale de jeunesse créée en 1964 à Conakry. Selon une enquête de l'Afrobaromètre, la Guinée est considérée comme une exception dans l'espace francophone avec près de la moitié des jeunes qui seraient actifs au sein de leur communauté ou dans une organisation à but non lucratif. Selon l'annuaire statistique de l'Observatoire national de la jeunesse, il existerait environ 3 700 groupements et associations de jeunesse déclarés en Guinée.

Pour promouvoir la participation active des jeunes, la Charte africaine de la jeunesse recommande, entre autres, de favoriser la création d'une plateforme aux niveaux local, régional, national et continental. L'appui apporté aux organisations et associations de jeunesse guinéennes englobe plusieurs aspects : formation, montage et suivi des projets, rencontres et visites d'échanges, appui à la structuration et à la professionnalisation des structures, affirmation d'un leadership individuel et collectif pour une participation responsable à la vie publique, etc.

Les programmes de leadership favorisent l'engagement communautaire et une prise de conscience des jeunes quant à leur responsabilité dans le devenir commun et contribuer à la promotion de la cohésion sociale et du développement humain durable. Selon la Charte africaine de la jeunesse, tout jeune a des devoirs envers sa famille, la société, l'État et la communauté internationale. Il doit, entre autres, être le garant de son propre développement, prendre pleinement part au devoir du citoyen (y compris le vote, la prise de décision et la gouvernance), œuvrer pour l'instauration d'une société libérée de la violence et de l'intimidation, promouvoir la tolérance et le respect sans distinction, défendre la démocratie et l'État de droit, promouvoir le patriotisme ainsi que l'unité nationale et l'intégration régionale.

Le défi de la jeunesse repose dans sa capacité à se projeter dans la société guinéenne et dans son avenir. Grâce à leur participation active dans les organisations, structures et programmes des collectivités, les jeunes apprennent à s'engager et à faire preuve d'initiatives, à prendre des responsabilités. En plus des qualifications qu'ils acquièrent, les jeunes apprennent à respecter les autres, en développant certaines compétences telles que la communication, l'interaction, la résolution des conflits, le leadership, la gestion, la planification et l'esprit d'équipe. Les activités d'éducation à la citoyenneté, à la culture de la paix et celles visant à développer le sens des responsabilités et la participation des jeunes à la vie de la nation deviennent une composante nécessaire pour l'amélioration de la gouvernance tant au niveau local que central.

## 4. Pour une approche territorialisée des mesures d'inclusion, de participation et de cohésion sociale

Les questions de développement des jeunes sont à envisager dans le cadre de la transversalité et d'une collaboration intersectorielle avec des rôles et des responsabilités clairement définis pour chacune des parties prenantes, sous la coordination du ministère en charge de la jeunesse, qui a pour mission notamment la conception, l'élaboration et la mise en œuvre de la Politique nationale de la jeunesse (PNJ) d'en assurer le suivi, à travers des programmes de promotion de la jeunesse, de l'emploi et l'employabilité des jeunes.

En Guinée, l'inclusion sociale et l'insertion socioprofessionnelle des jeunes a toujours été et demeure une préoccupation majeure du gouvernement et en raison de sa transversalité, la mise en place d'un cadre institutionnel de coordination de ces questions est essentielle, comme le souligne la Politique nationale de la jeunesse et des sports (PNJS) élaborée en 2024.

Les directions en charge de la jeunesse se sont notamment fixés pour objectifs de mobiliser les jeunes autour de valeurs nationales de paix, de travail et de civisme ; améliorer les infrastructures socio-éducatives sur toute l'étendue du territoire national ; favoriser la synergie et la coordination des initiatives développées en faveur des jeunes ; mettre en place un mécanisme de concertation et de coordination des actions en faveur des jeunes ; favoriser l'insertion socioprofessionnelle des jeunes et améliorer leurs conditions de vie.

L'absence d'opportunités d'emplois productifs et décents augmente les risques de violences et d'instabilité. La légitimité de l'État est questionnée au regard de sa capacité de mettre en œuvre des politiques qui améliorent les opportunités d'emplois décents et les opportunités d'affaires dans un environnement institutionnel favorable aux investissements privés.

L'inclusion sociale et la cohésion sociale ne sont renforcées que si les opportunités de formation, d'emploi et d'entrepreneuriat sont multipliés et ouvertes aux groupes vulnérables, en particulier parmi les jeunes et les femmes. L'insertion durable de la jeunesse dans l'emploi est une problématique centrale pour la stabilité, la prévention de conflits et la consolidation de la paix, étant donné que les jeunes sont la plupart du temps des cibles «privilégiées» dans les conflits sociopolitiques.

Pour maximiser l'impact des programmes et projets en faveur de la jeunesse, une mise en œuvre transversale implique des réponses intersectorielles coordonnées et concertées, et ancrées dans les territoires. La disponibilité de données et d'informations régulièrement collectées et analysées sur la situation des jeunes et au niveau régional, est aussi une nécessité. L'observatoire national de la jeunesse (ONJ) a ainsi pour mission d'informer les décideurs politiques sur la situation des jeunes dans ses multiples dimensions.

Dans le cadre des efforts déployés pour renforcer l'administration déconcentrée, promouvoir l'approche territoriale des programmes en faveur des jeunes, reste essentiel. La territorialisation des programmes d'appui à la jeunesse permet le transfert des responsabilités aux collectivités territoriales et aux acteurs locaux, et la promotion d'approches participatives et ciblées en faveur des catégories de jeunes ayant des attentes et des besoins spécifiques.

Chaque jeune à le droit de participer librement aux activités de la société et il est de la responsabilité des autorités locales de créer un cadre favorable à cette participation à travers des mesures et dispositions appropriées. Par exemple, par le renforcement des capacités des associations de jeunesse et de leur plateforme, ou en mettant en place des mécanismes de gouvernance, de concertation et de prise de décision sensibles aux préoccupations et à la défense de l'intérêt des jeunes.

C'est dans ce cadre que s'inscrit la mise en place du Conseil national des jeunes de Guinée (CNJ) en 2023, qui a été un processus de large consultation nationale dans toutes les communes rurales et urbaines et avec des foras régionaux. Ces consultations ont permis de recueillir les avis et besoins des jeunes sur leur rôle et leur place dans la conduite d'une transition inclusive et apaisée ; elles ont permis d'aborder, de manière démocratique et participative les questions portant sur la cohabitation pacifique, l'unité nationale, la construction de la citoyenneté et les actions contre le repli identitaire à travers les réseaux sociaux.

Le CNJ constitue une voix consolidée des jeunes à travers leurs réseaux d'organisations de jeunesse. Cette structure de représentation nationale facilite le processus de consultation et de collecte d'informations et réunit les organisations de jeunesse locales et régionales pour défendre les questions liées à la jeunesse. La représentativité des jeunes est traduite dans les collectivités territoriales (communes urbaines et rurales), et au niveau préfectoral, régional et national. Le CNJ est un cadre structuré et dynamique des organisations de jeunes pour servir de plateforme d'expression, de consultation et de synergie d'action. Il permet une meilleure représentation des jeunes, une coordination efficace de leurs activités et une participation de qualité au processus de prise de décision aux niveaux local et national, régional et continental.

**Encadré 1. Les missions du Conseil National des Jeunes en Guinée (CNJ)**

Le CNJ en tant que structure faîtière, assure la coordination et l'évaluation des associations de jeunesse dans le but de promouvoir et de développer leurs activités ; elle exerce une autorité hiérarchique sur toutes les associations de jeunes affiliées. En tant que structure de participation, le CNJ sert de courroie de transmission entre le gouvernement et les associations de jeunesse pour préserver l'intérêt des jeunes. À ce titre, le CNJ a un caractère consultatif auprès du département en charge de la jeunesse et donne son avis sur toutes les questions dont il est saisi. Enfin, il représente la jeunesse guinéenne dans son ensemble auprès de toutes les organisations et institutions internationales de jeunesse

Le CNJ offre aux associations de jeunes une plateforme de consultation, de concertation, de dialogue et de synergie d'action en vue de leur meilleure participation au processus de développement, avec des bureaux sous-préfectoraux, préfectoraux/ communaux, régionaux et un bureau national. Il s'agit aussi de les rendre pleinement fonctionnels en vue de la défense de l'intérêt et des droits des jeunes tout en préservant leur indépendance par rapport aux pouvoirs publics et toute autre pression extérieure. La mise en place de structures fédératives des associations de jeunesse au niveau des sous-préfectures, préfectures, régions et au niveau national permet de doter les jeunes d'un cadre unique de concertation, de dialogue et d'action.

Les principales missions du CNJ ont été précisées comme suit :

- Contribuer à la promotion et à la mise en œuvre de la Politique Nationale de la Jeunesse et des Sports (PNJS) et de la Charte Africaine de la Jeunesse ;

- Renforcer les capacités techniques et organisationnelles de ses membres ;

- Créer, développer et entretenir un véritable rapport de partenariat avec l'État et les partenaires au développement en alignement avec les priorités nationales et les Objectifs de Développement Durable. ;

- Promouvoir l'éducation citoyenne des adolescents et jeunes par des actions d'information, de formation, de sensibilisation et de communication ;

- Promouvoir le sport, la culture et l'artisanat ;

- Contribuer à la lutte contre l'exode rural, l'extrémisme religieux et la migration irrégulière des adolescents et jeunes ;

- Contribuer à la lutte contre la délinquance juvénile sous toutes ses formes ;

- Développer l'esprit associatif et le volontariat au sein de la jeunesse et aider les organisations de jeunesse à se formaliser ;

- Promouvoir l'unité, la paix, la sécurité et la stabilité ;

- Œuvrer pour la promotion de l'emploi, de l'entreprenariat et de l'autonomisation des adolescents et jeunes ;

- Œuvrer à la promotion des droits et à l'insertion des adolescents et jeunes handicapés et autres adolescents et jeunes vulnérables ;

- Promouvoir les Objectifs de Développement Durable (ODD) ;

- Établir entre les adolescents et jeunes une chaîne d'unité, de solidarité, d'amitié et de fraternité tant sur le plan National qu'international qui bannit la discrimination et l'exclusion sur toutes leurs formes ;

- Contribuer à la promotion de la santé des adolescents et jeunes, de la nutrition, de l'hygiène publique et à la protection de l'environnement ;

- Œuvrer à la promotion de l'égalité de chances.

## Conclusion

Agir pour l'inclusion sociale, c'est lutter contre la pauvreté, la vulnérabilité et les inégalités, principales causes des situations d'exclusion sociale. C'est aussi lutter contre les discriminations et garantir l'égalité des chances et des conditions de vie décentes pour tous. Agir pour l'inclusion sociale, c'est favoriser la diversité en tant que facteur de progrès et non comme facteur de division.

Agir pour l'inclusion sociale, c'est mettre en place des mesures ciblant les catégories sociales les plus vulnérables, en combinant mesures passives et mesures actives d'insertion socio-économique, incluant l'accès à la formation et à un emploi décent, l'accès à une protection sociale et la protection des droits des travailleurs et des membres de leurs familles.

L'emploi productif et décent est au cœur de l'inclusion sociale et constitue une priorité gouvernementale pour la relance de l'économie et la promotion du développement durable. La Politique nationale de l'emploi s'appuie sur trois piliers : accroître les opportunités d'emplois ; assurer la qualité des emplois et des revenus générés, et lutter contre toute forme de discrimination, en particulier en faveur des plus vulnérables (Convention 122).

Aussi les mécanismes de promotion de la participation citoyenne et la responsabilisation des jeunes jouent un rôle essentiel en faveur de l'inclusion sociale et donc de la cohésion sociale. Il s'agit de fédérer et coordonner l'ensemble des actions menées en faveur des jeunes au niveau national, régional et local, à travers des concertations et des synergies d'action et des dispositifs inclusifs composés de représentants du gouvernement, d'organisations professionnelles d'employeurs et de travailleurs, d'organisations des acteurs de la société civile et de la jeunesse.

CHAPITRE XI

# L'emploi et la protection sociale

## Introduction

La protection sociale est un droit humain fondamental. Elle se définit par un ensemble de politiques et de programmes visant à réduire et prévenir la pauvreté et la vulnérabilité tout au long du cycle de vie. La protection sociale inclut les prestations à l'enfance et aux familles, les prestations de maternité, de chômage, d'accidents du travail et maladies professionnelles, celles de la vieillesse et d'invalidité ainsi que les prestations aux survivants de catastrophes. Elle comprend également la protection de la santé. Les systèmes de protection sociale couvrent tous ces domaines grâce à une combinaison de régimes contributifs (assurance sociale) et non contributifs, y compris les régimes d'assistance sociale.

En Guinée, la Politique nationale de protection sociale (PNPS) est organisée autour de six axes complémentaires : i) la sécurité sociale, l'accès au travail et à un emploi décent ; ii) l'amélioration des conditions de vie des plus pauvres et des plus vulnérables ; iii) l'accès aux services de santé et à l'éducation ; iv) l'accès à la sécurité alimentaire et à la nutrition ; v) l'accès aux logements sociaux ; vi) la prévention et gestion des crises et catastrophes.

La protection sociale est essentielle pour parvenir à un développement durable, promouvoir la justice sociale et garantir les droits humains de toutes et de tous à la sécurité sociale. Les mesures adoptées en la matière sont donc indispensables aux stratégies de développement nationales visant à réduire la pauvreté et la vulnérabilité et à favoriser une croissance inclusive, par l'augmentation du revenu des ménages, la stimulation de la productivité et de la demande intérieure et la promotion du travail décent.

Les Objectifs de développement durable (ODD) témoignent de l'engagement commun des États à mettre en place des systèmes et mesures de protection sociale pour tous, adaptés au contexte national, y compris des socles de soutien et de services, pour réduire et prévenir la pauvreté (ODD 1.3).

## 1. Promotion de l'emploi et protection sociale

En Guinée, la protection sociale relève aujourd'hui d'un engagement politique fort et se trouve consacrée par une Politique nationale de protection sociale qui s'attache à lutter notamment contre la vulnérabilité économique et sociale.

Selon les données nationales, environ 44 % de la population vit en dessous du seuil de pauvreté monétaire (fixé à 16 423 GNF par personne par jour selon l'INS en 2020) et 60 % des enfants vivent dans un ménage pauvre. Aussi, près des trois quarts des enfants, notamment en milieu rural, sont victimes de la pauvreté multidimensionnelle traduite par leurs privations de plusieurs de leurs droits fondamentaux en éducation, santé, protection, nutrition, eau, assainissement, logement et information, avec pour conséquences des taux élevés de malnutrition, de mortalité infantile, et de violence physique et psychologique à l'encontre des enfants, ainsi qu'un faible niveau d'éducation des jeunes enfants.

Malgré les progrès en matière d'éducation, avec un taux brut de scolarisation avoisinant 90 %, il est estimé que 1,5 million d'enfants âgés de 6 à 16 ans ne sont pas scolarisés. Le taux d'achèvement de la scolarisation primaire au niveau national est de 54 % (40 % dans les zones rurales et 76 % dans les zones urbaines). Aussi, les taux d'achèvement pour les filles sont de 46 % contre 63 % pour les garçons en moyenne nationale. Enfin, près des deux tiers des enfants en âge de scolarisation au secondaire sont exclus du système éducatif avant d'avoir complété le cycle d'enseignement obligatoire.

L'accès aux services sociaux de base de qualité est faible avec de fortes disparités entre les villes et les campagnes. Ainsi, un tiers des ménages ont accès à l'électricité et 64 % ont accès à une service d'eau élémentaire. Un enfant sur quatre ne reçoit aucun vaccin, le taux de mortalité infanto-juvénile se situe à 96 pour 1000 en 2022 et la mortalité maternelle à 550 pour 100 000 naissances.

La jeunesse guinéenne constitue une donnée structurante majeure, tant du point de vue de son poids démographique que de son implication active dans l'ensemble des sphères de la vie politique, économique et sociale. Or le pays devrait connaître une transition démographique qui mettra au centre des défis et enjeux les questions de l'insertion socioprofessionnelle et de la participation des jeunes dans les différentes sphères de la vie sociopolitique et économique de la nation.

À cet égard, l'Agenda 2063 pour le développement de l'Afrique s'attache à bâtir sur le potentiel des jeunes et des femmes pour booster le développement socio-économique. L'agenda vise aussi la transformation de l'Afrique en un continent prospère, paisible, conduit par ses propres citoyens et représentant une force dynamique au plan continental. Le croît démographique va jouer un rôle catalytique dans cette transformation.

La Guinée, à l'instar d'autres pays du continent, pourrait objectivement tirer profit de son dividende démographique grâce à une politique appropriée de développement du capital humain et de création d'emplois. La Politique nationale de protection sociale met ainsi l'accent sur la promotion de l'emploi et sur la création de valeur, sur la formation à l'entrepreneuriat et le renforcement des capacités de création de PMI/PME, et sur les voies pour réduire la pauvreté et les inégalités.

### 1.1 La Politique nationale de protection sociale

La Guinée a adopté en 2017 la Politique nationale de protection sociale (PNPS) qui couvre à la fois la protection sociale contributive et la protection sociale non contributive.

Elle est organisée autour de six axes complémentaires :

i) la sécurité sociale, l'accès au travail et à un emploi décent ;

ii) l'amélioration des conditions de vie des plus pauvres et des plus vulnérables ;

iii) l'accès aux services de santé et à l'éducation ;

iv) l'accès à la sécurité alimentaire et à la nutrition ;

v) l'accès aux logements sociaux ;

vi) la prévention et gestion des crises et catastrophes.

La gouvernance de la protection sociale, s'appuie sur la mise en place de dispositifs institutionnels au niveau central : Haut Conseil de la protection sociale, Comité national de la protection sociale, Observatoire national de la protection sociale, et au niveau décentralisé : comités régionaux et préfectoraux de la protection sociale.

Un plan d'action prioritaire budgétisé pour la mise en œuvre de la PNPS a été adopté autour de deux grandes priorités : i) renforcer les capacités des acteurs du système de protection sociale ; ii) assurer la prise en charge inclusive et durable des bénéficiaires dont les plus pauvres et les plus vulnérables.

Dans le cadre de ces priorités, une série d'activités phares sont identifiées, telles que vulgariser la politique, mettre en œuvre le registre social unifié, renforcer les capacités du département de l'action sociale, recruter, former et équiper les assistants sociaux, assurer l'insertion professionnelle des personnes vulnérables, assurer la santé et l'éducation des personnes vulnérables et améliorer les conditions de vie des personnes vulnérables à travers les transferts monétaires.

La Politique de protection sociale bénéficie d'un financement consistant dans le budget national, dans le cadre du financement de la riposte sociale du gouvernement et des opérations de transferts monétaires de l'ANIES. Le financement externe des partenaires dans le domaine de la protection sociale est aussi important, notamment les programmes soutenus par la Banque mondiale, l'UNICEF et le Programme alimentaire mondial.

### 1.2 La promotion de l'emploi et de la formation professionnelle

Par le passé, le gouvernement de la République de Guinée s'est doté de plusieurs programmes d'appui à la promotion de l'emploi des jeunes (PEJ1 2008-2012, PEJ2 2013-2015) et un programme national d'insertion socio-économique des jeunes (PNISEJ 2016-2020). Le gouvernement a récemment adopté la Politique nationale de l'emploi (PNE, 2024-2030) ainsi qu'une Stratégie nationale de l'emploi et l'insertion des jeunes. La PNE inclut dans ses cinq axes prioritaires, l'extension de la couverture de protection sociale, en particulier aux travailleurs du secteur informel et aux exploitants agricoles.

Plusieurs projets ont été mis en œuvre sur les années passées tels que le projet «Booster les compétences pour l'employabilité des jeunes» (BOCEJ) avec l'appui de la Banque mondiale, le programme INTEGRA mis en œuvre par le PNUD, ENABEL, ITC, UNCDF et GIZ sous financement de l'Union européenne, le projet d'amélioration de la formation et l'insertion dans les secteurs agricoles et des mines (PAFISAM) avec l'appui de l'Agence française de développement (AFD) et le programme d'appui au développement de l'inclusion financière avec l'appui du PNUD. Plusieurs initiatives ont également été initiées, telle que la création de l'Agence nationale d'inclusion économique et sociale (ANIES), ou encore la création des Maisons de la Formation, l'Emploi et l'Entrepreneuriat en 2023.

L'ANIES met en œuvre le programme NAFA qui vise à d'améliorer l'inclusion économique, sociale et financière des 40 % les plus pauvres de la population, selon un mécanisme graduel d'assistance sociale, d'autonomisation économique et d'inclusion financière. Ce programme a pour objectifs d'accroître l'accès des ménages pauvres et vulnérables à des filets sociaux inclusifs et réactifs aux chocs et de développer des outils de protection sociale ; il est organisé autour de quatre composantes : les transferts monétaires en situation d'urgence, les filets sociaux pour le relèvement et la résilience ciblant les ménages en milieu rural pour des transferts monétaires réguliers et des personnes en milieu urbain pour les travaux à haute intensité de main-d'œuvre, ainsi que la mise en œuvre d'un registre social des bénéficiaires.

Plusieurs initiatives sont mises en place pour réduire la vulnérabilité sociale et économiques des jeunes ; par exemple, le programme de bourses scolaires dans les quarante communes de convergence pour les élèves inscrits au premier cycle de l'enseignement secondaire (collège), le programme éducation (distribution de matériels et supports pédagogiques individuels pour les enfants inscrits au préscolaire ou primaire et au collège), le programme des cantines scolaires dans les écoles primaires ; le programme d'appui aux petits exploitants agricoles à travers des filets de sécurité sociale pour renforcer la sécurité alimentaire, les capacités de production, de transformation et de commercialisation des petits exploitants, les achats locaux par le biais du programme de cantines scolaires, etc.

Les récentes initiatives gouvernementales en faveur de l'enseignement technique et la formation professionnelle (ETFP), telles que l'attribution de bourses aux élèves des écoles de l'ETFP et l'octroi de kits d'apprentissage individuels pour les élèves et de kits collectifs pour les formateurs, dans différentes filières, permettent de valoriser l'ETFP et de mettre au cœur de l'apprentissage, l'autonomie, l'excellence et l'inclusion.

## 2. Les axes d'intervention de protection sociale

Les principaux axes d'intervention de la Politique nationale de protection sociale sont les suivants :

### 2.1 La vulgarisation des politiques et des textes de loi sur la protection sociale (contributive et non contributive)

Des stratégies spécifiques appuient la vulgarisation de la Politique nationale de protection sociale et les textes de loi existant en la matière auprès de tous les utilisateurs qui sont, entre autres, l'administration publique centrale, les structures déconcentrées et décentralisées, les forces de sécurité et de protection civile, les magistrats et les auxiliaires de justice, le secteur privé et les organisations de la société civile œuvrant dans le cadre de la protection sociale.

### 2.2 La coordination nationale intersectorielle de la protection sociale

La mise en place de la coordination nationale intersectorielle de la protection sociale et des coordinations, au niveau régional et communal, de la protection en lien avec la politique nationale de protection sociale, et ce, pour coordonner les initiatives gouvernementales et celles des partenaires au développement, permet de renforcer l'impact des programmes sociaux sur les populations pauvres et vulnérables. Cette coordination réduit les duplications entre les interventions et de maximiser la synergie entre les acteurs (ministères en charge du plan, de l'économie et des finances, du budget, de la santé, de l'éducation nationale, de l'action sociale et de la promotion de la femme, etc.).

## 2.3 Le registre social unifié des personnes vulnérables

La mise en place du registre social unifié constitue une étape importante dans l'intégration des programmes de protection sociale en leur fournissant une base de données exhaustive des personnes vulnérables, sur la base d'un cahier de charges et l'harmonisation des critères de ciblage des personnes vulnérables, sous la coordination du ministère en charge de l'action sociale et en coordination avec l'ANIES et le Fonds de développement social et de la solidarité (FDSS).

## 2.4 Les dispositifs de mise en œuvre des programmes de protection sociale

Des réformes majeures du régime de sécurité sociale sont menées et incluent notamment la révision du Code de Sécurité Sociale, le renforcement des capacités des ressources humaines; le renforcement des capacités organisationnelles et l'élaboration d'un manuel de procédures pour la Caisse nationale de sécurité sociale ; l'amélioration de la qualité des services en faveur des assurés sociaux; l'amélioration des services médicaux-sanitaires ; l'amélioration de l'affiliation et de l'immatriculation des employeurs et l'intégration des opérateurs du secteur informel (avec l'appui de l'APIP) ; la revalorisation des prestations sociales (allocations familiales, d'accidents du travail, et pensions de retraite); l'identification biométrique des assurés sociaux ainsi que de leurs dépendants, l'introduction de la déclaration et du paiement électroniques (en ligne), la mise en place d'une politique de diversification des ressources, le renforcement du dispositif juridique du recouvrement des cotisations sociales, en amenant les employeurs à s'acquitter de leurs obligations déclaratives et contributives, et en veillant au respect de la législation sociale des entreprises minières et PME sous-traitantes par la déclaration et le paiement régulier des cotisations.

L'extension de la couverture sociale aux travailleurs du secteur informel reste un défi majeur dans une économie à 90 % informelle ; un Comité interministériel en charge de la formalisation des entreprises a été mis en place en 2023, avec l'appui de plusieurs départements en charge des PME, du budget national, de l'économie et des finances, de la protection sociale, de la formation et de l'emploi, et des structures en charge des accompagnements aux entrepreneurs.

En soutenant la mise en place des dispositifs institutionnels de coordination de la Politique nationale de protection sociale, la mise en place des instruments de la protection sociale (RSU), le renforcement de capacités des acteurs de la protection sociale, le gouvernement accompagné par les partenaires techniques et financiers vise l'intégration progressive des systèmes de protection sociale en Guinée pour garantir une protection sociale adéquate, dans le respect des droits et des conditions de vie des personnes dans l'emploi et leurs dépendants.

Le renforcement des systèmes et programmes nationaux de protection sociale contribue à réduire la vulnérabilité des communautés de manière structurelle. Ce renforcement inclut notamment la conception, la mise en œuvre et le suivi des programmes de protection sociale pour assurer : une identification correcte des cibles; la conception de paquets intégrés de biens et services pour les bénéficiaires (transferts monétaires et services complémentaires); le fonctionnement des mécanismes de gouvernance de la protection sociale au niveau central et local; le suivi-évaluation de la mise en œuvre des activités de l'exécution financière des ressources allouées pour le bien-être des personnes vulnérables.

### 2.5 La mobilisation des ressources pour le financement de la protection sociale

La mobilisation des ressources pour le financement de la protection sociale en Guinée est essentielle pour prévenir et protéger contre les risques de vulnérabilité mais aussi promouvoir et transformer les droits et conditions de vies des personnes vulnérables. Elle se fait à deux niveaux : i) améliorer l'allocation budgétaire pour la protection sociale dans le budget national ; ii) fédérer et mobiliser les ressources des partenaires et des donateurs externes, susceptibles de concourir à l'effort de protection sociale.

Certaines initiatives telles que le fonds pour les ODD et le Programme joint, l'Initiative du partenariat pour l'enfance, visent à améliorer l'espace fiscal du gouvernement pour financer ses programmes sociaux, dont la Politique nationale de protection sociale, et peuvent être utilisées pour la mobilisation de ressources domestiques additionnelles, à travers : i) des analyses budgétaires sur les allocations, les dépenses et l'utilisation du budget de l'État pour la protection sociale ; ii) le suivi et l'évaluation de la transparence des dépenses pour la PS ; iii) l'appui technique aux départements sectoriels en charge de la PS pour assurer une bonne planification et exécution des ressources allouées ; et iv) le plaidoyer avec le gouvernement et les parlementaires pour augmenter les allocations et améliorer l'utilisation efficace des investissements dans la protection sociale.

Dans le cadre de la mobilisation des ressources externes, les avantages comparatifs auprès de plusieurs donateurs sont utilisés pour les mobiliser directement dans le cadre des projets conjoints à initier, en appui des actions du gouvernement dans la protection sociale.

## Conclusion

Une feuille de route gouvernementale a été établie pour une politique intégrée de protection sociale, et pour mettre en œuvre des actions innovantes telles que l'organisation d'une conférence annuelle nationale sur la protection sociale, la mise en place de la Coordination nationale intersectorielle de la protection sociale, ayant comme mandat d'orienter les initiatives du gouvernement et des partenaires en protection sociale, le mapping de l'expertise technique disponible, notamment au sein du Système des Nations Unies et des agences de développement, pour appuyer le gouvernement dans le domaine de la protection sociale, ou encore l'appui à l'élaboration de la loi de finances et à la mobilisation des ressources domestiques pour un meilleur financement et une exécution budgétaire efficace des investissements en protection sociale.

CHAPITRE XII

# L'égalité de genre dans l'emploi et l'autonomisation des femmes

## Introduction

Un développement inclusif et durable s'appuie sur des dynamiques de croissance équilibrée fondée sur une amélioration des performances économiques, sur le développement des compétences humaines et un accès égal aux opportunités d'emploi. Plusieurs études ont montré qu'une participation égale des femmes et des hommes dans les activités économiques permettrait d'accroître le bien-être général de la société, tout en augmentant la productivité et la compétitivité globale de l'économie.

Selon le rapport du Programme des Nations Unies pour le développement sur le développement humain, les progrès réalisés par les femmes sont au cœur du développement humain. Pourtant, l'analyse du genre dans de nombreux pays africains montre que l'intégration des femmes dans les processus de décisions et d'orientations stratégiques se heurtent à de nombreuses contraintes socioculturelles, économiques et politiques. L'égalité de genre est loin d'être atteinte et les opportunités ne sont pas toujours à la portée des femmes.

Si les femmes qui représentent un peu plus de la moitié des populations africaines (54 %), elles constituent 70 % des pauvres et ont nettement moins accès aux opportunités d'emplois que les hommes. Une forte proportion des femmes sont victimes d'injustices, de discriminations, de violences et d'obstacles, qui les empêchent de satisfaire leurs besoins fondamentaux et ceux de leurs dépendants, notamment alimentaires, de santé, d'éducation et d'emploi. Elles ont un accès difficile aux ressources, un pouvoir de contrôle réduit et une participation aux prises de décision limitée. Or les inégalités selon le genre, sont coûteuses. Par exemple les inégalités d'accès à l'emploi ont coûté, à elles seules, en Afrique subsaharienne près de 105 milliards de dollars américains soit 6 % du PIB continental (Rapport sur le développement humain en Afrique, PNUD, 2016).

## 1. L'emploi des femmes en Guinée : de fortes disparités

Les femmes représentent près de 52 % de la population guinéenne, estimée à 13,26 millions d'habitants en 2022, dont 6,818 millions de femmes. La population en âge de travailler est estimée à 7,4 millions. Les femmes représentent plus de la moitié de la population en âge de travailler (55 %).

### 1.1 Les femmes dans l'emploi sont largement défavorisées

Le taux de participation à la main-d'œuvre, ou taux d'activité, est plus élevé chez les hommes (67 %) que chez les femmes (44 %). En milieu urbain, il est de 61 % pour les hommes contre 43 % chez les femmes, soit un écart de 18 points et cet écart est encore plus prononcé en zone rurale avec 26,3 points.

Le taux d'emploi des femmes, ou la proportion des femmes actives qui occupent un emploi (42 %) est plus faible que celui des hommes (64 %) et reste inférieur à la moyenne nationale (52 %). Le taux de sous-emploi est aussi plus marqué chez les femmes (36 %) que chez les hommes (28 %). Par ailleurs, 12 % des femmes qui occupent en emploi perçoivent un revenu horaire inférieur à la norme fixée par la réglementation en vigueur en Guinée contre seulement 6,6 % des hommes (INS, 2019).

Près de la moitié (45 %) des femmes en situation d'emploi travaillent dans le commerce ou rendent des services directs aux particuliers, 30 % pratiquent l'agriculture, la sylviculture ou la pêche, 14 % exercent des professions élémentaires, 3 % des professions intellectuelles et scientifiques (contre 7 % chez les hommes) et 5,4 % exercent des métiers qualifiés de l'industrie et de l'artisanat (contre 16,3 % chez les hommes).

Le secteur informel occupe la majorité de la population en situation d'emploi (95,6 %). Ce taux est quasiment le même chez les femmes (95,4 %) que chez les hommes (95,8 %). En zone urbaine, le taux d'auto-emploi des femmes (75 %) est plus élevé que chez les hommes (50 %), alors qu'en milieu rural 73,5 % des hommes sont dans l'auto-emploi contre 60,4 % pour les femmes (dont une proportion plus élevée occupe des emplois familiaux).

Le taux d'emploi vulnérable est de 83 % pour l'ensemble de la population. Il est nettement plus élevé chez les femmes (90 %) que chez les hommes (77 %). L'écart est plus prononcé en zone urbaine (83 % chez les femmes contre 55 % chez les hommes) qu'en zone rurale (respectivement 90 % contre 77 %).

Le taux combiné du chômage et du sous-emploi est plus élevé chez les femmes (43 %) que chez les hommes (35 %). Plus de la moitié (57 %) des jeunes femmes âgées de 15 à 34 ans – ayant un niveau d'instruction supérieur – sont frappées par le chômage contre 49,5 % chez leurs homologues masculins.

De même, la proportion des jeunes femmes dans la population de 15 à 34 ans qui n'est ni en situation d'emploi, ni en éducation, ni en formation (37 % en moyenne nationale) atteint 46 % contre 24 % chez les jeunes hommes.

Au niveau national, l'emploi indépendant représente la forme principale de l'emploi (82 %) alors que l'emploi rémunéré ne représente que 18 % des emplois. Chez les femmes, la part des emplois rémunérés est de 10,2 % contre 23,9 % chez les hommes. L'écart est plus élevé en milieu rural (9,3 % chez les femmes contre 34,2 % chez les hommes). La majorité (62 %) des femmes travaillent à leur propre compte et 25 % sont des travailleuse familiales - contre seulement 11 % de travailleurs familiaux chez les hommes.

Aussi, une analyse basée sur le revenu mensuel moyen des personnes en emploi, montre que les hommes gagnent plus que les femmes, et ce, quel que soit le milieu de résidence. En moyenne par mois, les hommes gagnent 216 215 GNF, soit deux fois plus que les femmes (113 498 GNF). Le revenu des femmes est inférieur au revenu mensuel moyen, qui est de 177 792 GNF (ENESIG, 2019).

### 1.2 La représentativité des femmes dans les administrations publiques et privées

Selon les résultats de l'étude sur la représentativité des femmes, réalisée en 2019, les femmes restent sous-représentées au sein de l'administration publique et privée guinéenne et ont un faible accès aux postes de responsabilité ou de prise de décision. Les femmes représentent moins de 30 % de l'effectif de la fonction publique guinéenne. Les femmes ne sont que 23 % à occuper les postes de responsabilité au niveau des ministères et secrétariats généraux de l'administration publique centrale. Au niveau décentralisé et déconcentré, la tendance est encore plus faible avec 22 % pour les communes, 10,3 % pour les préfectures et 12,7 % pour les gouvernorats.

Dans les institutions d'enseignement supérieur, elles ne sont que 7 % de femmes aux postes de responsabilité.

Dans le secteur privé, les femmes n'occupent que 23,5 % des postes de décision. De manière spécifique, il n'y a que 10,3 % de femmes dans les conseils d'administration, conseils exécutifs ou occupant les postes de directrice générale/ adjointe. Elles ne dirigent que 29,5 % des directions de départements, c'est-à-dire directions commerciales, des opérations, communication, etc. Cependant, les femmes occupent la majorité (61,84 %) des positions de faible responsabilité, c'est-à-dire secrétaires de direction ou assistantes.

### 1.3 Les disparités dans l'accès aux services sociaux de base et le défi de la lutte contre les violences basées sur le genre

La Guinée est classée 182 sur 191 dans l'indice d'inégalité de genre du PNUD. La Guinée est classée 125 sur 139 pays dans l'indice de genre des ODD en 2024.

Les disparités apparaissent dès l'origine pour l'accès à l'éducation et se poursuivent au fil des cursus, les effectifs des filles se réduisent aux paliers supérieurs du système éducatif. Les filles ne représentent qu'un quart des effectifs d'étudiants du supérieur. Par ailleurs, le taux d'alphabétisation des adultes (15 ans ou plus) est nettement plus faible chez les femmes (14 %) que chez les hommes (46 %).

Selon la dernière enquête démographique et de santé réalisée en 2018, 17 % des femmes âgées de 20 à 24 ans ont été mariées ou ont été en union avant l'âge de 15 ans et 46,5 % l'ont été avant l'âge de 18 ans. La quasi-totalité (94,5 %) des femmes âgées de 15 à 49 ans ont subi une mutilation génitale féminine et la proportion est de 75,6 % chez les filles de 10 à 14 ans. La prévalence du VIH est estimée à 1,5 % parmi les personnes de 15 à 49 ans et demeure plus élevée chez les femmes (1,6 %) que chez les hommes (1,3 %). Un peu plus de la moitié (55 %) seulement des accouchements sont assistés par du personnel qualifié et à peine 53 % ont lieu dans une structure de santé.

## 2. Le rôle des femmes dans la dynamique de croissance et de développement

En Afrique, le secteur agricole emploie 70 % de la population active et les femmes constituent les deux tiers de cette main-d'œuvre. Sur le continent, elles sont les principales productrices des cultures vivrières et elles fournissent 60 à 80 % de la production des denrées alimentaires. En Guinée, on retrouve les mêmes constantes : les femmes actives économiquement, sont majoritairement présentes dans le secteur agricole.

Traditionnellement, les femmes sont engagées dans la production des cultures vivrières pour assurer l'autosuffisance alimentaire du ménage et pour générer un revenu issu de la commercialisation du surplus. Quant aux hommes, ils sont les principaux producteurs des cultures de rentes, qui dégagent une plus-value importante. Aussi, les femmes sont engagées dans les activités non-agricoles, notamment dans le commerce, la transformation, les services, en plus des soins non rémunérés (maternité, éducation des enfants, collecte d'eau et de combustible, repas, etc.) souvent occultés dans la comptabilité nationale.

Malgré l'importance des activités des femmes, leurs revenus restent faibles comparativement à ceux des hommes. Cet écart est principalement dû à la difficulté d'accès aux facteurs de production, en particulier la terre, mais aussi les intrants, le capital, les technologies, l'accès au crédit, et au service d'accompagnement et de formation.

La société est marquée par une forte division du travail dans laquelle les femmes sont très engagées dans des activités peu rémunérée et informelles, à faible valeur ajoutée. Dans le secteur formel, les femmes occupent trois emplois sur dix et gagnent en moyenne les deux tiers du salaire des hommes.

La question centrale qui se pose aujourd'hui est de savoir quelles politiques adopter pour donner l'opportunité aux femmes d'occuper des activités plus productives.

Le contrôle de la terre est certainement un élément fondamental pour la pleine participation des femmes au développement du secteur agricole. La terre n'est pas seulement la principale ressource pour l'agriculture, mais aussi une référence en matière de statut social. Or, dans la plupart des cas, les femmes n'ont aucun contrôle sur la terre malgré les dispositions légales prises.

Faute d'accès au crédit, les femmes n'ont en particulier aucune capacité à acquérir une portion de terre, ou d'accéder aux technologies qui pourraient alléger leurs charges de travail, notamment domestiques.

Quant à l'offre des infrastructures de base, elle reste limitée. La précarité et l'insuffisance de ces ressources en zones rurales augmentent la vulnérabilité des populations, notamment celle des femmes. Ces infrastructures concernent entre autres celles des services publics dont la fourniture aux populations permet d'améliorer les revenus des femmes et leur cadre de vie. Des études ont ainsi permis d'établir une relation directe entre l'accès aux infrastructures, telles que l'eau, l'électricité, les routes, et le développement d'une croissance inclusive et équilibrée. A contrario, lorsque les femmes n'ont pas accès à l'eau potable ou à l'électricité, par exemple, elles ont tendance à consacrer plus de temps aux travaux domestiques, au détriment des activités génératrices de revenus.

## 3. Les facteurs de l'autonomisation des femmes

Promouvoir l'égalité des sexes et l'autonomisation des femmes constitue le cinquième Objectif de développement durable (ODD). Cet objectif est considéré comme une condition essentielle à l'atteinte de l'Agenda 20230 et les États sont engagés à placer l'égalité de genre au cœur des actions de développement durable.

L'égalité de genre couvre les droits, les opportunités, les traitements et les obligations de chacun. L'objectif est de permettre aux femmes et aux hommes de bénéficier des mêmes conditions et opportunités, afin qu'ils puissent réaliser leur plein potentiel et ambitions ; et ainsi avoir des chances égales et les mêmes droits pour participer, contribuer et bénéficier des ressources et du développement de la société. L'égalité de genre est un puissant facteur de lutte contre la pauvreté permettant d'assurer l'équilibre au plan familial, communautaire et à l'échelle de toute la société. Elle donne l'opportunité à chaque individu d'apporter sa contribution au processus de croissance inclusive.

De nombreuses études empiriques indiquent que, dans les pays où l'égalité de genre est plus avancée, la croissance économique est plus forte et les taux de pauvreté plus faibles. Le renforcement de l'égalité de genre relève en effet le niveau du capital humain des femmes et leur permet d'avoir accès à plus d'emplois et d'opportunités d'affaires. Il contribue à améliorer leur accès aux facteurs de production et aux ressources productives et de participer aux prises de décision.

L'autonomisation des femmes est un facteur essentiel de développement en renforçant l'accès aux services publics (éducation, santé, infrastructures), aux opportunités et facteurs de production (terre, crédit, technologies), aux possibilités de promotion (emplois, formation professionnelle, pouvoir de décision et participation aux prises de décision).

La lutte contre les pratiques sociales discriminatoires permet aux femmes d'assurer leur bien-être et celui de leur ménage, de contribuer à la santé à l'éducation de leurs enfants tout en améliorant leur productivité.

**L'accès aux services financiers et le rôle de la microfinance**

L'accès des femmes aux produits et services financiers – type épargne, crédit et assurance – est un facteur indispensable à leur participation économique, tant pour répondre à des besoins de court terme, répondre aux situations de crises et chocs externes, que pour investir dans des ressources de production à long terme, leur permettant de sortir d'une situation de subsistance.

L'accès à des services financiers et non financiers adaptés pour les femmes et ciblés dans le secteur agricole et le secteur informel, leur permet notamment d'acquérir les intrants et moyens de production (fonciers, technologiques...), d'accéder aux marchés et de monter dans la chaine de transformation et commercialisation, à condition que les obstacles juridiques, institutionnels et socioculturels soient levés.

Plusieurs institutions de financement et programmes ont intégré des produits financiers ciblant les femmes, telles que les institutions de microfinance (IMF) qui offrent une gamme de produits et services financiers, dont des services d'épargne, d'assurance et de transfert. Ces IMF sont souvent confrontées à un manque de ressources (financières et matérielles) et des capacités techniques réduites dans des domaines comme la gestion du risque, le contrôle de gestion, et les ressources humaines. Ces lacunes entravent sérieusement leur efficacité. L'adoption de mesures visant à renforcer les programmes de microfinance, afin qu'ils puissent offrir des services de qualité de façon efficace et opportune, constitue une condition importante dans l'autonomisation économique des femmes en général.

### L'accès à l'éducation

L'éducation est à l'évidence un déterminant clé du développement économique et social d'une nation. L'acquisition de compétences, de connaissances et de savoir-faire technique par le biais de l'éducation et de la formation joue un rôle crucial dans l'autonomisation économique de la femme. Des études ont par exemple démontré que chaque année additionnelle de scolarité primaire pour une fille a des effets positifs directs sur son avenir et son insertion socio-professionnelle.

Assurer un accès égal pour tous à tous les niveaux d'éducation, et éliminer l'analphabétisme, qui touche en premier les femmes dans toutes les zones aussi bien rurales qu'urbaines, reste une priorité en Guinée ; la mise à disposition de fonds spéciaux pour promouvoir l'éducation des femmes, et surtout la formation professionnelle et technique, avec programmes adaptés, constitue une nécessité.

### L'accès aux services de santé et notamment ceux de la santé reproductive

Les études ont montré l'existence d'une relation directe entre la santé de la femme et son autonomisation. De même, l'autonomisation économique des femmes induit des investissements plus importants dans la protection de la famille contre la maladie, qu'il s'agisse de prévention ou de traitement.

La santé reproductive constitue un autre enjeu important, compte tenu du niveau élevé de la mortalité des femmes attribuable aux risques liés à la grossesse et à l'accouchement (inexistence ou éloignement des centres de santé, manque d'information et de sensibilisation, faiblesse des moyens financiers...). Face à cette situation, promouvoir l'accès des femmes à des soins de santé constitue un défi à relever. Plusieurs stratégies et programmes ont été mis en place afin de promouvoir la santé reproductive en Guinée.

## 4. Les dispositions légales en faveur de l'égalité de genre et de l'autonomisation des femmes

L'enjeu majeur des politiques publiques consiste à renforcer les dispositions constitutionnelles et légales ainsi que les mesures visant à améliorer la participation des femmes dans les institutions nationales et à renforcer les dispositifs en faveur de l'autonomisation des femmes, au niveau central et décentralisé, tout en les protégeant face aux risques de violence, d'exclusion et de discrimination.

### 4.1 Le renforcement des dispositions légales, institutionnelles et opérationnelles

Les lois et les institutions relatives aux questions de genre sont des dispositifs qui servent à promouvoir la reconnaissance et le respect des droits humains en général et ceux de la femme en particulier. L'autonomisation des femmes est une priorité en Guinée, qui a ratifié la Convention sur l'élimination de toutes les formes de discrimination à l'égard des femmes.

Le cadre législatif et institutionnel permet, outre la possibilité de guider ou de faire respecter l'égalité des sexes, d'avoir une visibilité plus nette des actions à entreprendre. Si la Guinée a enregistré des avancées notables dans l'élaboration des lois en faveur de la promotion de l'égalité homme-femme, la mise en œuvre de ces dispositions légales doit être largement renforcée, au-delà des mesures de sensibilisation et de prévention.

### 4.2 La participation des femmes aux prises de décision

L'inclusion des femmes dans les processus décisionnels de leur famille, de leur collectivité et de leur gouvernement est un marqueur important de l'amélioration de leurs conditions de vie et de leur contribution économique et politique. La participation des femmes aux prises de décision, et particulièrement leur implication dans les instances nationales représentatives de la société, a un impact positif sur la cohésion sociale et la préservation des droits humains en Guinée.

Bien que les femmes ne soient pas encore très représentées dans les instances de prise de décision, il est à noter que des progrès sont enregistrés depuis une décennie et qu'il existe une prise de conscience au niveau des décideurs politiques et des organisations de la société civile.

### 4.3 L'élimination des violences faites aux femmes

Les violences à l'égard des femmes constituent une entrave majeure au développement humain. Les femmes sont victimes de toutes sortes de violences, dont la plus dominante est la violence conjugale qui concerne les deux-tiers des femmes (Afrobaromètre, 2022). Or, il existe un lien direct entre les violences basées sur le genre et la participation des femmes au développement économique. La recrudescence des violences faites aux femmes est un facteur qui entrave l'autonomisation et le bien-être de toute la société.

## Conclusion

Les inégalités selon le genre sont importantes en Guinée, et si des progrès ont été réalisés dans différents domaines, ils demeurent insuffisants. La Politique nationale du genre vise à réduire ces inégalités par la prise en compte de la dimension genre dans les politiques, programmes et projets sectoriels. La production de statistiques en matière de genre et développement est à renforcer, en vue de mieux orienter les analyses et les interventions.

Il s'agit notamment de consolider l'intégration de l'égalité de genre dans les politiques publiques, macro et sectorielles, les politiques locales de développement, les services des collectivités décentralisées, afin de donner aux femmes les mêmes opportunités d'emploi et d'affaires que les hommes, et accélérer ainsi l'atteinte des objectifs de développement durable.

CHAPITRE XIII

# L'inclusion des groupes vulnérables dans l'emploi

## Introduction

Dans le monde, une personne sur sept vit avec un handicap. Selon les estimations de l'Organisation mondiale de la santé, en raison de la population vieillissante et des maladies chroniques répandues, le taux de prévalence globale des personnes vivant avec un handicap est passé de 10 % en 1970 à 16 % en 2023 tandis que près de 80 % des personnes vivant avec un handicap sont dans les pays de l'hémisphère Sud.

L'article 1 de la Convention des Nations Unies relative aux droits des personnes handicapées (CDPH) stipule que « les personnes handicapées comprennent celles qui présentent des déficiences physiques, mentales, intellectuelles ou sensorielles durables qui, en interaction avec divers obstacles, peuvent empêcher leur pleine et effective participation à la société sur la base de l'égalité avec les autres ».

Au-delà de leurs incapacités physiques, mentales ou sensorielles, les personnes handicapées sont confrontées à des situations d'exclusion et de discrimination à plusieurs niveaux : elles ont généralement moins d'opportunités socioéconomiques, ont plus difficilement accès à l'éducation et sont plus exposées au risque de vivre dans la pauvreté. La stigmatisation et la discrimination représentent un frein majeur, qui les empêche de participer pleinement et de manière équitable au processus de décision et de développement socioéconomique du pays.

**Les désavantages vécus par les personnes vivant avec un handicap**

Soins de santé : selon le groupe et le milieu, les personnes handicapées peuvent être plus vulnérables à des troubles secondaires évitables et à des comorbidités, à des troubles de santé mentale non traités.

Accès à l'instruction : les enfants handicapés ont moins accès à l'école et sont moins présents en classe, pour différents facteurs ; leur scolarisation est plus courte et les chances de réussite et de de transition vers un enseignement postscolaire sont plus réduites.

Accès à l'emploi et aux activités économiques : les taux d'emploi des personnes handicapées sont inférieurs à ceux des personnes non handicapées, et lorsqu'elles occupent un emploi, elles gagnent souvent moins que leurs pairs non handicapés.

Des taux élevés de pauvreté : les personnes handicapées ont de mauvaises conditions de vie et moins de ressources. La pauvreté peut engendrer des handicaps, par le biais de la malnutrition, de mauvais soins de santé et de conditions de travail ou de vie précaires. La vulnérabilité dans l'emploi est forte et l'accès aux services sociaux est limitée (le logement, le transport...).

Une indépendance limitée : le recours à des solutions institutionnelles, le manque de vie communautaire, l'inaccessibilité des transports et autres équipements publics et les attitudes négatives rendent les personnes handicapées dépendantes et isolées des opportunités sociales, culturelles et politiques générales.

Source : OMS et Banque mondiale, 2011.

## 1. La situation des personnes vivant avec un handicap

Le troisième recensement général de la population et de l'habitation (RGPH-3), réalisé en Guinée par l'Institut national de la statistique-INS en 2014, a dénombré 155 885 personnes vivant avec un handicap (PVH) sur une population totale de 10 503 132 habitants, soit 1,5 %, avec 47 % d'hommes et 53 % de femmes. Le nombre estimé de PVH en milieu urbain est de 52 097 (33 %) contre 103 788 personnes en milieu rural (66 %). Selon l'INS, les PVH en Guinée sont parmi les plus pauvres, dans un pays au niveau de vie déjà particulièrement bas.

Les ressources publiques qui leur sont allouées restent très faibles à travers notamment le Fonds national de réinsertion et de solidarité pour les personnes handicapées. En raison de la faiblesse des moyens et des équipements nécessaires à leur rééducation et ou à leur réinsertion, certaines personnes vivant avec un handicap se livrent à la mendicité.

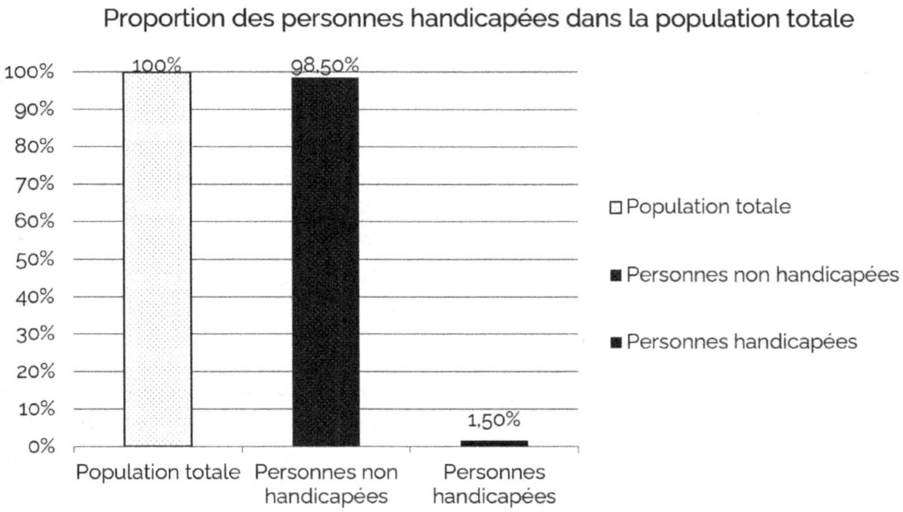


Source : INS, 2014.

### 1.1 L'exclusion sociale des personnes vivant avec un handicap

Les personnes vivant avec un handicap en Guinée sont doublement pénalisées du fait que : i) le handicap est stigmatisé (les familles croient souvent par ignorance, qu'un enfant avec une limitation fonctionnelle n'a pas la capacité d'apprendre) ; ii) le handicap est stigmatisant (l'arrivée d'une personne handicapée dans une famille est souvent perçue comme le signe d'un malheur, d'un péché ou d'une malchance, dont la famille serait victime).

Ces perceptions ont un effet négatif sur la manière dont la société perçoit et traite ces personnes qui – en majorité – restent dépendantes des ressources de leur famille, de la communauté et du grand public (mendicité) pour leur survie.

Les femmes sont doublement affectées par le handicap du fait que les stéréotypes de genre les maintiennent dans une situation de subordination et qu'il est beaucoup plus probable qu'elles aient à s'occuper de parents ou d'enfants handicapés que les hommes. De plus, les femmes vivant avec un handicap ont plus de risques d'être victimes de violence que les hommes dans la même situation.

### 1.2 Le cadre normatif et institutionnel

La Guinée a ratifié la Convention internationale sur les droits des personnes vivant avec un handicap, le 8 février 2008. Elle est également partie prenante à de nombreux autres instruments juridiques internationaux et africains notamment la convention 159 de l'OIT sur la réadaptation professionnelle et l'emploi des personnes handicapées.

En République de Guinée, le handicap fait partie des priorités des programmes d'inclusion sociale, et est inscrit dans la Constitution de la République de Guinée de 2020 qui, en son article 19, stipule : « [...] Les personnes handicapées ont droit à l'assistance et à la protection de l'État, des collectivités et de la société. La loi fixe les conditions d'assistance et de protection auxquelles ont droit les personnes âgées et les personnes handicapées ». La Constitution proclame également dans son préambule que les dispositions de la Déclaration universelle des droits de l'homme et de la Charte africaine des droits de l'homme et des peuples (CADHP) font partie intégrante de la loi fondamentale. Ainsi, l'article 2 de la Déclaration universelle des droits de l'homme, proclame le principe d'égalité et de non-discrimination.

Le cadre normatif en faveur des personnes handicapées est également présent dans le programme national de développement qui inscrit la prise en charge des personnes vivant avec un handicap parmi ses priorités au développement et dans la Politique nationale de protection sociale (PNPS).

Par ailleurs, la République de Guinée a une législation concernant directement le handicap. En effet, la loi L/2018/021/AN du 15 mai 2018, portant protection et promotion des personnes handicapées en République de Guinée, prévoit de nombreuses facilités concourant à l'épanouissement des personnes vivant avec un handicap. Au nombre des mesures, figure l'institutionnalisation d'une carte d'égalité des chances qui devrait rendre gratuits les soins médicaux dans les institutions médicales, au niveau central et communautaire. Cette loi comporte également des dispositions concourant à l'éducation inclusive, à l'emploi et à la participation à la vie publique des personnes vivant avec un handicap.

### 1.3 La situation socioéconomique des personnes vivant avec un handicap

La situation socioéconomique des personnes vivant avec un handicap (PVH) est précaire en raison de barrières et d'inégalités très fortes : i) un faible taux de scolarisation ; ii) des taux de chômage et de pauvreté élevés ; iii) une situation précaire en matière de santé ; iv) le faible accès à un accompagnement et services de réadaptation ; et v) des difficultés d'accéder aux espaces, aux édifices et aux transports, tant publics que privés.

Selon l'enquête sur le profil de pauvreté en Guinée, seulement 30 % des personnes handicapées exercent une activité économique, dont en moyenne 21 % à Conakry et environ 15 % dans les chefs-lieux des régions. À quelques exceptions près, une grande partie des PVH sont des travailleurs indépendants du secteur informel, dans les métiers de l'artisanat, le petit commerce et les services.

Toutefois, des initiatives communautaires et associatives se développent avec succès. Plusieurs activités génératrices de revenus portées par des associations de PVH ainsi que des initiatives entrepreneuriales (projets handipreneurs) se sont développées notamment dans les métiers de l'artisanat, les arts et la culture, les services.

L'État et ses partenaires se sont engagés dans la mise en place de centres d'apprentissage de métiers en faveur des PVH, dans le recrutement au sein de la fonction publique, dans la promotion du handiprenariat, dans l'élaboration de textes d'application de la loi, qui pourrait aboutir à la mise à disposition d'une carte d'égalité des chances ainsi que d'autres avantages qui concourent à la réduction des inégalités.

## 2. Les avancées en matière d'inclusion sociale et de promotion des personnes vivant avec un handicap

S'il est clairement établi et accepté de tous que les personnes handicapées ont des besoins d'accès aux soins médicaux et chirurgicaux, à l'éducation, à la formation professionnelle, à l'emploi, aux crédits, aux biens de subsistance, etc., il est aussi une réalité que les mentalités et les comportements n'ont pas encore accordé un intérêt à leur pleine participation au processus de développement de la Guinée. Un certain nombre d'actions ont été entreprises par les structures gouvernementales et les organisations agissant en faveur des personnes handicapées avec l'appui de fondations et des partenaires au développement. On peut citer notamment la création de l'école des sourds-muets de Boulbinet, du Centre Sogué des aveugles et malvoyants, de l'école Louis-Braille de N'zérékoré, du Centre national d'orthopédie ou du centre d'apprentissage de métier Bobo SOW. Des efforts sont déployés dans la promulgation de la loi L/2018/021/AN du 15 mai 2018, portant protection et promotion des personnes handicapées en République de Guinée et l'élaboration de textes d'application de la loi, mais aussi dans la promotion du handiprenariat à travers des partenariats avec le secteur privé et les institutions de microfinance.

Ces multiples efforts entrepris par le gouvernement et ses partenaires pour la protection et la promotion des personnes handicapées, le respect des droits de l'homme et de la Convention internationale des droits des personnes handicapées, sont à multiplier face à la situation socioéconomique des personnes handicapées qui demeure très préoccupante.

## 3. Les défis et enjeux en matière d'inclusion des personnes vivant avec un handicap

Longtemps considéré comme un sujet tabou, le handicap fait désormais partie des plans de développement social et économique et des engagements nationaux prioritaires. On en retiendra ici quatre selon leur pertinence et leur incidence sur la vie des personnes vivant avec un handicap.

### 3.1 La reconnaissance administrative du handicap

Les personnes handicapées se trouvent généralement stigmatisées. En Guinée, les pesanteurs ne se limitent pas à la seule sphère socioculturelle. Elles s'étendent également à la reconnaissance administrative du handicap en tant que réalité non isolée.

Or, la reconnaissance du handicap permet aux PVH de bénéficier d'aides ou de prestations individuelles, d'accéder à certains services ou d'être orientées dans des établissements d'accueil ou d'accompagnement, d'être prioritaires pour des services publics de l'emploi. Ces différentes aides visent à compenser les effets discriminatoires et à favoriser la participation à la vie sociale et économique.

Des outils doivent permettre de mesurer l'éligibilité par des critères d'accès et permettre de déterminer le niveau de perte d'autonomie et le taux d'incapacité. Des barèmes spécifiques aux accidents de travail et aux maladies professionnelles doivent préciser l'accès à la prestation de compensation. Les équipes médico-sociales, les médecins-conseils de l'assurance maladie, les associations, les services sociaux, les services publics de l'emploi et de l'éducation doivent bénéficier d'un guide réglementaire des critères d'attribution pour procéder aux évaluations de la perte de capacité.

### 3.2 Le renforcement des mécanismes nationaux

Au cours des dernières années, les efforts consentis par l'État et ses partenaires en faveur de l'inclusion des PVH sont notables. Toutefois, des défis subsistent pour le renforcement des mécanismes de prise en charge. La réalisation de l'objectif de l'inclusion et de l'autonomisation des PVH a trait aux mutations dans les attitudes et les comportements dans toutes les couches de la société. Les mécanismes nationaux peuvent jouer un rôle déterminant en provoquant ces transformations à tous les niveaux et en aidant à leur réalisation.

Les partenariats avec la société civile, les organisations non gouvernementales et associations communautaires engagées dans l'inclusion des PVH sont essentiels, pour assurer la viabilité et la légitimité des mécanismes nationaux et permettre de transformer la condition sociale et économique des PVH.

### 3.3 La collecte et la désagrégation des données sur le handicap et les personnes handicapées

Les données collectées de l'INS, en l'absence de statistiques des services publics en charge de l'action sociale, restent limitées et pour deux raisons : d'une part, elles obéissent à une définition du modèle médical du handicap, d'autre part, la recherche de l'existence d'une personne handicapée dans un ménage est obtenue à travers une question fermée (de type « Oui » ou « Non »), induisant souvent des sous-déclarations en raison des préjugés et des stéréotypes qui se rattachent à l'image du handicap.

Ces difficultés pour chiffrer avec plus ou moins d'exactitude la population handicapée constituent de fait un obstacle majeur à l'élaboration des politiques sociales indispensables à la gouvernance et aux dispositifs de projection pour planifier, mettre en œuvre, contrôler et évaluer l'accès des personnes handicapées aux services sociaux de base.

### 3.4 L'éducation et l'accès à l'emploi

L'analphabétisme concerne 80 % des personnes vivant avec un handicap. Ce taux élevé s'explique non seulement par leur marginalisation mais aussi par le fait que beaucoup vivent en milieu rural où leur intégration dans le système scolaire est difficile. Par ailleurs, certaines catégories d'handicap requièrent des conditions particulières pour l'accès à l'instruction et ces conditions ne sont pas réunies pour la personne handicapée et sa famille.

Le système éducatif guinéen n'est pas très accessible aux enfants vivant avec un handicap, et très peu d'entre eux parviennent à achever le cycle de l'école primaire. Les enfants handicapés rencontrent d'innombrables difficultés liées à l'éloignement des écoles et à l'inaccessibilité du transport et à l'absence de transport adapté.

Ces obstacles liés à l'accès à l'éducation et à la formation sont un frein majeur dans l'accès à l'emploi, au-delà des facteurs discriminants non liés au niveau de formation et aux compétences individuelles.

## Conclusion

Le gouvernement guinéen a établi une véritable stratégie de l'inclusion sociale sous l'impulsion du ministère en charge de l'action sociale et des personnes vulnérables. Ce ministère s'est attaché à renforcer à la fois sa stratégie d'intervention et son plan d'action en faveur des personnes les plus vulnérables et notamment celles vivant avec un handicap. Il a défini une feuille de route ambitieuse, renforcé ses capacités propres et établi des soutiens et partenariats propices à l'accompagnement des personnes vulnérables.

Le gouvernement s'attache à promouvoir un cadre législatif et réglementaire propice et à mettre en œuvre des mesures et programmes pour l'autonomisation des plus vulnérables conformément à la vision du régime de transition.

Ces efforts ont permis des acquis significatifs, des partenariats d'envergure avec notamment, le PNUD, l'UNICEF et le FNUAP et une mobilisation significative des faîtières et des organisations de personnes vivant avec un handicap.

Une étape majeure sera franchie, au cours des années à venir, avec la mise en place des fonds et programmes en faveur des groupes vulnérables dans le cadre des priorités sociales et économiques nationales consacrant une ambition forte d'insertion socioéconomique des personnes vivant avec un handicap en Guinée.

CONCLUSION

# Perspectives pour l'emploi et le développement durable en Guinée

Malgré une croissance économique soutenue, l'économie nationale n'est pas suffisamment orientée vers l'emploi, l'inclusion sociale, la protection des ressources naturelles, et la résilience aux effets du changement climatique.

La population guinéenne est très jeune et en croissance rapide ; elle est majoritairement sous-employée et travaille dans l'informalité, ce qui appelle à des actions urgentes et d'envergure pour tirer un grand profit du dividende démographique en diversifiant les sources de la croissance et en assurant la transformation des structures productives vers des activités à forte valeur ajoutée et la transition verte/bleue, qui ouvrent des opportunités considérables en termes d'emplois productifs et décents.

La population en Guinée est majoritairement jeune. À l'horizon 2040, le nombre de jeunes de 15 à 35 ans aura plus que doublé pour atteindre 7,4 millions de personnes contre 3,4 millions de personnes recensées en 2014, en Guinée, selon les projections de l'Institut national de la statistique (INS). Aussi, chaque année, il y aurait plus de 300 000 jeunes qui atteignent l'âge de 15 ans et dont plus de la moitié entrent sur le marché de l'emploi. Le système éducatif national produit également plusieurs milliers de jeunes diplômés sortants chaque année.

Ce dividende démographique peut être le fer de lance de la transformation économique du pays, s'il est bien valorisé ; si le pays parvient à investir dans le capital humain, dans des travaux d'infrastructures riches en emplois et en ressources locales, et s'il privilégie des choix productifs tournés vers des approches durables, climato-intelligentes, en s'appuyant sur les opportunités considérables qu'offrent les transitions verte et bleue en Guinée.

### La création d'emplois productifs et décent au cœur des politiques publiques

L'économie nationale est en pleine transformation, grâce aux investissements miniers et en particulier au projet Simandou. Des choix décisifs marqueront la trajectoire économique et sociale de la Guinée dans les prochaines années, en particulier les modèles retenus de développement agricole, industriel et technologique. La Politique nationale de l'emploi (PNE) adoptée en juillet 2024 par l'ensemble du gouvernement sous l'égide du Premier ministre, indique les orientations prioritaires, pour que les stratégies sectorielles et les programmes d'investissement soient tournés en premier lieu vers la création d'emplois de qualité, et pour qu'ils intègrent les impératifs de la transition verte et bleue, et ceux de la transition technologique.

Des gisements importants d'emplois productifs et de qualité sont identifiés dans les documents de stratégies sectorielle adoptés dans un grand nombre de secteurs prioritaires (agriculture, mines, industrie, artisanat, tourisme, culture, économie digitale, environnement, climat, énergie, transport, etc.) et dans la lettre de la politique du contenu local. Des dispositifs d'appui à l'insertion des jeunes ont été mis en place, pendant que des réformes majeures ont été entreprises dans le secteur de l'éducation et de la formation professionnelle, avec des partenariats privés.

Le modèle rentier d'exploitation des ressources minières doit laisser place à un modèle de croissance durable et inclusive, en utilisant de façon stratégique les revenus tirés de la rente minière, d'une part, pour identifier et lever les contraintes de compétences locales en étroite collaboration avec le secteur privé et, d'autre part, pour investir dans la diversification économique et les transitions écologiques et digitales, par la mise en place d'un fonds souverain et de mécanismes de gouvernance efficaces.

### La formalisation de l'emploi

Le secteur informel reste le premier pourvoyeur d'emplois à en Guinée. La formalisation requiert des mesures intégrées, ciblant les micro et petites entreprises et les opérateurs économiques informels, pour étendre la couverture légale et la couverture sociale à tous ces acteurs économiques, en leur apportant des services financiers et non financiers, en leur garantissant un encadrement technique et un accès progressif aux marchés publics.

### Le dialogue social, pierre angulaire de la création d'emplois décents

Le dialogue social avec les acteurs économiques et les partenaires sociaux demeure une condition nécessaire pour réussir les réformes actuelles et à venir, et engager l'ensemble des acteurs à l'échelle nationale et locale, dans la mise en œuvre collective de ces réformes transformatrices vers une économie résiliente, durable et inclusive. La présence des jeunes, des femmes et des responsables locaux, dans les instances décisionnelles est importante, car elle leur donne la possibilité d'influencer la prise de décisions et de faire un suivi des objectifs fixés en matière d'accès à l'emploi dans les politiques publiques et dans les initiatives locales ou communautaires pour un développement durable et inclusif.

# Acronymes et abréviations

| | |
|---|---|
| AGETIPE | Agence guinéenne d'exécution des travaux d'intérêt public |
| AGR | Activités génératrices de revenus |
| AGUIPE | Agence guinéenne pour la promotion de l'emploi |
| AIE | Agence internationale de l'énergie |
| ANAFIC | Agence nationale de financement des collectivités locales |
| ANIES | Agence nationale d'inclusion économique et sociale |
| APIP | Agence de promotion des investissements privés |
| BAD | Banque africaine de développement |
| BCRG | Banque centrale de la République de Guinée |
| BIT | Bureau international du travail |
| BM | Banque mondiale |
| BTP | Bâtiment et travaux publics |
| CEA | Commission économique pour l'Afrique |
| CEDEAO | Communauté économique des États de l'Afrique de l'Ouest |
| CIEA | Conférence internationale pour l'émergence de l'Afrique |
| CNJG | Conseil national des jeunes de Guinée |
| CNCEJ | Conseil national de concertation sur l'emploi des jeunes |
| CND | Contribution nationale déterminée |
| CNIPS | Coordination nationale intersectorielle de la protection sociale |
| EFTP | Enseignement et formation techniques et professionnels |
| ENESIG | Enquête nationale sur l'emploi et le secteur informel en Guinée |
| FAD | Fonds africain de développement |
| FMI | Fonds monétaire international |
| FNDL | Fonds national de développement local |
| FODEL | Fonds de développement économique local |
| FONIJ | Fonds national pour l'insertion des jeunes |
| GIE | Groupement d'intérêt économique |
| GNF | Franc guinéen |
| HIMO | Haute intensité de main-d'œuvre |

| | |
|---|---|
| IDH | Indice de développement humain |
| IMF | Institut de microfinance |
| INS | Institut national des statistiques |
| INTEGRA | Programme d'appui à l'intégration socio-économique des jeunes |
| ITIE | Initiative pour la transparence dans les industries extractives |
| LPSE | Lettre de politique sectorielle de l'éducation |
| METFPET | Ministère de l'Enseignement technique, de la Formation professionnelle, de l'Emploi et du Travail |
| MJEJ | Ministère de la Jeunesse et de l'Emploi des jeunes |
| MVE | Maladie à virus Ebola |
| OCDE | Organisation de coopération et de développement économiques |
| ODD | Objectifs de développement durable |
| OIT | Organisation internationale du travail |
| OMD | Objectifs du millénaire pour le développement |
| OMS | Organisation mondiale de la santé |
| ONFPP | Office national de formation et de perfectionnement professionnel |
| ONUDI | Organisation des Nations Unies pour le développement industriel |
| PAGP | Plan d'aménagement et de gestion des pêcheries |
| PASANDAD | Programme accéléré de sécurité alimentaire et nutritionnelle et de développement agricole durable |
| PDDAA | Plan de développement détaillé de l'agriculture africaine |
| PEJEDEC | Projet emploi jeune et développement des compétences |
| PNDA | Plan national de développement agricole |
| PNDES | Plan national de développement économique et social |
| PNE | Politique nationale de l'emploi |
| PNIASAN | Plan national d'investissements agricoles et de sécurité alimentaire et nutritionnelle |
| PNISEJ | Programme national d'insertion socio-économique des jeunes |
| PNPS | Politique nationale de protection sociale |
| PNUE | Programme des Nations Unies pour l'environnement |
| PNUD | Programme des Nations Unies pour le développement |
| PPAO | Programme de productivité agricole en Afrique de l'Ouest |
| PPP | Partenariat public privé |
| RGPH | Recensement général de la population et de l'habitat |
| SDSP | Stratégie de développement du secteur privé |
| SIMT | Système d'information sur le marché du travail |
| SNEJ | Stratégie nationale de l'emploi jeunes |
| SNU | Système des Nations Unies |
| UPI | Unités de production informelle |
| UNICEF | Fonds des Nations Unies pour l'enfance |

# Remerciements

L'élaboration de cet ouvrage a bénéficié de l'appui technique et financier de la BAD et du PNUD, dans le cadre du Projet d'Assistance technique à l'emploi des jeunes (PATEJ), mis en œuvre avec le gouvernement guinéen, en particulier le Ministère du Plan et de la Coopération internationale, le Ministère de la Jeunesse et des Sports, le Ministère de l'Enseignement Technique, de la Formation Professionnelle et de l'Emploi, le Ministère de l'Industrie du Commerce et des PME, et les directions et agences rattachées.

Les remerciements vont à l'égard de l'ensemble des départements impliqués, avec une mention toute particulière à l'égard de son Excellence Monsieur le Premier Ministre, Amadou Oury Bah et aux membres du gouvernement qu'il dirige pour l'attention et le soutien indéfectibles apportés, au niveau interministériel, aux questions de l'emploi, de la formation, de l'entrepreneuriat et de la jeunesse en Guinée.

Les remerciements vont à l'égard du président du Groupe de la Banque africaine de développement, Akinwumi Adesina, et de ses équipes au Département *Capital humain, jeunesse et développement des compétences* (BAD, Abidjan), pour la confiance témoignée et leur engagement en faveur de la promotion de l'emploi et du capital humain dans les politiques de développement dans le cadre des cinq priorités retenues pour la transformation économique de l'Afrique.

Les remerciements vont à l'égard de l'administrateur du Programme des Nations Unies pour le Développement (PNUD), Achim Steiner et la directrice de la région Afrique du PNUD, Mme Ahunna Eziakonwa, pour la confiance témoignée et leur engagement en faveur de la promotion de l'emploi et du capital humain dans les politiques développement durable en Afrique, dans le cadre de l'atteinte des ODD.

Les appuis apportés dans le cadre du PATEJ ont aussi bénéficié de collaborations étroites avec le BIT, le FNUAP, l'UNICEF et l'UNESCO, qui sont particulièrement remerciés, pour leurs contributions techniques et les synergies constituées.

# Bibliographie


Banque Mondiale 2019, Guinée - *Les avantages économiques d'une société soucieuse de l'égalité des genres*, juin 2019.

Banque Mondiale 2023, *Libérer le potentiel des femmes et des filles : Le statut des femmes et des filles par rapport aux hommes et aux garçons en Guinée.*

Banque mondiale, 2023, *Une priorité pour la Guinée : améliorer le statut des femmes et filles*, mai 2023.

Bureau International du Travail (BIT), 2012, *Guide pour la formulation des politiques nationales de l'emploi*, Genève.

Coordination des Nations Unies en Guinée, *Rapport Analyse commune pays, Guinée*, 2023.

Daffé Charlotte, Diallo Safiatou, Grégoire Luc-Joël, *L'économie bleue en Guinée. Une vision, une ambition*, 2024, L'Harmattan Guinée.

Document de Politique Commerciale de la Guinée, 21 décembre 2020

Grégoire, Luc-Joël, HAIDARA, Dramane et LENSING-HEBBEN, Caroline. 2011, *Emploi et politique de développement en Afrique*. Paris : Éditions Belin.

Grégoire Luc-Joel. 2018. *Transformation structurelle et émergence de l'Afrique.* Paris : Éditions Grandvaux, préface du président Alassane Ouattara.

Groupe de la Banque Africaine de Développement, *Document de Stratégie Pays 2018-2022*, Septembre 2018.

INS, 2017, *Enquête par grappes à indicateurs multiples MICS 2016*, Guinée, Rapport final « Suivi de la situation des enfants et des femmes », République de Guinée, Ministère du Plan et de la Coopération Internationale, juillet 2017.

INS, 2020, *Enquête Harmonisée sur les Conditions de Vie des Ménages 2018-2019*, Décembre 2020.

INS, *Enquête de l'analyse globale de la vulnérabilité, de la sécurité alimentaire et de la nutrition (AGVSAN)*, Guinée 2018.

INS, *Enquête Démographique et de Santé (EDS)*, 2018.

INS, *Rapport d'analyse sur les travaux domestiques non rémunérés en Guinée*, 2022.

INS, *Rapport global de l'Enquête Nationale sur l'Emploi et Secteur Informel en Guinée (ENESIG-2018/2019)*, Janvier 2020.

INS, *Recensement Général de la Population et de l'Habitat (RGPH)* 2014.

INS, *Stratégie Nationale de Développement de la Statistique 2016-2020* - Conseil National de la Statistique, Septembre 2017.

Kaba Nialé, Cissé, Babacar, Idrissa, Diagne et Grégoire Luc-Joël. 2017. *L'Afrique émergente : enjeux et potentialités.* Paris : Éditions Grandvau.

Ministère de l'Industrie, des PME et de la Promotion du Secteur Privé *Lettre de Politique Nationale des Petites et Moyennes Entreprises* (LPN/PME), Juillet 2013.

MEEF. 2011. *Politique nationale de l'environnement (PNE).* Conakry.

MEEF/PNUD. 2019. *Stratégie nationale du développement durable en République de Guinée.* Conakry.

Ministère de l'action Sociale, de la Promotion Féminine et de l'Enfance, 2019, *Politique Nationale de la Famille 2019-2021.*

Ministère de l'Action Sociale, de la Promotion Féminine et de l'Enfance, 2017, *Politique Nationale Genre (version révisée)*, mai 2017.

Ministère de l'Agriculture et de l'Elevage, 2018, *Plan National d'Investissement Agricole et de Sécurité Alimentaire et Nutritionnelle*, PNIASAN (2018 – 2025) Janvier 2018.

Ministère de l'économie et des finances, 2020, *Stratégie Nationale d'Inclusion Financière 2020-2023*, République de Guinée.

Ministère de l'Economie et des Finances, *Plan de Relance Economique*, Septembre 2022.

Ministère de l'Economie, des Finances et du Plan, *Programme de Référence Intérimaire de la transition (2022-2025)*, Décembre 2022.

Ministère de l'Economie, Finance et Plan, 2022, *Politique Nationale de Population*, Janvier 2022.

Ministère de l'éducation, *Programme Décennal de l'Education en Guinée, ProDEG 2020-2029*, Secteur de l'Education et de la Formation, République de Guinée.

Ministère de l'énergie et de l'hydraulique, 2023, *Plan National d'Electrification Rurale -Horizon 2040*, Juin 2023.

Ministère de l'enseignement technique, de la formation professionnelle et de l'emploi, *Politique nationale de l'Emploi (2024-2030)*, République de Guinée, 2024.

Ministère de l'environnement et du développement durable, Ministère de la Pêche et ressources halieutique, *Stratégie nationale de l'économie bleue*, 2024.

Ministère de la Culture, du Tourisme et de l'Artisanat, *Stratégie Nationale de Développement Durable du Tourisme en République de Guinée*, 2018.

Ministère de la Culture, du Tourisme et de l'Artisanat, Stratégie nationale de développement et formalisation de l'Artisanat, 2023.

Ministère de la Jeunesse et des Sports, 2024, *Politique Nationale de la Jeunesse et des Sports (2025-2035).*

Ministère de la Jeunesse et des Sports, 2024, *Stratégie nationale pour la promotion de l'emploi et l'auto-emploi des jeunes (2025-2030).*

Ministère de la promotion de la femme et de l'inclusion des groupes vulnérables, *Programme National d'Inclusion et d'Autonomisation des Personnes Handicapées (PNIAPH)*, Juillet 2019.

Ministère de la santé, *Plan National de Développement Sanitaire* (PNDS 2015-2024).

Ministère des Postes, télécommunications et Economie numérique, 2022, *Stratégie Nationale de Digitalisation de l'Etat et de Développement de l'Economie Numérique Guinée (2022 – 2026)* et son plan d'action.

Ministère du Commerce, de l'Industrie et des PME, 2022, *Politique Nationale de Développement Industriel (2022-2040).*

Ministère du Commerce, de l'Industrie et des PME, 2022, *Lettre de politique nationale d'appui aux PME*

Ministère du Commerce, de l'Industrie et des PME, 2022, *Stratégie de promotion de compétitivité en République de Guinée dans le contexte de la ZLECAf* (2024-2028).

Ministère du Plan et de la Coopération Internationale, 2017, *Programme Accéléré de Sécurité Alimentaire et Nutritionnelle et de Développement Agricole Durable de la Guinée, 2016-2020*, République de Guinée, Rapport final, janvier 2017.

Ministère du Plan et de la Coopération internationale, 2023, *Document de Politique Nationale de Coopération Internationale à l'horizon 2030*, Septembre 2023.

Ministère du Plan et de la Coopération internationale, 2023, *Plan de Sauvetage des ODD de la Guinée*, Septembre 2023.

Ministère du Plan et de la Coopération Internationale, *Plan National de Développement Economique et Social (2016-2020)*, 2017.

Ministère du Plan et de la Coopération Internationale, *Rapport national de suivi de la mise en œuvre de l'agenda de la CIPD*, Juillet 2023.

Ministère du Plan et de la Coopération internationale, *Stratégie Nationale de Financement Intégré des ODD en République de Guinée*, mars 2023.

Ministère du Plan et de la Coopération Internationale, *Vision 2040 pour une Guinée émergente et prospère.*

Ministère de l'énergie et de l'hydraulique. 2018. *Politique nationale de l'eau.* République de Guinée – Conakry.

MPAEM. 2017. Rapport final – *Étude de faisabilité du projet de développement de la pisciculture en Guinée.* Conakry.

Nations Unies, Forum *Politique de Haut Niveau des Nations Unies sur le développement durable (HLPF)*, juillet 2023, New York.

Organisation Internationale du Travail, Ministère du Travail, 2015, *Programme Pays de Promotion du Travail Décent en Guinée 2016-2019*, République de Guinée.

PNUD/METFPE, *Profil emploi, République de Guinée*, 2023.

PNUD, *Rapport mondial sur le développement humain durable* (RMDH 2023-2024)

PNUD, *Rapport national volontaire sur l'état de la mise en œuvre des ODD en République de Guinée*, 2024.

PNUD, *Rapport sur la Fragilité et Stratégie-Résilience-Guinée*, rapport-final, juillet 2022.

Programme des Nations-Unies pour le développement (PNUD), 2021, *Innovation et Transformation Structurelle de l'Economie en République de Guinée, Rapport d'étude*, Juillet 2021.

Programme des Nations-Unies pour le développement (PNUD), *Rapport des consultations techniques nationales sur le pacte pour l'avenir en prélude du sommet de l'avenir*, 2024, République de Guinée – Conakry.

UICN/CNSHB. 2010. *Gouvernance des territoires et des patrimoines littoraux - Appui au processus de planification côtière en République de Guinée.* Conakry.

Union africaine, 2012. *Stratégie africaine intégrée pour les mers et les océans à l'horizon 2050* (Stratégie AIM 2050).

Union africaine/ACP. 2018. *Conférence sur le thème « L'économie bleue et l'Agenda 2030 pour le développement durable ».* Kenya, Nairobi.

# Biographie des auteurs

**Aminata KABA, Ministre de l'Enseignement Technique, de la Formation Professionnelle et de l'Emploi**

Ingénieure en télécommunications avec une longue expérience professionnelle - nationale, internationale et en zone d'urgence - Madame Aminata KABA est titulaire d'un double master de l'université de Westminster au Royaume-Uni en communication mobile et satellitaire et de l'école HEC Paris en gestion des entreprises pour dirigeants, ainsi que d'une Maîtrise en réseaux informatiques et télécommunications à l'Institut Universitaire Professionnalisé de l'Université Paris XII et d'une Licence en Télécommunications à l'Université Gamal Abdel Nasser de Conakry (Guinée).

Après un riche parcours dans les institutions internationales dont le Bureau Régional de l'Union Internationale des Télécommunications (UIT) en qualité de Programme Officer, l'UNICEF en République Centrafricaine en qualité d'ICT Officer et dans le secteur privé notamment chez MTN-Areeba Guinée comme Responsable de la Qualité du Réseau et du Reporting, et chez Ericsson au Royaume-Uni en qualité d'Ingénieure de Conception, Madame Aminata KABA a décidé de mettre ses compétences aux services de sa nation. Elle a d'abord occupé successivement les postes de Directrice des Opérations, Directrice des Radiocommunications de l'Autorité de Régulation des Postes et Télécommunications (ARPT) avant d'être nommée Administratrice du Programme au Bureau du Développement des Télécommunications (BDT) en 2016, puis Directrice Générale Adjointe de l'ARPT ensuite Présidente de l'Entreprenariat dans le Numérique de 2018 à 2019 avant d'être nommée Directrice Générale Adjointe en charge des Opérations à la Société de Gestion du Backbone National (SOGEB) de Guinée.

En novembre 2021, Madame Aminata Kaba est nommée par le Comité national du rassemblement pour le développement (CNRD), Ministre des Postes, des Télécommunications et de l'Économie Numérique puis Ministre de l'Information et de la Communication à partir d'août 2022 jusqu'à février 2024, et Ministre de l'Enseignement technique, de la Formation professionnelle et de l'Emploi depuis mars 2024.

## Keamou Bogola HABA, Ministre de la Jeunesse et des Sports

Economiste de formation, Keamou Bogola Haba a été président Fondateur de Labenie Group et partenaire de Balmana International Guinée depuis 2021, avant d'être nommé ministre en mars 2024.

Titulaire d'un Master en Gestion des Multinationales - Universités Aube Nouvelle - ISIG Management Sciences (Ouagadougou) et European Institute of Management Studies (Luxemburg), Monsieur Keamou Bogola Haba a aussi étudié les sciences économiques à l'université Gamal Abdel Nasser de Conakry.

Keamou Bogola Haba a occupé divers postes chez Nestlé Guinée SA de 2002 à 2007, évoluant de comptable à responsable du contrôle de gestion. Il a ensuite été directeur des finances et du contrôle pour Nestlé dans plusieurs pays africains, notamment au Cameroun, au Burkina Faso et au Ghana, où il a servi en tant que directeur régional du contrôle interne, de la conformité et de la gestion des risques pour Nestlé Afrique Centrale et de l'Ouest jusqu'en juin 2019.

Keamou Bogola Haba a été porte-parole de l'Alliance Nationale pour l'Alternance et la Démocratie (ANAD) jusqu'à la création, le 14 mai 2022, du Front National pour la Défense de la Transition (FNDT), dont il est le président fondateur. Le 13 mars 2024, il a été nommé ministre de la Jeunesse et des Sports dans le gouvernement dirigé par Monsieur Bah Oury.

## Dr Diaka SIDIBE, Ministre du Commerce, de l'Industrie et des Petites et Moyennes Entreprises

Dr. Diaka Sidibé est une figure éminente de la République de Guinée, reconnue pour ses contributions significatives dans les domaines de la géologie, de l'éducation, de l'entrepreneuriat et de la politique. Après avoir achevé ses études primaires et secondaires en Guinée, elle a obtenu une bourse pour poursuivre des études au Maroc, où elle a décroché une licence en Sciences de la Terre et de l'Univers en 2009, suivie d'un master en Géologie de l'Ingénieur en 2011. Elle a ensuite réalisé une thèse de doctorat portant sur la géologie, l'environnement et les risques hydrologiques naturels, avec des travaux postdoctoraux menés au Maroc, en Roumanie et en France.

De retour en Guinée en 2014, Dr. Sidibé a occupé des postes clés, notamment celui de cheffe du Département de Génie Civil et Géologique et directrice du Laboratoire Universitaire des Matériaux et de la Mécanique des Sols à l'Université Roi Mohammed VI de Conakry. En 2016, elle a cofondé AGROGUINEELAB, un incubateur d'entreprises agricoles, où elle a exercé en tant que vice-présidente et responsable de la formation, démontrant ainsi son engagement envers l'entrepreneuriat et l'autonomisation communautaire.

En octobre 2019, Dr. Sidibé est devenue la première femme nommée directrice générale de l'Institut Supérieur des Mines et Géologie de Boké, marquant une étape historique dans l'enseignement supérieur guinéen. Le 26 octobre 2021, elle a été nommée ministre de l'Enseignement Supérieur, de la Recherche Scientifique et de l'Innovation, poste qu'elle a occupé jusqu'au 19 février 2024. Le 13 mars 2024, elle a été nommée ministre du Commerce, de l'Industrie et des Petites et Moyennes Entreprises.

Tout au long de sa carrière, Dr. Diaka Sidibé a été honorée par plusieurs distinctions, dont le Prix Africain de Développement (PADEV) en 2022 et un doctorat honoris causa de l'Institut Supérieur des Mines et de la Géologie de Boké en 2023, reconnaissant ainsi ses contributions exceptionnelles à l'éducation et au développement en Guinée.

## Léandre BASSOLE, Représentant Pays de la BAD Guinée (2018-2024)

Léandre Bassolé est un économiste reconnu pour son expertise en développement économique et son engagement dans les affaires publiques. Il a rejoint la Banque africaine de développement (BAD) en 2009 en tant que jeune professionnel et a progressivement occupé des postes de responsabilité, notamment celui de macroéconomiste principal, couvrant des pays tels que le Cap-Vert, les Comores, le Mali, le Burundi, Madagascar, le Sénégal et le Rwanda. En juin 2024, il a été nommé directeur général adjoint pour la région Afrique de l'Est de la BAD, après avoir servi comme responsable pays pour la Guinée, où il a supervisé une augmentation significative de l'engagement de la Banque, passant de 240 millions de dollars en 2017 à 728 millions en 2023.

Avant sa carrière à la BAD, M. Bassolé a travaillé comme chercheur et spécialiste de l'impact du développement dans diverses institutions académiques et internationales, dont le Centre national de la recherche scientifique en France et le Groupe de la Banque mondiale. Il a notamment contribué au *Rapport sur le développement dans le monde axé sur l'agriculture pour le développement* en 2008.

Parallèlement à sa carrière internationale, Léandre Bassolé a également été impliqué dans les affaires publiques de son pays natal. En janvier 2018, il a été nommé président du Haut Conseil pour la Réconciliation et l'Unité Nationale (HCRUN) au Burkina Faso, succédant à Benoît Kambou.

Son parcours reflète un engagement constant envers le développement économique et social, tant au niveau national qu'international.

## Luc-Joël GREGOIRE, Représentant Résident du PNUD Guinée (2019-2024)

Mr Luc-Joël Grégoire est un économiste reconnu pour son expertise en développement international et en économie africaine. Il est titulaire d'un doctorat en sciences économiques, d'un diplôme de troisième cycle de l'institut d'études politiques, de deux DEA en Droit et Economie de l'Environnement de l'Université de Bordeaux (France) et d'un Certificat post-doctoral d'écologie humaine des universités Paris-Descartes et Toulouse (France).

Mr Luc-Joël Grégoire a été Directeur pays du Programme des Nations Unies pour le Développement (PNUD), de 2013 à 2018 en Côte d'Ivoire, après avoir occupé les fonctions d'économiste principal au PNUD. Il a été Directeur exécutif de la réforme des Nations Unies au Mali en 2011/12 et a coordonné le premier ouvrage consacré à la réforme des Nations Unies en Afrique. Il a auparavant, exercé les fonctions de responsable de la zone Afrique à la division des risques d'une grande banque internationale et a dirigé les comités internationaux de renégociation de la dette du Club de Londres. Il a participé à l'organisation de plusieurs grandes conférences internationales sur le développement durable. Mr Luc-Joël Grégoire a également contribué aux travaux préparatoires du *Sommet mondial sur le changement climatique* et a coordonné la publication consacrée au développement durable et à l'émergence de l'Afrique, présentée à la COP21 de Paris. Il a assumé la responsabilité de la Co-organisation des conférences internationales sur l'émergence de l'Afrique (2015-2019). En 2019, il a été nommé Représentant Résident du Programme des Nations Unies pour le Développement (PNUD) en Guinée, où il a supervisé des initiatives clés en matière de développement durable, de développement économique et de gouvernance.

En tant qu'auteur, Luc-Joël Grégoire a contribué à plusieurs ouvrages portant sur le développement économique et social et les questions environnementales et de lutte contre la pauvreté en Afrique. Son parcours reflète un engagement profond envers le développement durable et la promotion de politiques économiques inclusives et durables en Afrique.

## Naïma PAGES, Team Leader - Cluster Transformation économique et Développement durable, PNUD Guinée

Mme Naima Pagès est une économiste spécialisée dans le développement international, actuellement Team Leader de l'unité *Transformation économique et développement durable* au sein du Programme des Nations Unies pour le développement (PNUD) en Guinée.

Avant de rejoindre le PNUD en Guinée en 2020, Mme Pagès a travaillé dans diverses organisations internationales, où elle a coordonné des programmes de recherche, des programmes de formation, d'assistance technique et des services de conseil en appui aux politiques publiques de développement, notamment auprès de l'Organisation Internationale du Travail entre 2009 et 2020, et auparavant auprès de l'Union européenne, de la Direction générale de la Coopération internationale du Ministère des affaires étrangères de Paris, de l'IRD et du CERED à l'Université Paris X.

Titulaire d'un doctorat en économie du développement et de deux masters en sciences économiques (Paris I et Paris X), ses domaines d'expertise incluent les politiques publiques de développement économique, social et environnemental, l'emploi et le développement des compétences, le développement des entreprises et le développement local. Elle a publié plusieurs ouvrages, articles et documents techniques sur les questions de développement et de l'emploi. Son parcours reflète un engagement profond envers la promotion de stratégies intégrées pour le développement économique inclusif et durable en Afrique.

# Annexe

PROFIL EMPLOI
RÉPUBLIQUE DE GUINÉE

*Analyse statistique de l'emploi*
*et du secteur informel*

Ce document a été réalisé avec l'appui du Projet PATEJ – PNUD/BAD

## Table de l'annexe

## Introduction

Ce rapport dresse le profil emploi en République de Guinée à partir des statistiques des enquêtes nationales, des rapports et études nationales. L'analyse porte sur les dynamiques démographiques (offre) et les dynamiques productives (demande), pour ensuite évaluer les déficits quantitatifs et qualitatifs de l'emploi, avec une attention particulière sur l'emploi des jeunes et sur les inégalités dans l'emploi.

## 1. Dynamiques sociodémographiques et de main d'œuvre

En 2022, selon les projections démographiques de l'INS, la population totale guinéenne est estimée à 13,2 millions. La jeunesse de la population est la caractéristique majeure de la population de Guinée[3] : plus des trois quarts de la population ont moins de 35 ans, avec une population âgée de 0 à 14 ans estimée à 5,8 millions et une population âgée de 15 à 35 ans estimée à 4,5 millions.

Le taux de dépendance (proportion de la population en dehors de l'age actif sur la proportion de la population en âge actif) [4] atteint 92 % : les moins de 15 ans représentent 44,4 % de la population totale et les plus de 64 ans représentent 3,5 % [5].

En 2022, la population en âge de travailler (15 ans et plus) atteint 7,4 millions, selon les projections démographiques de l'INS.[6]

Cette section rappelle les définitions utilisées pour caractériser la situation de l'emploi. Elle donne une vue d'ensemble de la situation d'activité de la population en 2022, en décrivant l'offre de travail ou l'offre de main d'œuvre, selon le niveau d'éducation, le sexe et l'âge et autres variables sociodémographiques.

---

[3] L'âge moyen est de 22 ans et l'âge médian atteint 16 ans (mais 15 ans en milieu rural contre 18 ans en milieu urbain). La proportion de la population de moins de 10 ans est estimée à 39 % ; celle de 15 à 54 ans à 49 % et celle de 60 ans et plus à 4 %. L'âge moyen le plus élevé est enregistré dans la région de Mamou (28,7 ans) et le plus faible dans la région de Kankan (19,9 ans). En milieu rural, la proportion d'enfants de moins de 15 ans est plus élevée (49 % contre 46 % en milieu urbain). Enfin, 53 % de la population enquêtée est féminine (INS, annuaire statistique, 2020).

[4] Le taux de dépendance est le rapport entre la population âgée de 14 ans ou moins et la population âgée de 65 ans ou plus, sur la population âgée de 15 à 64 ans.

[5] L'espérance de vie à la naissance est estimée à 62 ans en 2020.

[6] Selon les statistiques démographique et scolaires publiées par l'INS, la population des enfants de 0 à 5 ans représentent 2,5 millions, et la population des enfants de 6 à 14 ans est estimée à 3,3 millions. Plus des deux tiers des enfants de 6 à 14 ans (2,3 millions) sont scolarisés contre un million d'enfants de 6 à 14 ans non scolarisés. Les enfants non scolarisés et une partie des enfants scolarisés occupent des activités de production de biens et services destinés à la consommation personnelle, et à des fins de formation dans le cadre de l'apprentissage. Le RGPH 2014 indiquait que 38 % des enfants de 6 à 14 ans exerçaient un emploi, alors que 57 % d'entre eux étaient scolarisés.

## 1.1. Analyse globale du travail et de l'emploi en Guinée

### 1.1.1. Les concepts travail et emploi

L'emploi est une des catégories du travail. Le travail regroupe le travail de production pour la consommation personnelle, le travail des personnes en formation, le travail bénévole, communautaire ou forcé et l'emploi. **L'emploi se distingue, des autres formes de travail, par son objectif principal qui est de générer un revenu**. L'objectif principal du travail de production pour la consommation personnelle est de produire des biens et des services directement pour la consommation personnelle. « *Le travail des personnes en formation a pour objectif principal d'acquérir des compétences ou de l'expérience au travail. Le travail bénévole est généralement mis au service d'autrui, alors qu'on a recours au travail imposé par l'Etat à des fins de réhabilitation, de réinsertion ou de dédommagement civique (il s'agit par exemple d'un service civique imposé par les tribunaux ou de programmes imposant de participer à des activités de travail pour* continuer à bénéficier *de l'assistance sociale)* » (OIT, 2013).[7]

La figure ci-dessous, illustre la place de l'emploi en tant qu'activité génératrice de revenu parmi les quatre autres formes de travail.

**Figure 1. Cadre conceptuel de l'emploi et du travail (BIT)**

<table>
<tr><td>Destination envisagée</td><td colspan="2">Pour usage final propre</td><td colspan="6">Pour utilisation par des tiers</td></tr>
<tr><td rowspan="3">Formes de travail</td><td colspan="2">Travail de production pour consommation personnelle</td><td rowspan="3">Emploi (travail réalisé en échange d'une rémunération ou d'un profit)</td><td rowspan="3">Travail de personnes en formation non rémunéré</td><td rowspan="3">Autres activités de travail productives*</td><td colspan="3">Travail bénévole dans des :</td></tr>
<tr><td rowspan="2">de services</td><td rowspan="2">de biens</td><td rowspan="2">unités du marché et hors du marché</td><td colspan="2">ménages pour produire</td></tr>
<tr><td>des biens</td><td>des services</td></tr>
<tr><td rowspan="2">Liens avec le SCN 2008</td><td></td><td colspan="6">Activités à l'intérieur du domaine de la production du SCN</td><td></td></tr>
<tr><td colspan="8">Activités à l'intérieur du domaine de la production générale du SCN</td></tr>
</table>

* C'est-à-dire le travail obligatoire non rémunéré réalisé pour des tiers.
Source : BIT 2013, Statistiques du travail et de la main d'œuvre, rapport (page 21).

---

[7] Bien que les biens produits aux fins d'autoconsommation présentent une valeur pouvant faire une estimation par les comptables nationaux ou par les enquêtes visant la mesure du niveau de vie ou de la consommation des ménages, l'activité qui consiste à la produire des biens et services destinés à la consommation personnelle, dans le cadre de rapport familiaux ou communautaires, est considérée comme un travail, mais n'est pas comptabilisé comme un emploi, car elle ne génère pas de revenu monétaire ou équivalent suite à un échange de bien ou de service.OIT, 2013, *Statistiques du travail et de la main-d'œuvre: Rapport soumis aux fins de discussion à la Réunion d'experts des statistiques du travail sur le développement des statistiques de l'emploi et du chômage.*
Source : http://www.ilo.int/wcmsp5/groups/public/---dgreports/---stat/documents/event/wcms_202353.pdf , page 22.

Le cadre conceptuel adopté par la Conférence internationale des statisticiens du travail (CIST) de 2013, considère que toute force de travail n'est pas nécessairement destinée à l'emploi, c'est-à-dire à une activité génératrice de revenu ou à la recherche d'opportunités d'activités génératrices de revenu. L'emploi, en tant qu'activité économique occupée ne peut être déployé que dans le cadre de transactions marchandes, selon deux cas de figure possibles :

1 / l'employé est indépendant : il est propriétaire du produit, sous forme de biens et/ou de services résultant de la dépense de sa force de travail propre, ou de la force de travail d'autres personnes, il est alors soit dans l'auto-emploi soit en tant qu'employeur ;

2/ l'employé échange son travail contre un salaire sous la forme de services appartenant au moment de leur prestation à l'employeur, et celui-ci est propriétaire et vendeur de la production réalisée sous forme de biens et/ou de services, résultant du travail des salariés et de l'employeur ; ainsi, dans une situation durable, la valeur de la production est égale au montant des salaires, des autres biens et services achetés sur le marché par l'employeur et de la rémunération de l'activité de l'entrepreneur.

### 1.1.2. Les concepts de main d'œuvre et de sous-utilisation de main d'oeuvre

Le cadre conceptuel sur l'emploi, le travail et la main d'oeuvre se réfère aux catégories et définitions suivantes :

#### a) Population en âge de travail, définie par convention par les personnes de 15 ans et plus

*La population en âge de travailler inclut deux catégories : les personnes qui sont dans la main d'œuvre et celles qui sont hors main d'œuvre. La 19ème CIST a recommandé de produire des statistiques relatives à la situation d'activité des enfants séparément de celle concernant la situation d'activité de la population en âge de travail. Cette approche a pour but de donner plus de visibilité au travail des jeunes qui n'ont pas atteint l'âge légal de travail (enfants). Les catégories d'analyse du travail des enfants sont les mêmes que celles utilisées pour les personnes de 15 ans et plus.*

#### b) Population hors main d'œuvre, composée de personnes en âge de travailler qui ne sont ni en emploi, ni au chômage

*La population population hors main-d'oeuvre comprend l'ensemble des personnes en âge de travailler qui ne sont ni en emploi ni au chômage. Cette population intègre les inactifs dépourvus de force de travail, la main d'ouvre potentielle, ainsi que la population au travail pour la consommation personnelle, en formation ou travaillant bénévolement. La population au travail pour la consommatuon personnelle est constituée des personnes en âge de travail qui, durant les 7 jours précédant l'enquête, ont effectué une activité destinée à produire des biens ou fournir des services pour leur usage final propre, dont les personnes constituant la main d'oeuvre potentielle. Elle comprend, aussi, toutes les autres personnes ne travaillant pas pour des raisons de santé, d'âge avancé ou économiques (rentiers).*

**c) Population en emploi (population occupant une activité économique)**

*Cette catégorie comprend les personnes qui ont exercé pendant la période considérée un travail générateur de revenu. Elle correspond aux personnes en âge de travailler qui, durant la période de référence (par exemple les sept derniers jours précédant l'enquête), étaient engagées dans toute activité visant à produire des biens ou à fournir des services en échange d'une rémunération ou d'un profit.*

**d) Population en situation de chômage**

*La population au chômage est constituées des personnes en âge de travailler qui durant la période de référence (généralement les sept jours précédant l'enquête), n'étaient pas en emploi, avaient effectué des activités de recherche d'emploi, et étaient disponibles pour l'emploi sur une période donnée (par exemple les 15 jours suivants l'enquête) si la possibilité d'occuper un poste de travail existait.*

**e) Main d'œuvre : population en emploi et population au chômage**

*La main d'œuvre (ou population active) correspond aux personnes en emploi ou en situation de chomage (tels que définis en c et d).*

**f) Main d'œuvre potentielle, composée de personnes hors main d'œuvre cherchant un emploi, mais non disponibles, et de personnes disponibles, mais ne cherchant pas un emploi**

*La main d'oeuvre potentielle est constituée de personne en âge de travailler (15 ans ou plus) qui, lors de la période de référence, n'étaient ni en situation d'emploi ni au chômage et qui :*

*a) ont effectué des démarches pour chercher un emploi, n'étaient pas actuellement disponibles mais allaient le devenir au-delà des 15 jours (ce sont des demandeurs d'emploi non disponibles) ; ou*

*b) n'ont pas effectué de démarches pour chercher un emploi, mais souhaitaient un emploi et sont actuellement disponibles (ce sont des potentiels demandeurs d'emploi disponibles).*

**g) La main d'œuvre élargie**

*Le concept de main d'oeuvre élargie regroupe la main d'oeuvre et la main d'oeuvre potentielle.*

### h) La sous-utilisation de la main d'œuvre

*La sous-utilisation de la main d'oeuvre est évaluée dans la main d'œuvre (personnes dans l'emploi) et hors de la main d'œuvre : parmi ceux qui sont dans l'emploi, le sous-emploi est mesuré par la durée ou l'intensité du travail ; parmi ceux qui sont hors de la main-d'œuvre, les personnes découragées et disponibles, mais qui ne cherchent pas d'emploi et celles qui cherchent un emploi mais ne sont pas disponibles, sont considérées dans la catégorie de main d'œuvre sous-utilisée.*

## 1.1.3. La situation du travail et de l'emploi en Guinée

D'après l'Enquête nationale sur l'emploi et le secteur informel (ENESIG, 2018-2019), la population en âge de travailler est estimée à 6 308 466 sur une population totale de 11 883 516, soit un ratio de 53 %. Ce ratio est de 49,7 % chez les hommes et de 56,2 % chez les femmes. Ce même ratio est de 56,2 % en milieu urbain contre 51,4 % en milieu rural.

La population dans la main d'œuvre (en emploi ou au chômage) est estimée à 3 420 708, avec une population en emploi de 3 256 677 et une population au chômage de 164 031 personnes (de 15 ans et plus).

La population hors main d'œuvre est estimée à 2 887 758, dont une composante de « main d'œuvre potentielle » de 215 284 personnes (15 ans et plus). La « main d'œuvre élargie » est estimée à 3 635 992 personnes (15 ans et plus).

En 2019, la population de 15 ans et plus qui exercent des activités économiques exclusivement pour la consommation personnelle a été estimée à 2 248 206 de personnes, soit 77,8 % de la population hors de la main d'œuvre. Cette proportion est plus élevée en milieu rural (78,7 %) et chez les femmes (86,1 %).

Si l'on adopte l'hypothèse de stabilité des structures de l'activité observées par l'ENESIG (2018-2019) et sur la base des projections démographiques de l'INS pour 2022, avec une population en âge de travailler estimée à 7,4 millions, la main d'œuvre totale regrouperait 4 millions de personnes contre 3,4 millions de personnes de 15 ans et plus situées hors main d'œuvre.

**La main d'œuvre** représente 57 % de la population en âge de travailler et se compose de 3,8 millions de personnes dans l'emploi (activité économique générant un revenu) et près de 200,000 personnes au chômage (selon la définition internationale du chômage). Les personnes dans l'emploi exercent une activité économique en tant qu'employé, salarié, employeur, travailleur à compte propre ou travailleur familial.

Figure 2. Classification des personnes selon leur situation d'activité en Guinée, 2022

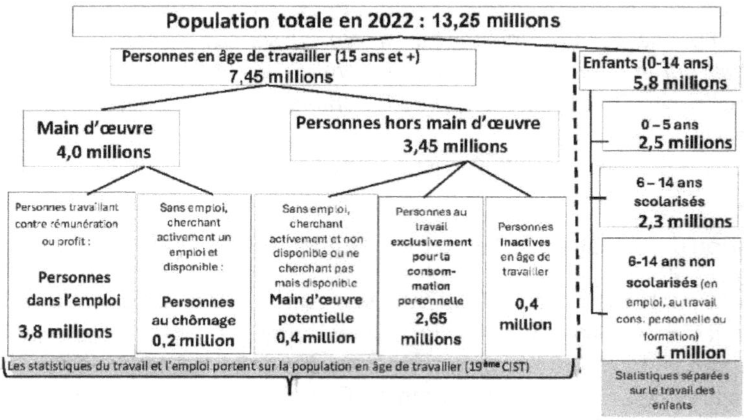


Sources : ENESIG 2018-19 et Annuaires statistiques Projections INS 2022.

Parmi la population hors main d'œuvre :

- environ 400 000 personnes sont classées dans la catégorie de main d'œuvre potentielle (personnes faiblement liées à l'emploi, qui ne sont pas occupées, sont disponibles et ne cherchent pas activement un emploi pour diverses raisons telles que le découragement à la recherche d'un emploi, ou personnes qui cherchent activement un emploi, sans être disponibles sur la période de référence pour des raisons diverses),

- environ 2,65 millions de personnes se consacrant exclusivement à la production de biens et services destinés à leur consommation personnelle, et

- près de 350 000 personnes sont complètement inactives pour différentes raisons notamment l'âge, l'état de santé ou le statut social.

Ainsi, près de 46 % de la population en âge de travailler sont engagés dans des activités non génératrices de revenu marchand, des activités de formation ou des activités bénévoles dans un cadre familial ou communautaire, pour produire des biens et des services destinés à la consommation personnelle, individuelle ou collective.

### 1.2. Le niveau d'instruction de la population en âge de travailler

En 2019, parmi la population de 10 ans et plus - soit 7,6 millions de personnes – environ 45 % avaient fréquenté l'école (Tableau 1). Aussi, 19 % d'entre eux avaient fréquenté l'école primaire sans achever le cycle, 12,4 % avaient achevé le cycle primaire et 6,5 % avaient réussi à obtenir un diplôme de niveau secondaire, enfin près de 7 % avaient atteint le niveau baccalauréat ou effectué des études supérieures (parmi eux : 3,6 % avaient obtenu un diplôme bac+2 et 2,6 % un diplôme bac+ 3 à bac+5).

**Tableau 1. Effectifs de la population scolarisée et diplômées (10 ans et plus), Guinée 2019**

| Niveau de diplôme | Diplôme le plus élevé obtenu | Population totale | | Ayant été à l'école | | Age | | |
|---|---|---|---|---|---|---|---|---|
| | | Effectif | % colonne | Effectif | % colonne | Moyenne | Min | Max |
| **Jamais scolarisé** | Jamais scolarisé | 4 161 360 | 54,8 % | | | 39 | 10 | 96 |
| **Scolarisé sans diplôme** | Aucun diplôme | 1 465 097 | 19,3 % | 1 465 097 | 42,8 % | 21 | 10 | 89 |
| **Primaire** | CEP/CFEPD | 942 236 | 12,4 % | 942 236 | 27,5 % | 25 | 10 | 80 |
| **Secondaire** | BEPC | 441 487 | 5,8 % | 441 487 | 12,9 % | 27 | 10 | 97 |
| | CAP | 12 029 | 0,2 % | 12 029 | 0,4 % | 42 | 15 | 82 |
| | BEP | 36 168 | 0,5 % | 36 168 | 1,1 % | 30 | 14 | 69 |
| **Supérieur** | BAC | 101 602 | 1,3 % | 101 602 | 3,0 % | 26 | 11 | 70 |
| | DEUG, DUT, BTS | 74 973 | 1,0 % | 74 973 | 2,2 % | 38 | 19 | 79 |
| | Licence | 195 372 | 2,6 % | 195 372 | 5,7 % | 33 | 18 | 78 |
| | Maitrise | 122 897 | 1,6 % | 122 897 | 3,6 % | 43 | 19 | 80 |
| | Master, DESS, DEA, diplôme d'ingénieur | 26 441 | 0,3 % | 26 441 | 0,8 % | 47 | 20 | 76 |
| | Doctorat et plus | 7 934 | 0,1 % | 7 934 | 0,2 % | 44 | 25 | 73 |
| **Ensemble** | | 7 587 596 | 100 % | 3 426 236 | 100 % | 33 | 10 | 97 |

Source : Micro-données de l'ENESIG (2019)
Note : CEP : certificat d'études primaires ; CFEPD : Certificat de fin d'études du premier degré ; BEPC : Brevet des études du Premier Cycle ; CAP : certificat d'Aptitude professionnelle ; BEP : Brevet d'études professionnelles ; DEUG : Diplômes des études universitaires générales ; Dut : Diplôme universitaire de technologie ; BTS : brevet de technicien supérieur ; DESS : diplôme d'études supérieures spécialisées ; DEA : diplômes d'études approfondies.

Parmi la population en âge de travailler (15 ans et plus), près de 72 % n'ont aucun niveau d'instruction, dont 61 % n'ayant jamais été scolarisés, alors que 23 % ont un niveau scolaire primaire dont 12,3 % ayant achevé le cycle primaire, et 7,5 % ont niveau scolaire secondaire et 8,4 % un niveau scolaire supérieur ayant obtenu leur bac ou effectué des études supérieures en 2019 (Tableau 2).

**Tableau 2. Structure de la population de 15 ans et plus selon le diplôme et le sexe, 2019**

| Sexe | Niveau de diplôme | | | | | Total |
|---|---|---|---|---|---|---|
| | Jamais scolarisé | Aucun diplôme | Primaire | Secondaire | Supérieur | |
| **% ligne** | | | | | | |
| **Masculin** | 50,3 % | 11,6 % | 15,5 % | 9,3 % | 13,3 % | 100,0 % |
| **Féminin** | 69,6 % | 10,2 % | 9,7 % | 6,0 % | 4,4 % | 100,0 % |
| **Total** | 61,0 % | 10,9 % | 12,3 % | 7,5 % | 8,4 % | 100,0 % |
| **% colonne** | | | | | | |
| **Masculin** | 36,7 % | 47,7 % | 56,2 % | 55,2 % | 70,7 % | 44,5 % |
| **Féminin** | 63,3 % | 52,3 % | 43,8 % | 44,8 % | 29,3 % | 55,5 % |
| **Total** | 100 % | 100 % | 100 % | 100 % | 100 % | 100 % |

Source : ENESIG 2018-2019

Les femmes représentent 55,5 % de la population en âge de travailler (15 ans et plus) en 2019. Elles représentent 63,3 % de la population de 15 ans et plus qui n'a jamais été scolarisée, et 52,3 % de celle qui n'a pas achevé le cycle primaire, contre 43,8 % de celle qui a chevé le cycle primaire, pour près de 45 % de celle qui a achevé le premier cycle du secondaire et pour 29 % de celle qui a obtenu un diplôme équivalent ou supérieur au baccalauréat (Tableau 2).

La proportion de la population en âge de travailler ayant au moins achevé le cycle primaire est de 28 %. Cette proportion représente 39 % chez les jeunes de 15 à 34 ans, qui ont donc des capacités d'apprentissage (upskilling) plus élevée et peuvent acquérir de nouvelles compétences spécifiques (voir Graphe1).

En milieu urbain, près de la moitié de cette population a achevé au moins le cycle primaire contre 16 % en milieu rural. La population ayant un niveau supérieur (égal ou supérieur au baccalauréat) représente 18,6 % en milieu urbain contre 2,2 % en milieu rural.

**Graphe 1. Répartition de la population en âge de travailler (15 ans et +) selon le diplôme, par sexe, âge et milieu (2019)**

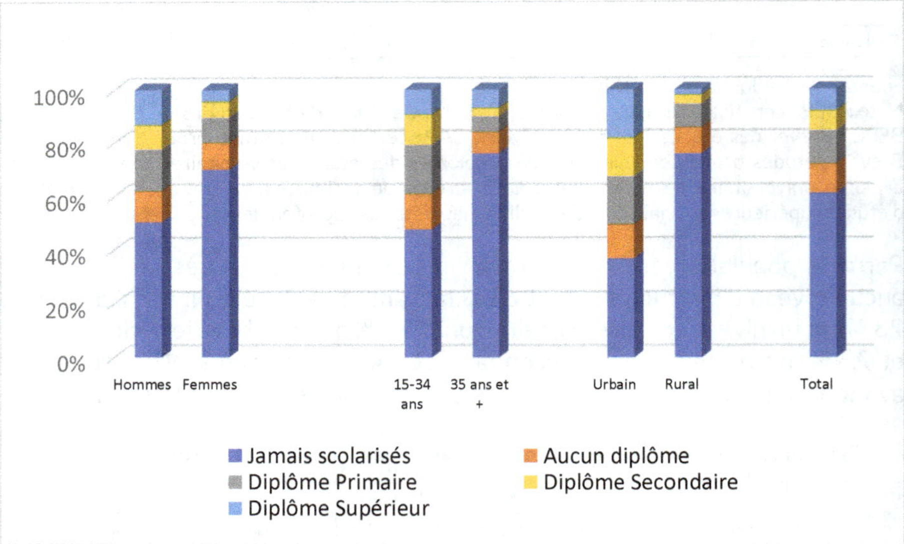


Source : ENESIG 2018-2019

Il existe une différence de niveau d'instruction très importante selon les milieux. Ainsi le milieu rural, qui abrite 62 % de la population en âge de travailler, regroupe 77 % des personnes n'ayant jamais été scolarisées, alors que seulement 23 % de cette catégorie résident en milieu urbain (soit 37 % des urbains en âge de travailler). Plus de la moitié des personnes ayant atteint le niveau scolaire primaire résident en milieu rural (et près de 10 % de la population rurale en âge de travailler), alors que près de 30 % des personnes de niveau secondaire résident en milieu rural (soit 2,2 % de la population rurale en âge de travailler) et 16,4 % de personnes de niveau scolaire supérieur vivent en milieu rural (soit 1 % de la population rurale en âge de travailler).

Ainsi 54 % de la population ayant atteint le niveau primaire et 72 % des personnes ayant un diplôme secondaire résident en milieu urbain. Le milieu urbain concentre 83,4 % de la population de niveau scolaire supérieur (18,6 % de la population urbaine en âge de travailler).

La répartition de la population en âge de travailler selon le niveau d'instruction selon les régions est aussi marquée par de fortes disparités (Graphe 2). La proportion de la population n'ayant jamais été scolarisée est plus élevée dans quatre régions (Kankan, Kindia, Labé et N'Zérékoré).

**Graphe 2. Répartition de la population en age de travailler (15 ans et +) par niveau de diplôme et par région administrative, 2019**

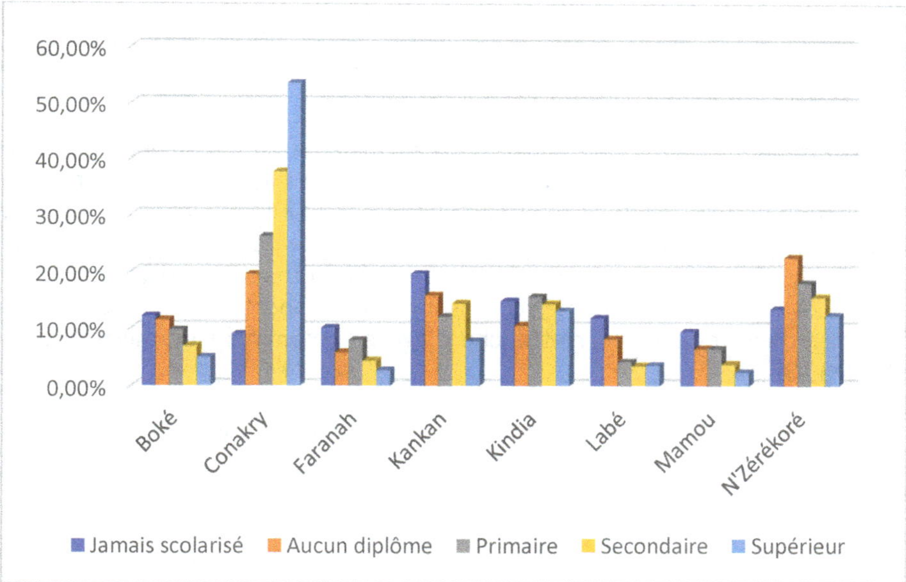


Source : ENESIG 2018-2019

Les proportions de population de niveau d'instruction primaire et secondaire sont plus élevées dans les régions de Kindia, Boké et N'Zérékoré (hors Conakry). Les régions avec les proportions de population les moins scolarisées sont Faranah, Kankan, Labé et Mamou.

Conakry se distingue par le fait qu'elle ne compte que 9 % des personnes sans niveau d'instruction alors qu'elle accueille 18 % de la population totale en âge de travailler. Plus de la moitié de la population en âge de travailler ayant un diplôme supérieur est concentrée à Conakry, de même que 38 % de la population ayant un diplôme secondaire se trouve dans la capitale.

### 1.3. Main d'œuvre et population en âge de travailler

La proportion de la population en âge de travailler qui est dans l'emploi ou au chômage (sans emploi, en recherche active et disponible) est de 54 % au niveau national. Ce taux de participation à la main d'œuvre connait une forte disparité selon le sexe : 44 % chez les femmes de 15 ans et plus, contre 67 % chez les hommes en âge de travailler (ENESIG, 2018-2019).

**Tableau 3. Taux de participation à la main d'œuvre par milieu, sexe et classe d'âge (%)**

| Milieu | Urbain | | | Rural | | | Ensemble | | |
|---|---|---|---|---|---|---|---|---|---|
| Classes d'âge | Masculin | Féminin | Total | Masculin | Féminin | Total | Masculin | Féminin | Total |
| 15-24 ans | 16,4 | 20,9 | 19,1 | 36,8 | 35,6 | 36,1 | 28,1 | 29 | 28,6 |
| 15-34 ans | 44,6 | 36,6 | 39,9 | 57,1 | 42,5 | 48,2 | 51,6 | 40 | 44,7 |
| 15-64 ans | 63,2 | 44,4 | 52,7 | 73 | 46,3 | 57,6 | 69,1 | 45,6 | 55,7 |
| 65+ ans | 39,5 | 17,1 | 30,4 | 55 | 18,3 | 40 | 50,9 | 18 | 37,5 |
| Ensemble | 61,3 | 43,3 | 51,4 | 70,6 | 44,3 | 55,9 | 67,1 | 43,9 | 54,2 |

Source : MPDE/INS/ENESIG1-2018-2019

Le taux de participation à la main d'œuvre en milieu rural, est un peu plus élevé qu'en milieu urbain (soit 56 % contre 51,4 %), en raison notamment de la proportion plus élevée de populations scolarisées en milieu urbain. Ce taux est plus élevé chez les hommes (soit 67 % contre 44 % chez les femmes) et cet écart du taux de participation est observé pour les différentes classes d'âge sauf pour les 15-24 ans, en raison d'une scolarisation plus importante chez les jeunes hommes dans cette dernière tranche d'âge et notamment en milieu urbain (Tableau 3).

**Graphe 3. Proportion des 15 ans et plus dans la main d'œuvre selon l'âge et le niveau de diplôme (%)**

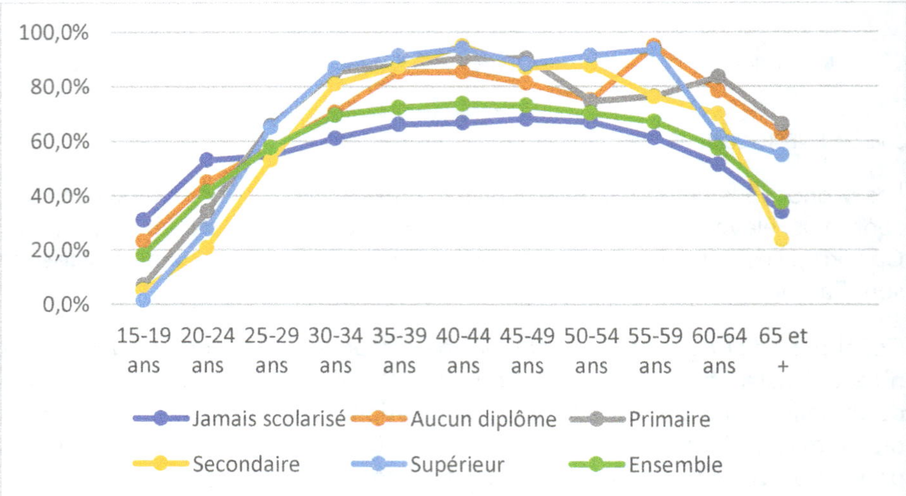


Source : ENESIG 2018-2019 et RGPH 2014

Le taux de participation à la main d'œuvre évolue selon les tranches d'âge et connait des disparités importantes selon le niveau d'éducation à âge égal. Ainsi, ce taux est plus élevé chez les jeunes qui n'ont jamais fréquenté l'école et les déscolarisés de niveau du primaire (tranches des 15-19 ans et 20-24 ans). Il est aussi plus élevé parmi ceux qui ont un diplôme de fin de cycle primaire dans la tranche des 20-24 ans. Le taux de participation des personnes ayant un diplôme de niveau secondaire et supérieur est plus élevé dans la tranche d'âge des 25-30 ans et les tranches d'âge suivantes. Le taux de participation des personnes de niveau d'instruction supérieur reste le plus élevé pour les personnes âgées de 25 ans et plus (Graphe 3).

Il reste à qualifier cette participation à la main d'œuvre (offre de travail), selon d'autres variables sociodémographiques et spatiales.

### 1.4. Les migrations de main d'œuvre régionales et internationales

L'offre de travail est à considérer en fonction des flux de population entrante et sortante. La migration de la population est importante dans toute l'histoire de la Guinée pour différents facteurs (sociopolitiques, climatiques, situation de l'emploi, système éducatif et de formation...) induisant des déplacements de main d'œuvre dans l'espace national, régional et international.

#### 1.4.1. Migrations internes

La Guinée a connu des mouvements migratoires internes, bien que moins importants que dans d'autres pays africains, essentiellement liés au processus d'urbanisation qui intéresse principalement la capitale – Conakry, et à la migration de travail vers les zones minières et industrielles. Les risques naturels et épidémiques sont aussi à l'origine de déplacements internes forcés.

**Tableau 4. Effectif et répartition (en %) des résidents par sexe selon la migration durant les douze derniers mois en 2014**

| | Masculin | Féminin | Ensemble | Masculin | Féminin | Ensemble |
|---|---|---|---|---|---|---|
| Non migrants | 3 988 117 | 4 376 677 | 8 364 794 | 78,7 % | 80,5 % | 79,6 % |
| Migrants internes | 905 460 | 898 959 | 1 804 419 | 17,9 % | 16,5 % | 17,2 % |
| Migrants internationaux | 172 759 | 156 721 | 329 480 | 3,4 % | 2,9 % | 3,1 % |
| ND | 2 353 | 2 086 | 4 439 | 0,0 % | 0,0 % | 0,0 % |
| Total | 5 068 689 | 5 434 443 | 10 503 132 | 100 % | 100 % | 100 % |

Source : Rapport Migration du RGPH 2014.

Le RGPH 2014 a mis en relief une situation des migrations internes marquée par un flux global important (17 %). La population qui a effectué une migration interne durant les 12 derniers mois est légèrement plus masculine (17,9 %). Les résidents ayant effectué une migration internationale représentent une faible proportion, soit 3,1 % (Tableau 4).

La moitié des migrants internes guinéens sont des femmes : 70 % des migrants internes ont migré pour des raisons liées aux études ou à l'emploi, tandis que 16 % des Guinéens (dont 40 % de femmes) ont migré à la suite d'un mariage ou d'un regroupement familial[8].

**Figure 3. Migrants internes par motif de la migration (nombre)**

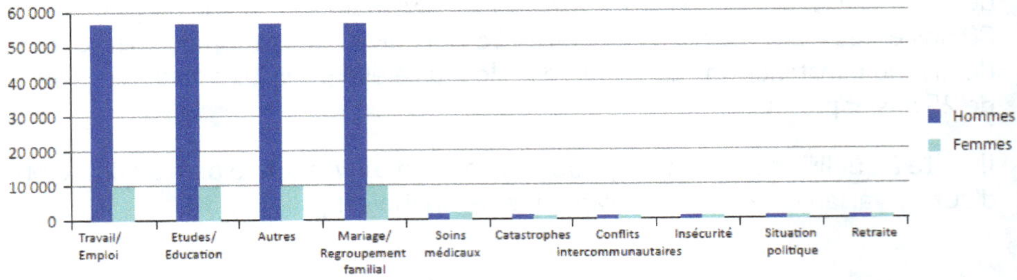


Source : INS, 2017

Les migrants internes sont davantage éduqués que le reste de la population guinéenne : 11 % disposent d'une formation universitaire contre 3 % pour le reste de la population, et 54 % n'ont aucune éducation contre 71 % pour le reste de la population. Les migrants internes sont proportionnellement peu dans agriculture ou la pêche (seulement 21 %, contre 64 % du reste de la population) et sont plus nombreux dans le commerce et les services aux particuliers (41 % des migrants internes contre 19 % du reste de la population)[9].

L'exode rural est une réalité en Guinée, mais moins importante que dans d'autres pays africains[10], grâce à une pluviométrie abondante permettant aux populations rurales dans les campagnes de vivre de l'agriculture. Ainsi, selon le recensement de 2014[11], le taux d'urbanisation était d'environ 35 %. Par ailleurs, la Guinée est l'un des quatre pays membres de la CEDEAO où le taux de croissance urbaine s'est ralenti[12] : il était en moyenne de 5,3 % par an entre 1960 et 1980, contre 4,8 % par an entre 1980 et 2000, et 3,6 % par an entre 2000 et 2015 (Banque Mondiale). Il reste bien supérieur au taux de croissance de la population rurale (1,6 % par an entre 1960 et 2015), et la part de la population habitant en ville est passée de 10 % en 1960 à 28 % en 1990, pour atteindre 37 % en 2015[13]. D'ici 2060, la population urbaine devrait être

---

[8] INS, 2017. Rapport d'Analyse des données du RGPH-3 : Migration et Urbanisation et IOM, Migration en Guinée. Profil Migratoire National 2017.
[9] IOM, *Migration en Guinée. Profil Migratoire National 2017.*
[10] Ibid.
[11] INS, 2017. *Rapport d'Analyse des données du RGPH-3 : Migration et Urbanisation.*
[12] OCDE, 2015. *Urbanisation Dynamics in West Africa 1950-2010*, 2015 update.
[13] Banque mondiale. *World Development Indicators* :
https://databank.banquemondiale.org/source/worlddevelopment-indicators

multipliée par près de 3,5 alors que la population rurale devrait doubler à l'horizon 2060[14].

La majorité des étudiants en Guinée vivent à Conakry[15], notamment en raison de l'absence d'opportunités économiques dans leur région d'origine et du manque d'infrastructures de base (eau, électricité, infrastructures sanitaires, faible qualité des écoles)[16]. La pauvreté en Guinée avait initialement un profil rural, s'est de plus en plus urbanisée, avec l'augmentation des inégalités de revenu et de la précarité du travail[17]. En 2020, seule la ville de Conakry dépasse la barrière des 500 000 habitants et abrite 45 % de la population urbaine et 16 % de la population totale, accueillant la majorité des migrants internes. L'absence d'incitations à investir dans les régions et le manque d'infrastructures de base (eau, électricité, infrastructures sanitaires) et la faible qualité des écoles par rapport à Conakry représentent les raisons principales de la mobilité vers la capitale[18].

**Carte 1. Solde migratoire des préfectures de Guinée[19]**

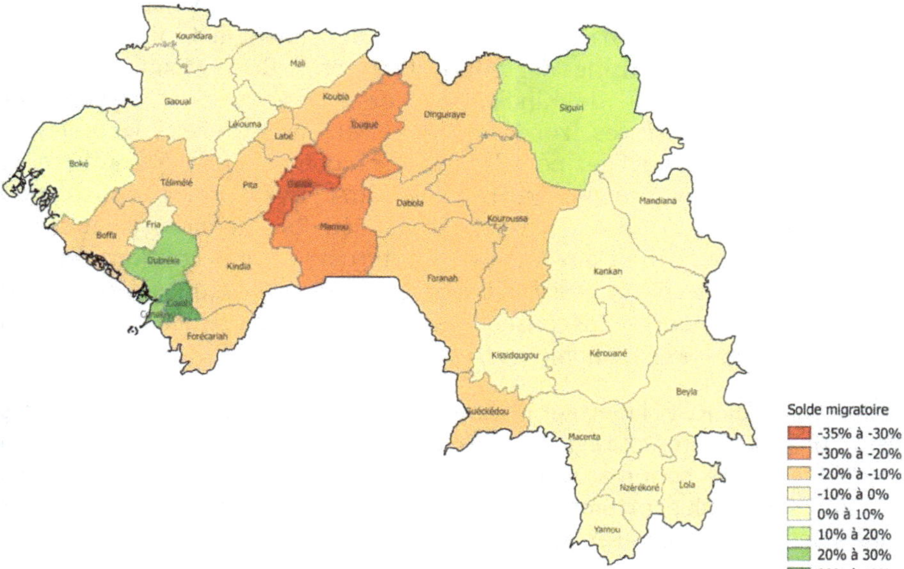


Source : OIM, 2020

---

[14] IOM, *Migration en Guinée. Profil Migratoire National 2017.*

[15] INS, 2019. *Rapport Migration et Urbanisation.*

[16] IOM, 2020, *Migration en Guinée : Profil Migratoire National 2020*

[17] Ibid.

[18] Ibid.

[19] IOM, 2020, *Migration en Guinée : Profil Migratoire National 2020 basé sur INS, 2017.*

Tableau 5. Flux migratoires internes observés en 2014

| Région Administrative | Sortie | Entrée | Solde migratoire global | Pop totale résidente ménages ordinaires | Taux global de migration interne |
|---|---|---|---|---|---|
| Boké | 124 246 | 84 526 | -39 720 | 1 082 325 | -3,7 % |
| Conakry | 135 475 | 612 975 | 477 500 | 1 659 785 | 28,8 % |
| Faranah | 164 343 | 48 559 | -115 784 | 940 925 | -12,3 % |
| Kankan | 137 379 | 128 901 | -8 478 | 1 960 981 | -0,4 % |
| Kindia | 192 958 | 241 290 | 48 332 | 1 559 331 | 3,1 % |
| Labé | 123 005 | 22 859 | -100 146 | 992 255 | -10,1 % |
| Mamou | 194 855 | 21 020 | -173 835 | 730 337 | -23,8 % |
| N'Zérékoré | 162 731 | 74 862 | -87 869 | 1 577 193 | -5,6 % |
| Total | 1 234 992 | 1 234 992 | 0 | 10 503 132 | 0 |

Source : Rapport migration – RGPH 2014

La région de Conakry accueille la majorité des migrants internes, tandis que la région de Kankan reçoit les migrants venus de Faranah. À part la ville de Conakry, les régions d'attraction des migrants dépendent de la proximité avec leur région d'origine. Ainsi, les migrants de la région de Boké, Mamou et Labé se dirigent vers la région de Kindia, ceux de Kankan vers N''Zérékoré et inversement[20]. Aussi les zones minières et industrielles apparaissent particulièrement attractives pour les migrants internes : Fria, N'Zérékoré, et Siguiri ont des taux d'entrée (nombre d'entrants par rapport à la population totale) supérieurs à 15 %. Toutefois si ces activités, comme l'exploitation artisanale de l'or, offrent aux jeunes une alternative aux migrations rurales-urbaines, avec parfois la possibilité d'obtenir des revenus plus élevés, elles peuvent aussi comporter des conséquences néfastes en particulier pour les plus vulnérables d'entre eux, comme les femmes et les enfants[21].

Les données du RGPH mettent en relief la concentration des flux migratoires vers Conakry. Toutes les régions, à l'exception de Conakry et de Kindia dans la Guinée maritime, sont marquées par un solde migratoire négatif. Les régions qui subissent le plus fortement un flux net négatif sont celles qui sont déjà les moins peuplées : Mamou et Faranah.

La rapport « Migration » du RGPH 2014 montre qu'avant 30 ans, le nombre de femmes exposées à la migration interne est plus élevé que celui des hommes. Entre 30 et 79 ans, cette tendance est renversée. Le pourcentage de migrants parmi les hommes est alors plus élevé que le pourcentage de migrantes parmi les femmes.

[20] INS, 2017.
[21] Ibid.

**Graphe 4. Motifs de migration selon le sexe en 2014**

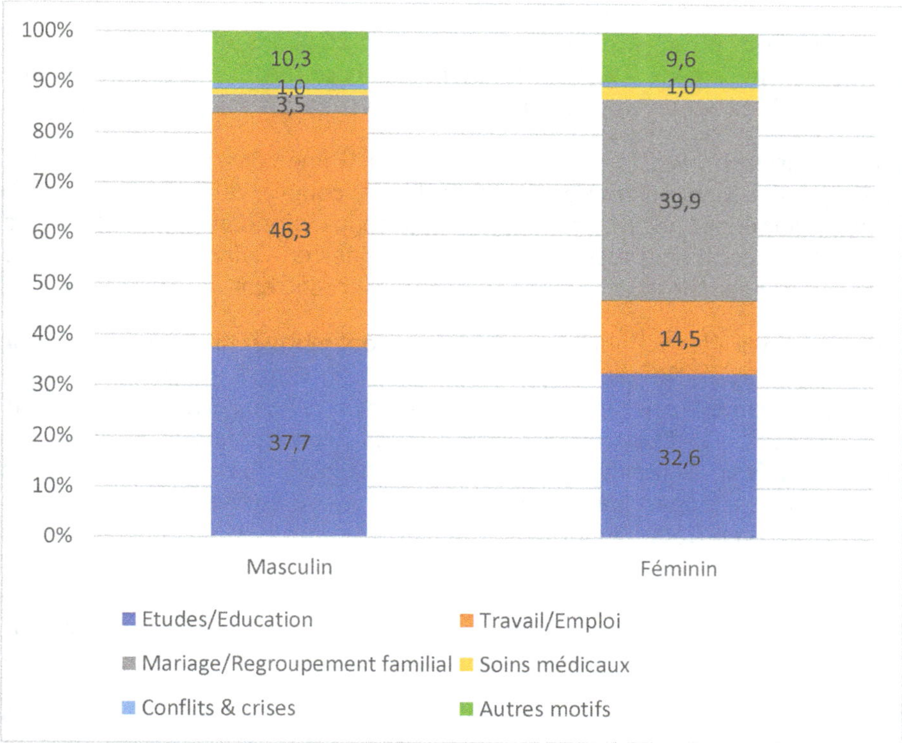


Source : Rapport Migration - RGPH 2014

En 2014, la migration de travail est le premier motif de migration masculine pour 46,3 % des cas, alors qu'elle n'est que le troisième motif de migration féminine pour 14,5 % des cas (Graphe 4).

Le premier motif de migration féminine est le mariage et le regroupement familial (39,9 %) et le deuxième motif de migration est les études (32,6 % des cas). Chez les hommes, le second motif est aussi lié aux études (37,7 % des cas).

### 1.4.2. La migration et l'emploi en Guinée

La Guinée connait des flux d'immigrants importants au regard de la taille de sa population. Selon le recensement de 2014, la Guinée compte 164 733 étrangers résidents dans son territoire, soit 1,6 % de la population guinéenne. La majorité des immigrés en Guinée sont originaires des pays membres frontaliers, et en particulier de la Côte d'Ivoire, de la Sierra Leone et du Sénégal, suivi par le Libéria et le Mali. Alors que 38 % de la population étrangère est établie dans la capitale, Conakry, le reste réside à proximité des frontières de leurs pays d'origine.

Le taux d'emploi des migrants en Guinée est légèrement moins élevé que celui des Guinéens (57 % contre 59 %), avec des disparités selon le genre. Parmi les hommes nés à l'étranger et en âge de travailler, 70 % ont un emploi, 22 % sont inactifs, et seulement 7 % sont au chômage ; parmi les femmes de la même catégorie, 46 % ont un emploi, 50 % sont inactives et 3 % sont au chômage.

En comparaison avec les personnes nées en Guinée, les personnes nées à l'étranger occupent surtout des emplois dans le commerce (36 % contre 21 % pour les personnes nées dans le pays) et beaucoup moins dans l'agriculture et la pêche (23 % contre 53 % pour les personnes nées en Guinée). Les personnes nées à l'étranger sont aussi dans le secteur minier (entrepreneurs ou salariés).

Les migrations internationales des Guinéens sont motivées principalement par l'emploi. L'émigration guinéenne est historiquement composée d'une population jeune et orientée traditionnellement vers les pays de la sous-région. En 2015, selon le Département des Affaires Économiques et Sociales des Nations Unies, les émigrés guinéens étaient 426 941, soit 3,4 % de la population. La plupart de ressortissants (74 %) se trouvent dans les pays voisins : 22 % en Côte d'Ivoire, 16 % en Sierra Leone, 12 % au Sénégal, 9 % au Libéria et 4 % au Mali, alors que 17 % se trouvent en Europe, dont 7 % vivent en France, 4 % aux États-Unis et 3 % en Belgique. Les pays pétroliers du Moyen-Orient, les pays du Maghreb ou des nouveaux pays industrialisés sont devenus des nouvelles destinations sur ces cinq dernières années.

Ces migrations à l'international auraient principalement des raisons professionnelles (56,2 %) ou liées à la formation (15,6 %) ou au regroupement familial (13,5 %), et les autres motifs tels que l'insécurité (0,12 %) sont peu mentionnés. La plupart des travailleurs guinéens migrent vers trois pays : la Côte d'Ivoire, où ils exercent des activités agricoles, ou travaillent dans la commercialisation de produits agricoles ; le Sénégal, où la plupart travaille dans le commerce ; et le Mali, où ils travaillent principalement dans le commerce. Certaines destinations plus lointaines attirent également les travailleurs guinéens, comme l'Angola, le Mozambique, la Guinée Équatoriale, où les migrants travaillent dans l'industrie minière et dans une moindre mesure exercent des activités commerciales[22].

[22] République de Guinée. Ministère du plan et de la coopération internationale. Institut national de la statistique (INS). Troisième Recensement général de la population et de l'habitation (RGPH3). Rapport d'analyse des données du RGPH-3. Édition Décembre 2017, dans : GERM (Laboratoire des Études et Recherches sur le Genre, l'Environnement, les Religions et les Migrations Université Gaston Berger de Saint-Louis), La migration - mon projet. Les candidats et les réseaux migratoires – cas de la République de Guinée, Rapport 01/2019.

## 2. La main d'œuvre par statuts et secteurs productifs

Cette section donne une vue d'ensemble de la situation des personnes dans l'emploi en décrivant la demande de travail et le besoin en emploi, c'est-à-dire la sous-utilisation de la main d'œuvre.

### 2.1. Les statuts dans l'emploi

La population occupant un emploi travaille aux deux-tiers en milieu rural, et les statuts dans l'emploi restent avant tout liés au travail indépendant et familial.

Les statuts dans l'emploi réfèrent à différents modes productifs liés à l'économie familiale et communautaire, à l'économie salariale et au secteur informel avec les catégories de travailleurs à compte propre, d'aides familiales, de salariés et d'employeurs.

En Guinée, les principales composantes de l'emploi sont dans l'économie familiale ou communautaire et dans le secteur informel, avec des proportions très fortes des travailleurs à compte propre et de travailleurs familiaux, qui comptent pour 79 % de la population dans l'emploi (Graphe 5, ENESIG, 2019).

**Graphe 5. L'emploi par statut et milieu, 2019**

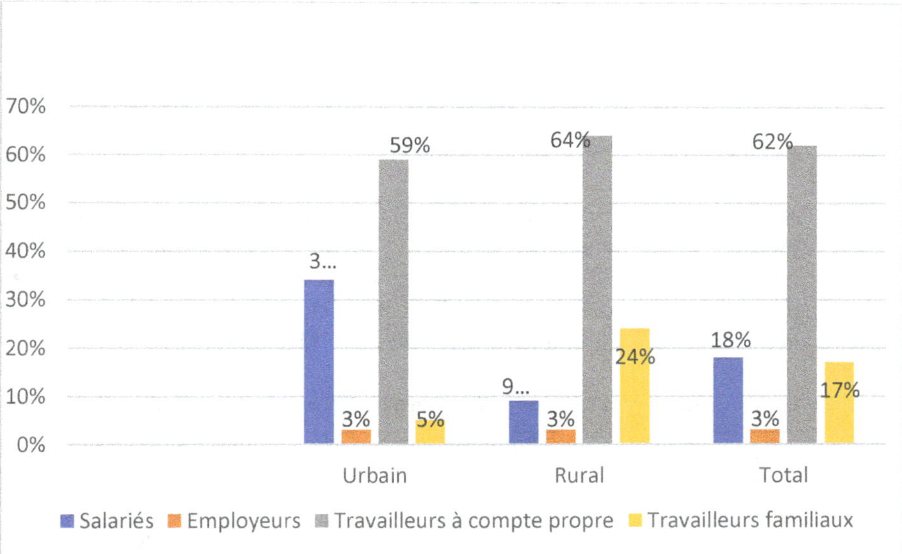


Source : ENESIG 2018-19

Le milieu rural accueille les deux-tiers de la population en emploi, et reste dominé par l'économie familiale et communautaire : les travailleurs à compte propre et familiaux y représentent 88 % de la population occupant un emploi. Ainsi, en milieu rural, l'économie salariale est faiblement développée et compte pour 12 % de la population active occupée, dont 9 % sont des employés et près de 3 % sont des employeurs.

Le milieu urbain accueille un tiers de la population en emploi, avec 59 % en statut de travailleurs à compte propre en raison de la prédominance des activités du secteur informel.

L'économie salariale compte pour 34 % de l'emploi en milieu urbain, 9 % en milieu rural et 18 % au niveau national.

**Graphe 6. Situation dans la profession selon le milieu rural/urbain, 2019 (valeurs et %)**

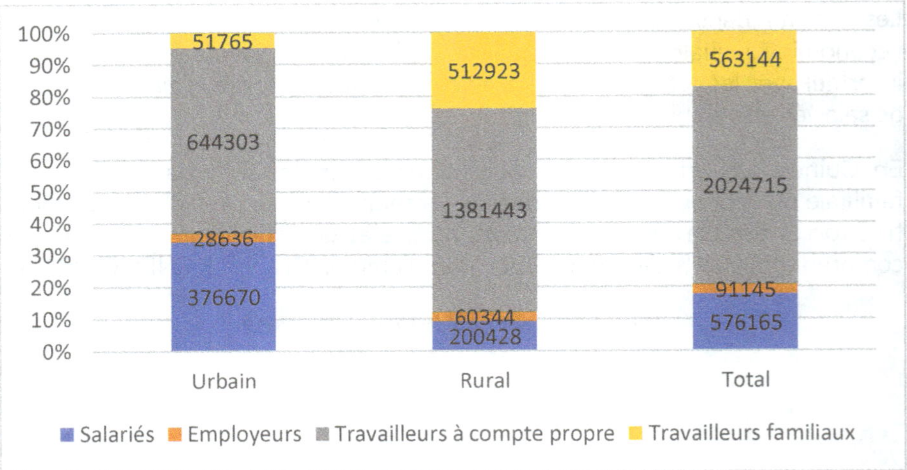


Source : ENESIG 2018-19

En extrapolant ces proportions pour tenir compte de la croissance démographique, les travailleurs à compte propre et les aides-familiales correspondraient à 3 millions de personnes en 2022, tandis que les salariés seraient 619 400 et les employeurs 106 400 personnes, sur un total de 3,8 millions de personnes occupant un emploi en 2022 (Tableau 6).

**Tableau 6. La population en emploi selon le statut, le milieu et le sexe (effectifs actualisés, 2022)**

| Situation dans la profession par type d'économie | Milieu de résidence | | Sexe | | Total |
|---|---|---|---|---|---|
| | Urbain | Rural | Masculin | Urbain | |
| **Salariés** | **420 082** | **305 718** | **377 845** | **347 955** | **725 800** |
| **Employeurs** | **27 345** | **79 055** | **41 922** | **64 478** | **106 400** |
| **Employés salariés** | **392 738** | **226 662** | **335 924** | **283 476** | **619 400** |
| *Cadre supérieur, ingénieur et assimilé* | *89152* | *21048* | *62483* | *47717* | *110200* |
| *Cadre moyen, agent de maîtrise* | *126821* | *28979* | *80081* | *75719* | *155800* |
| *Employé/ouvrier qualifié* | *91504* | *41496* | *98021* | *34979* | *133000* |
| *Employé/ouvrier semi qualifié* | *52003* | *35397* | *40816* | *46584* | *87400* |
| *Manoeuvre* | *10769* | *38631* | *34876* | *14524* | *49400* |
| *Apprenti ou stagiaire rémunéré* | *22488* | *61112* | *19646* | *63954* | *83600* |
| **Indépendants et aides familiales** | **1 039 216** | **2 034 984** | **1 004 507** | **2 069 693** | **3 074 200** |

| | | | | | |
|---|---|---|---|---|---|
| *Travailleurs à compte propre* | *798897* | *1564703* | *874532* | *1489068* | *2363600* |
| *Aides-familiales* | *210368* | *447032* | *105184* | *552216* | *657400* |
| *Apprentis ou stagiaires non rémunérés* | *29952* | *23248* | *24791* | *28409* | *53200* |
| **Ensemble** | **1 459 299** | **2 340 701** | **1 382 353** | **2 417 647** | **3 800 000** |

Source : ENESIG 2018-19 – effectifs actualisés selon les projections démographiques de l'INS-Hypothèse de stabilité des structures observées par l'ENESIG 2018-2019.

L'économie salariale représente 19 % de la population en emploi. Celle-ci compte 14 % de femmes salariées contre 27 % d'hommes salariés (Tableau 7).

En milieu urbain, on compte en moyenne 13,2 salariés pour un employeur contre 3,3 en milieu rural, soit au niveau national 6,3 salariés pour un employeur. Ainsi la taille moyenne des entreprises est estimée à d'environ 14 employés en milieu urbain, et 4 employés en milieu rural.

**Tableau 7. Structure de la population en emploi selon le type d'économie, le milieu et le sexe (effectifs actualisés, 2022)**

| Situation dans la profession | Milieu de résidence | | Sexe | | Total |
|---|---|---|---|---|---|
| | Urbain | Rural | Masculin | Féminin | |
| **Travail salarié** | **28,8** | **13,1** | **27,3** | **14,4** | **19,1** |
| Employeur | *1,9* | *3,4* | *3,0* | *2,7* | *2,8* |
| Employés salariés | *26,9* | *9,7* | *24,3* | *11,7* | *16,3* |
| **Travail indépendant et familial** | **71,2** | **86,9** | **72,7** | **85,6** | **80,9** |
| Travailleur à compte propre | *54,7* | *66,8* | *63,3* | *61,6* | *62,2* |
| Aide-familiale | *14,4* | *19,1* | *7,6* | *22,8* | *17,3* |
| Apprenti ou stagiaire non payé | *2,1* | *1,0* | *1,8* | *1,2* | *1,4* |
| **Ensemble** | 100,0 | 100,0 | 100,0 | 100,0 | 100,0 |

Source : ENESIG 2018-19 – effectifs actualisés selon les projections démographiques de l'INS.

Dans l'économie salariale, le taux d'encadrement (cadres supérieurs et moyens sur l'ensemble des salariés) est de 43 % au niveau national, soit 55 % en milieu urbain et 22,1 % en milieu rural (Tableau 8). Le poids des ouvriers qualifiés et semi-qualifié est de 36,5 % en milieu urbain et de 31,1 % en milieu rural. La proportion des manœuvres, soit des employés sans qualification spécifique, est faible en milieu urbain (2,7 %) et élevé en milieu rural (17 %).

La proportion des salariés en apprentissage ou en stage rémunéré est de 13,5 % au niveau national, 27 % en milieu rural et 5,7 % en milieu urbain. La proportion des femmes en apprentissage ou stage rémunéré est de 22,6 %, alors que celle des hommes est de 5,8 % (Tableau 8).

**Tableau 8. Composition de la population salariée selon la catégorie dans la profession, le milieu et le sexe, 2022**

| Situation dans la profession par type d'économie | Milieu de résidence | | Sexe | | Total |
|---|---|---|---|---|---|
| | Urbain | Rural | Masculin | Féminin | |
| **Cadre supérieur, ingénieur et assimilé** | *22,7* | *9,3* | *18,6* | *16,8* | *17,8* |
| **Cadre moyen, agent de maîtrise** | *32,3* | *12,8* | *23,8* | *26,7* | *25,2* |
| **Employé/ouvrier qualifié** | *23,3* | *18,3* | *29,2* | *12,3* | *21,5* |

| | | | | | |
|---|---|---|---|---|---|
| **Employé/ouvrier semi qualifié** | *13,2* | *15,6* | *12,2* | *16,4* | *14,1* |
| **Manoeuvre** | *2,7* | *17,0* | *10,4* | *5,1* | *8,0* |
| **Apprenti ou stagiaire payé** | *5,7* | *27,0* | *5,8* | *22,6* | *13,5* |
| **Ensemble** | 100,0 | 100,0 | 100,0 | 100,0 | 100,0 |
| **Nombre de salariés par employeur** | 14,4 | 2,9 | 8,0 | 4,4 | 5,8 |

Source : ENESIG 2018-19 – effectifs actualisés selon les projections démographiques de l'INS-Hypothèse de stabilité des structures observées par l'ENESIG 2018-2019.

## 2.2. La structure de la production et de l'emploi par secteur

L'analyse de la structure de la valeur ajoutée et de l'emploi à partir de l'enquete ENESIG 2019, montre que le secteur agriculture, élevage, forêts et pêche est à l'origine de 24 % de la valeur ajoutée générée et représente 41 % des emplois. Le deuxième secteur est le commerce avec une contribution à 17 % de la valeur ajoutée totale et 29 % des emplois. Le secteur de la fabrication contribue à hauteur de 8 % des emplois et de 8 % à la valeur ajoutée nationale (Graphe 7).

**Graphe 7. Structure de la valeur ajoutée et structure de l'emploi, 2019**

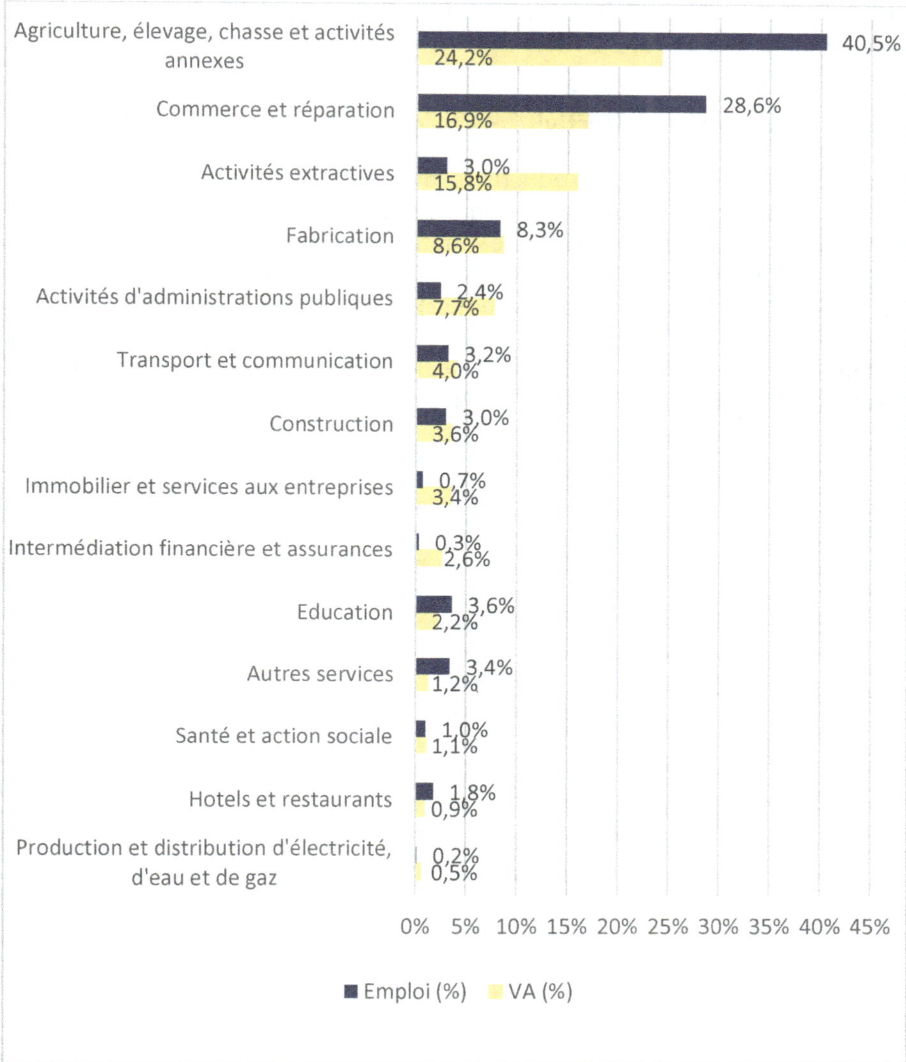


Source : INS (Comptes nationaux et ENESIG (2018-2019)
Note : VA : valeur ajoutée aux prix courants de 2019

Le secteur des activités extractives contribue à hauteur de 16 % de la valeur ajoutée, mais il n'emploie que 3 % de la main d'œuvre occupée.

Le secteur des transports et des communications contribue à 4 % de la valeur ajoutée et 3,2 % des emplois tandis que le secteur de la construction contribue faiblement avec 3 % des emplois et 3,6 % de la valeur ajoutée totale.

Les activités de l'administration publique contribuent à hauteur de 7,7 % de la valeur ajoutée et n'offrent que 2,4 % des emplois. Certains secteurs comme la santé et l'éducation emploient très peu de main d'œuvre, respectivement, 1 % et 3,6 %, et contribuent faiblement aussi à la formation du revenu national, soit respectivement 1,1 % et 2,2 %.

### 2.3. Les disparités de productivité et la segmentation du marché du travail

L'analyse des niveaux de productivité moyens (valeur ajoutée par emploi) révèle une structure de la production très hétérogène. Ainsi, cinq secteurs se démarquent par une productivité apparente nettement supérieure à la moyenne (PIB/emplois) estimée à 3 905 USD par emploi (38,1 millions GNF) en 2019 : le secteur bancaire et financier (329 millions GNF), le secteur extractifs (201 millions GNF), les services aux entreprises (188 millions GNF), l'administration publique (122,7 millions GNF) et la production et distribution d'eau et d'électricité (118,7 millions GNF).

**Graphe 8. Valeur ajoutée par emploi par secteur économique, 2019 (millions GNF)**

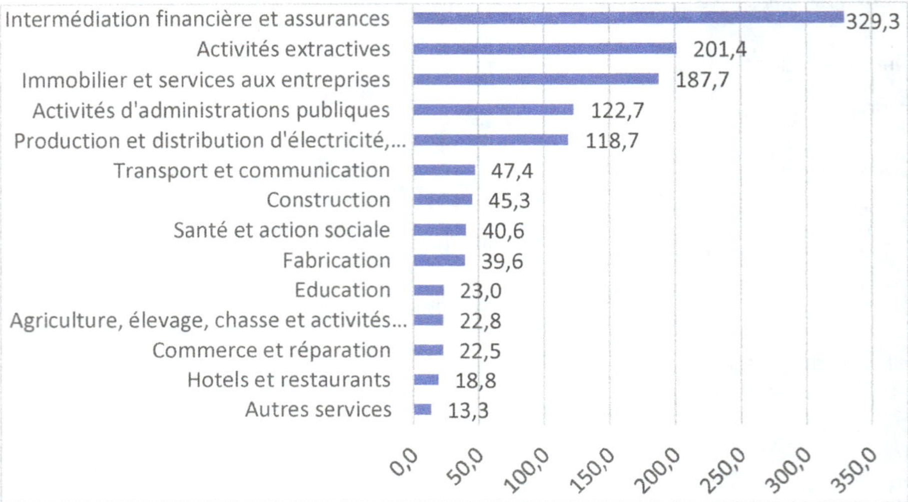


Source : INS (Comptes nationaux) et ENESIG-2018/2019

Quatre secteurs montrent une productivité par emploi moins forte, mais supérieure à la moyenne nationale (estimée à 38,1 millions GNF en 2019) : les transport et communications, la construction, la santé et l'action sociale et la fabrication de produits manufacturés.

Les secteurs les plus fortement employeurs (l'agriculture, élevage, forêts et pêches, le commerce, l'éducation et les autres services) présentent une valeur ajoutée très fortement inférieure à la moyenne nationale et dénote leur faible attractivité pour les entreprises et les travailleurs. Il s'agit principalement d'activités dont les prix sont plus déterminés de manière endogène sur le marché intérieur ou sous-régional. Dans la mesure où l'accès aux produits et services offerts par ces activités influence fortement la qualité de vie de la population et la sécurité alimentaire, un déficit d'offre pourrait impacter sur l'installation ou la rétention des opérateurs économiques dans certaines zones. Le premier impact du déficit dans les services de base est la migration interne et externe et une incitation à l'installation dans les agglomérations urbaines les mieux servies.

L'enquete emploi et secteur informel (2019) indique la répartition des emplois par type d'unités économiques (entreprises et exploitations agricoles) qui revèle que la segmentation de la productivité correspond à une segmentation institutionnelle.

**Tableau 9. Structure de l'emploi par type d'unité de production (2019)**

| Type unité de production | Nombre d'emplois |
|---|---|
| Grandes entreprises (affiliées CNSS) | 12 839 |
| Administration publique | 112 496 |
| Petites et moyennes entreprises | 66 733 |
| Micro-entreprises non agricoles | 2 024 700 |
| Exploitations agricoles familiales | 1 038 400 |
| Ensemble des unités de production | 3 255 168 |

Source : ENESIG (2018-2019)

Deux segments emploient la plus grande partie de la population en emploi en 2019 : celui des micro-entreprises non agricoles (majoritairement informelles) et celui des exploitations agricoles familiales (Tableau 9 et Gaphe 9):

- **les micro-entreprises non agricoles** pèsent pour 62 % des emplois (soit 2 024 700 d'emplois sur un total de 3 255 168 emplois) ;
- **les exploitations agricoles familiales** contribuent à 32 % des emplois (1 038 400 emplois) ;
- **l'administration publique** regroupe 3,5 % des emplois (soit 112 496 emplois) ;
- **les PME** contribuent à 2,1 % des emplois (soit 66 733 emplois) ;
- **les grandes entreprises** contribuent à 0,4 % des emplois (12 839 emplois).

**Graphe 9. Types d'unités de production, 2019**

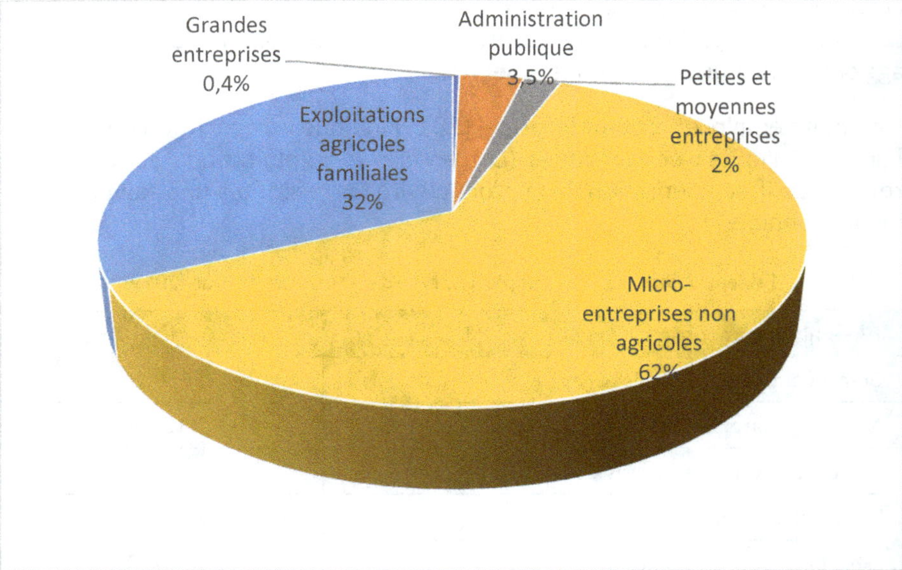


Source : ENESIG 2018-2019

Les grandes dispartiés en termes de productivité (analysée plus haut) indique de grandes disparités en termes de qualité des emplois et des conditions de travail par type d'unités économiques. Une analyse plus approfondie de la qualité des emplois est menée dans la section suivante.

## 3. Les déficits quantitatifs et qualitatifs de l'emploi

La première section traite des indicateurs clés pour mesurer les déficits d'emploi quantitatifs et qualitatifs en Guinée. Les indicateurs permettant de mesurer ces déficits sont définis ci-dessous et appliqués au contexte national de la Guinée. La section suivante traite de la prédominance du sous-emploi et de la sous-utilisation de la main-d'œuvre et la prédominance de l'emploi informel. La dernière section traite de la vulnérabilité et de la précarité dans l'emploi ainsi que de la pluri-activité.

### 3.1. La mesure des déficits quantitatifs et qualitatifs de l'emploi

Les déficits d'emploi quantitatifs se distinguent des déficits d'emploi qualitatifs :

- **Les indicateurs mesurant les déficits quantitatifs** sont notamment le taux d'emploi et le taux de chômage. Le taux d'emploi est d'autant plus élevé que le poids de la population en emploi dans la population en âge de travailler est élevé : l'allocation de la force de travail dans des activités génératrices de revenu est préférée à son allocation dans des activités non rémunérées de production de biens et services pour la consommation personnelle ou communautaire. Lorsqu'une personne en âge de travailler ne fait partie, ni de la main d'œuvre (population en emploi ou en chômage), ni de la main d'œuvre potentielle, elle est éloignée du marché de l'emploi (il y a sous-utilisation de la force de travail), et peut parfois être une personne au travail mais sans être rémunérée ; bien souvent, une personne hors main d'œuvre et au travail fait face à des déficits qualitatifs ;

- **Les déficits qualitatifs sont des situations de non-satisfaction des besoins ou attentes des personnes en matière de qualité des emplois** : une personne peut avoir des attentes insatisfaites car souhaiter une plus grande durée de travail rémunéré, ou encore disposer d'un emploi assurant un niveau de revenu plus élevé et plus stable, ainsi qu'une protection face à différents risques, ou encore acquérir durant sa vie professionnelle des compétences mieux rémunérées ; cette personne peut souhaiter également un meilleur traitement, plus de respect ou un taux de rémunération plus élevé, dans ses relations avec ses clients, si elle est auto-employée, ou avec ses employeurs si elle est salariée ou aide-familiale. Toutes ces dimensions et les attentes des personnes ont été observées par l'enquête l'ENESIG.

Un ensemble cohérent d'indicateurs de déficits quantitatifs et qualitatifs de l'emploi et compatibles avec la situation de l'emploi en Guinée est ici analysé sur la base des données de l'ENESIG 2019. Ces indicateurs peuvent généralement être mobilisés comme indicateurs d'objectifs dans les politiques publiques et dans la Politique nationale de l'emploi.

### 3.1.1. Le déficit quantitatif de l'emploi en Guinée

*Le taux combiné de chômage et main d'œuvre potentielle estimé par l'INS est un indicateur du déficit quantitatif de la sous-utilisation de la force de travail*

Définition de l'enquête ENESIG : la main d'œuvre potentielle (indicateur SU3) est composée de toutes les personnes en âge de travailler (15 ans ou plus) qui, lors des 7 derniers jours, n'étaient ni en situation d'emploi ni au chômage et qui ont effectué des démarches pour chercher un emploi, n'étaient pas actuellement disponibles mais allaient le devenir au-delà des 15 jours (ce sont des demandeurs d'emploi non disponibles), ainsi que par les personnes qui n'ont pas effectué de démarches pour chercher un emploi, mais souhaitaient un emploi et étaient actuellement disponibles (ce sont des potentiels demandeurs d'emploi disponibles). « *En d'autres termes, ce sont des personnes qui, pour diverses raisons ne sont pas sur le marché du travail et peuvent s'y retrouver à tout instant lorsque certaines conditions sont réunies* »[23].

[23] ENESIG 2018-2019, page 108.

*Le taux combiné de chômage et de sous-emploi lié au temps de travail, estimé par l'INS, est un indicateur du déficit quantitatif de la sous-utilisation de la force de travail*

Le taux de sous-emploi lié au temps de travail est un indicateur quantitatif de sous-utilisation de la main d'œuvre mais son mode de calcul prend en compte le fait que les personnes travaillent pour une quantité d'heures inférieure au temps de travail réglementaire (à temps plein) et souhaitent travailler plus. A noter, que le sous-emploi lié au temps de travail ne s'apprécie pas de la même manière en milieu rural où les activités sont à dominante agricole et en milieu urbain où la dominante est dans l'industrie et les services.

### 3.1.2. Le déficit qualitatif de l'emploi en Guinée

L'ENESIG (2018-2019) permet de mesurer un ensemble d'indicateurs de déficits qualitatifs de l'emploi, à partir desquels des indicateurs d'objectifs peuvent être retenus (Graphe 10).

*Le sous-emploi invisible*

Le sous-emploi invisible est la situation de la personne en emploi dont le revenu horaire issu de l'emploi principal au cours du mois de référence est inférieur à la norme fixée par la réglementation en vigueur. La valeur de cette norme est égale au rapport du SMIG (440 000 GNF) au nombre d'heures de travail par mois calculé sur la base de 40 heures de travail par semaine (11 250 GNF/heure). Le sous -emploi invisible est identifié comme la situation des personnes dont le revenu (produit du taux de rémunération du temps de travail et de la durée du travail) est inférieur au salaire minimum légal pour la durée normale de travail.

*La précarité dans l'emploi*

La précarité dans l'emploi est une situation dans laquelle l'emploi exercé laisse peu de place à une certitude sur l'avenir, ne permet pas d'accéder à un niveau de vie acceptable, s'accompagne d'une instabilité et insécurité du travail et est caractérisé par une rémunération minimale. Les personnes en emploi non stable, ont soit un contrat de travail occasionnel, soit un contrat de travail temporaire ou saisonnier.

*L'informalité de l'emploi*

L'informalité de l'emploi (couverture légale et/ou sociale limitée ou inexistante) est une mesure de la qualité de l'emploi occupé. Le taux de vulnérabilité dans l'emploi, mesurée par le statut occupé (proportion des travailleurs indépendants et familiaux dans l'emploi total) est aussi une mesure de la qualité de l'emploi.

**Graphe 10. Répartition de la population en âge de travailler par catégorie de main-d'œuvre**

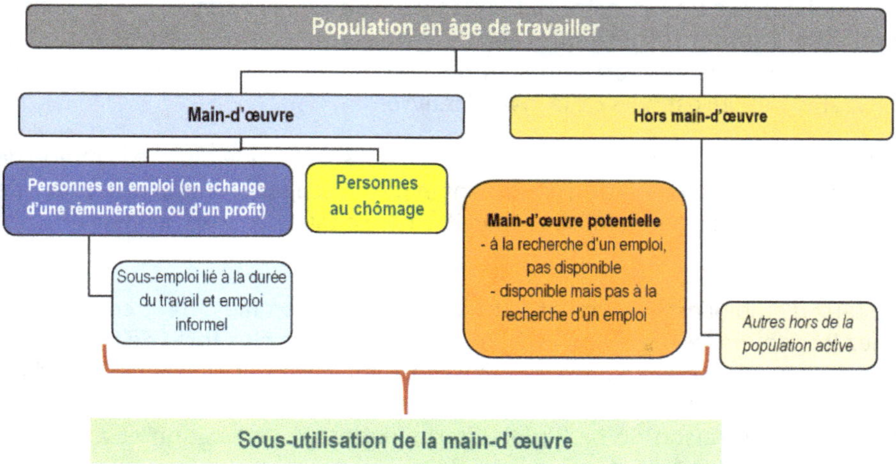


Source : BIT (2013)

## 3.2. La situation du déficit quantitatif de l'emploi en Guinée

Le déficit quantitatif peut être apprécié au regard du taux d'emploi, du taux de chômage et du taux de chômage élargi combinant le taux de la main d'œuvre potentielle et le taux de chômage, et plus largement le taux de sous-utilisation de la main d'œuvre.

En Guinée, l'analyse de ces indicateurs révèle de fortes disparités selon le sexe, l'âge, le niveau d'éducation et le lieu de résidence et la région, et une segmentation du marché de l'emploi qui trouve ses racines dans des modes de production segmentés et un cadre institutionnel inadéquat.

### 3.2.1. De fortes disparités dans le taux d'emploi

Le taux d'emploi décrit précisément le rapport entre le nombre de personnes en âge de travailler occupant un emploi rémunéré et la population totale en âge de travailler (15 ans et plus). Si ce taux est bas, il peut indiquer soit un déficit quantitatif d'offre d'emplois, soit le reflet de préférences volontaires des personnes en âge de travailler pour être en formation, ne pas travailler ou se consacrer exclusivement à une activité non rémunérée de production de biens et services (souvent destinés à la consommation personnelle). Le niveau de cet indicateur dépend de la porosité entre la population hors main d'œuvre et la main d'œuvre. Les transferts hors de la main d'œuvre peuvent se faire vers la main d'œuvre potentielle ou vers le segment qui est complètement hors main d'œuvre (voir Figures 1 et 2, Section 1).

Le taux d'emploi, bien qu'il ne puisse pas être considéré strictement comme une mesure du déficit quantitatif en emploi, peut être adopté comme indicateur de référence pour une politique publique telle que la Politique nationale de l'emploi qui vise une transformation structurelle de l'économie, moyennant la définition d'objectifs spécifiques en matière de scolarisation et de formation, et de fixation de la proportion de la population qui n'est ni scolarisée ni en formation, et qui est hors de la main d'œuvre.

En Guinée, le taux d'emploi atteint 52 %, ce qui signifie que plus de la moitié de la population en âge de travailler (15 ans et plus) occupent un emploi (quelle que soit la qualité de cet emploi). La répartition de ce taux par sexe, milieu et région est très inégale.

Le taux d'emploi est nettement plus élevé chez les hommes (64 % contre 42 % chez les femmes en âge de travailler). Une proportion plus forte de femmes en âge de travailler se retrouve dans la catégorie main d'œuvre potentielle ou dans la catégorie hors main d'œuvre (travail non rémunéré, souvent dans les unités familiales), en raison de multiples discriminations à l'éducation et à l'emploi (voir aussi Graphe 1 dans la Section 1.2).

**Graphe 11. Indicateurs quantitatifs du déficit d'emploi (ENESIG, 2019)**

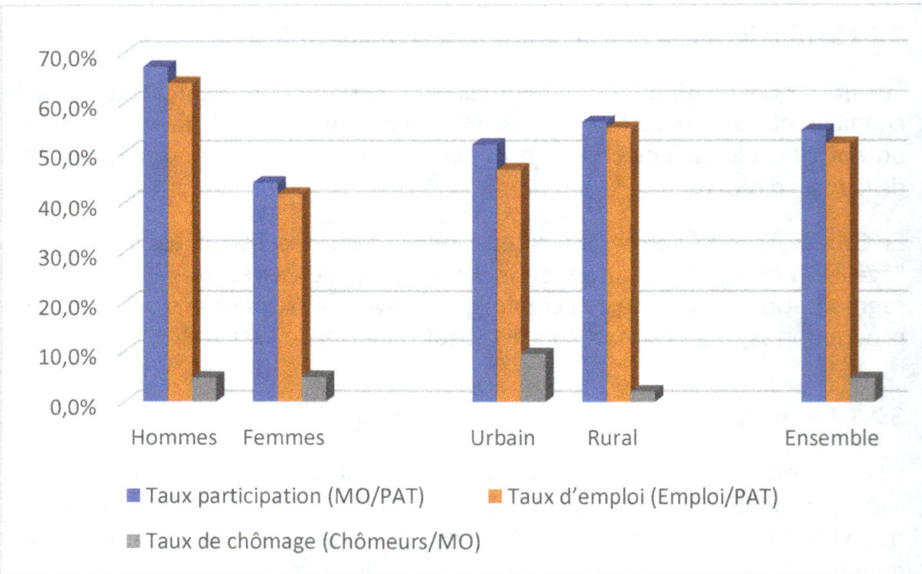


Source : ENESIG 2018-2019

**Tableau 30. Taux de participation, taux d'emploi et taux de chômage selon le sexe en 2019**

| | Population totale | Population en âge de travailler (PAT) | Main d'œuvre (MO) | Emploi | Chômeurs | Taux d'emploi | Taux de chômage |
|---|---|---|---|---|---|---|---|
| **Sexe** | | | | | | | |
| **Masculin** | 5 654 525 | 2 808 899 | 1 884 771 | 1 794 886 | 89 885 | 63,9 | 4,8 % |
| **Féminin** | 6 228 991 | 3 499 566 | 1 536 309 | 1 459 319 | 76 990 | 41,7 | 5,0 % |
| **Milieu** | | | | | | | |
| **Urbain** | 4 213 171 | 2 368 545 | 1 217 432 | 1 101 373 | 116 059 | 46,5 | 9,5 % |
| **Rural** | 7 670 345 | 3 939 920 | 2 202 415 | 2 155 136 | 47 279 | 54,7 | 2,1 % |
| **Total** | 11 883 516 | 6 308 466 | 3 419 189 | 3 255 168 | 164 020 | 51,6 | 4,8 % |

Source : ENESIG 2018-2019

**Graphe 12. Taux d'emploi par classe d'âge et niveau d'instruction (en %, 2019)**

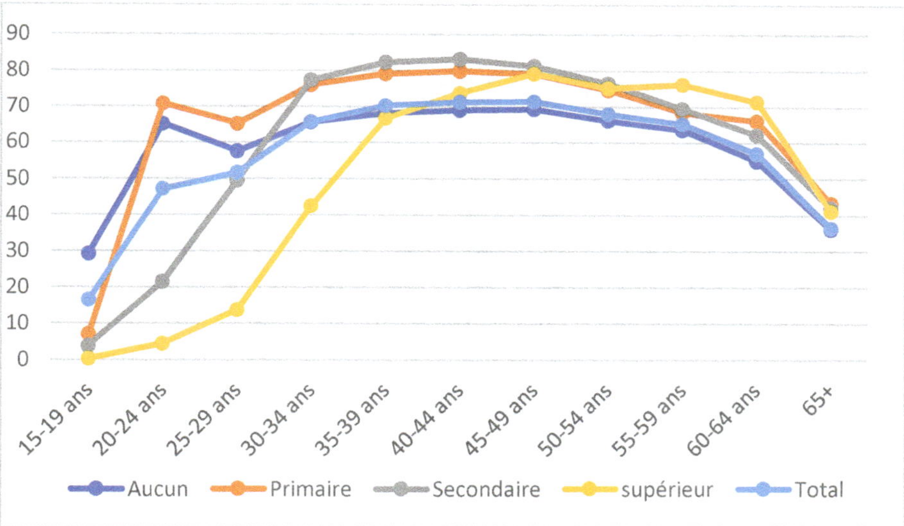


Source : ENESIG-2018-2019

Le taux d'emploi est plus élevé en milieu rural : plus de la moitié de la population en âge de travailler occupent un emploi soit 55 %, alors que près de 46 % de population de 15 ans et plus occupent un emploi en milieu urbain (Graphe 11). Cet écart peut s'expliquer notamment par des taux de scolarisation des jeunes plus élevés en milieu urbain (voir Graphe 1 en Section 1.2).

La répartition des taux d'emploi par niveau scolaire et par tranche d'âge montre que la scolarisation retarde l'entrée dans l'emploi de la force de travail selon le niveau scolaire atteint (Graphe 12). Ce report dans le temps pour entrer dans le marché de l'emploi est particulièrement élevé pour les jeunes de niveau scolaire supérieur, moindre pour ceux de niveau secondaire et nettement plus faible pour ceux de niveau primaire. Aussi, l'entrée tardive sur le marché de l'emploi (chez les diplômés notamment) est corrélée avec un accès à des emplois de niveaux de revenu et de productivité plus élevés.

L'analyse du taux d'emploi par région indique des disparités spatiales (Graphe 13) :

- le taux est particulièrement faible à Conakry, ce qui peut s'expliquer en partie par des taux de scolarisation plus élevés mais aussi par une proportion plus élevée de chômeurs notamment jeunes diplômés (le taux de chômage atteint 14 % à Conakry, pour un taux de chômage national de 4,8 % en 2019) ;

- le taux d'emploi est plus faible dans la région de Faranah, ce qui pourrait s'expliquer par une prévalence des formes de travail non rémunérés dans les unités de production de biens de consommation personnelle ;

- le taux d'emploi est très élevé dans les régions de Kankan et de N'Zérékoré, alors qu'il est proche de la moyenne nationale (52 %) dans les autres régions (Graphe 13).

**Graphe 13. Taux d'emploi, taux de chômage et taux combiné de chômage et de main d'œuvre potentielle selon la région (2019)**

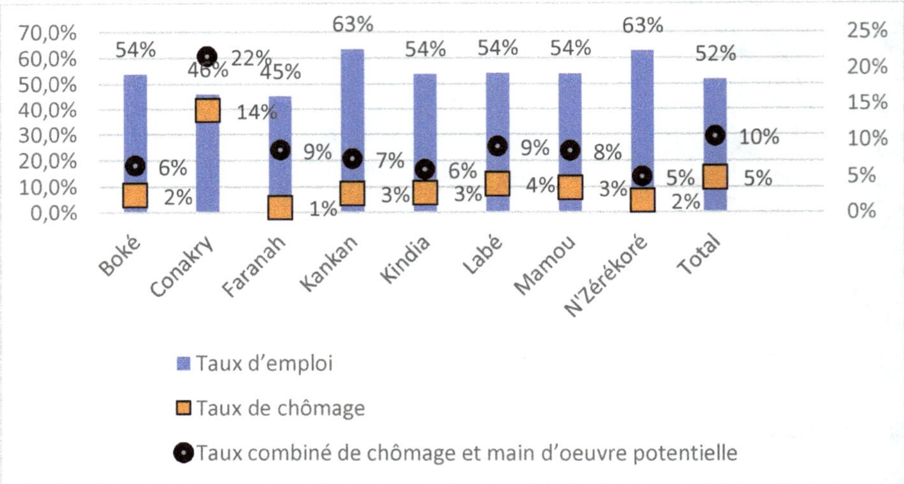


Source : ENESIG 2018-2019

### 3.2.2. Un taux de chômage élargi élevé en milieu urbain et chez les femmes

Selon l'enquête ENESIG 2019, le taux de chômage moyen est de 4,8 % au niveau national. Cet indicateur reflète la proportion de personnes faisant partie de la main d'œuvre qui n'occupent pas un emploi, déclarent rechercher activement un emploi et être disponible sur la période de référence[24].

---

[24] L'INS se réfère à la définition internationale du chômage : « les personnes au chômage sont définies comme toutes les personnes en âge de travailler qui durant les 7 jours précédant l'enquête n'étaient pas en emploi, avaient effectué des activités de recherche d'emploi, et étaient disponibles

Le taux de chômage est nettement plus élevé en milieu urbain (9,5 % contre 2,1 % en milieu rural). Il est également plus élevé chez les hommes en milieu urbain (soit 11,1 % contre 7,1 % chez les femmes) alors qu'il est relativement plus élevé chez les femmes en milieu rural (soit 3,2 % contre 1,4 % chez les hommes).

Le déficit quantitatif de l'emploi peut être mesuré par une série d'indicateurs mesurant la sous-utilisation de la main d'œuvre (chômage, sous-emploi, main d'œuvre potentielle).

L'indicateur combiné du taux de chômage élargi à la main d'œuvre potentielle (indicateur SU3) : cet indicateur atteint 10,4 % de l'ensemble de la main d'œuvre élargie, avec des niveaux plus élevés à Conakry (21,6 %), en milieu urbain (16,1 %), parmi les femmes (11,6 %), les jeunes de 15-24 ans (13,1 %) et les personnes migrantes (14 %) (voir Tableau 11 et Graphes 13 et 14).

**Tableau 11. Indicateurs du déficit quantitatif de la main d'œuvre, 2019**

| Indicateurs | Milieu | | Sexe | | Ensemble |
|---|---|---|---|---|---|
| | Urbain | Rural | Masculin | Féminin | |
| **SU-1 : Nombre de chômeurs** | 115 748 | 48 284 | 89 692 | 74 339 | 164 031 |
| **Taux de chômage (%)** | 9,5 % | 2,2 % | 4,8 % | 4,8 % | 4,8 % |
| **SU-3 : Nombre de personnes au chômage et dans la main d'œuvre potentielle** | 210 970 | 168 345 | 187 462 | 191 853 | 379 315 |
| **Taux combiné de chômage et MO potentielle (%)** | 16,1 % | 7,2 % | 9,5 % | 11,6 % | 10,4 % |

Source : ENESIG 1 – Tableau 6.21

### 3.2.3. Un taux de chômage élevé chez les diplômés

Le taux de chômage touche 37 % des diplômés du supérieur et près de 7 % les diplômés du secondaire, en particulier parmi les jeunes, les femmes et ceux vivant en milieu urbain (Graphe 14). Le chômage concerne plus les diplômés qui préfèrent attendre d'obtenir un emploi correspondant à leur niveau d'instruction mais qui font très souvent face au défi de l'inadéquation des compétences par rapport aux besoins des entreprises et à un environnement peu favorable à l'entrepreneuriat des jeunes.

Aussi, le chômage touche différemment les régions, avec un taux très élevé dans la région de Conakry et des taux relativement plus élevés dans les régions de Mamou et de Labé (Tableau 12).

---

pour l'emploi dans les 15 jours suivants l'enquête si la possibilité d'occuper un poste de travail existait. » Aussi, « les personnes en emploi sont définies comme toutes les personnes en âge de travailler qui, durant les 7 derniers jours précédant l'enquête, étaient engagées dans toute activité visant à produire des biens ou à fournir des services en échange d'une rémunération ou d'un profit » (rapport ENESIG, 2019, p. 77).

**Graphe 14. Taux de chômage par niveau d'instruction selon le sexe et le milieu (%) 2019**

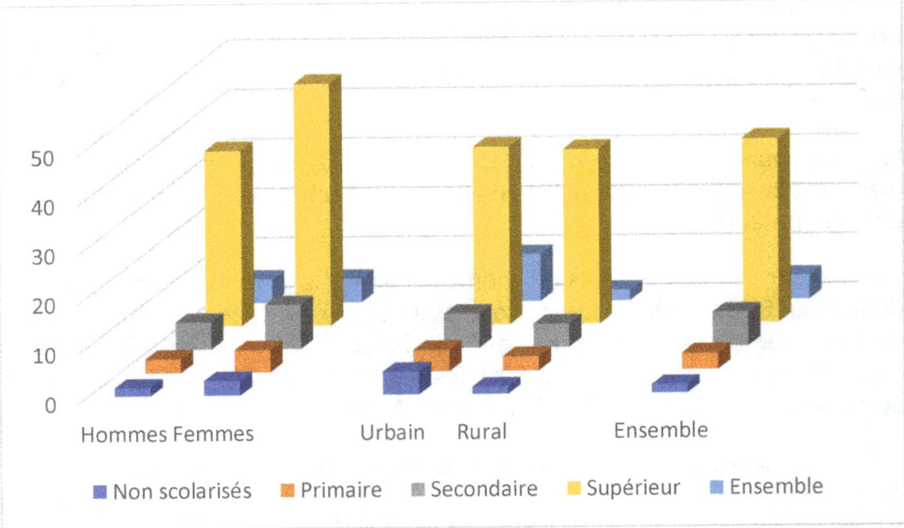


Source : ENESIG 2019

Le chômage des jeunes a un impact sur les conditions sociales et dévalorise l'école et l'apprentissage. Malgré les progrès dans la scolarisation des enfants, l'accès à l'école pour tous les enfants d'âge scolaire est loin d'être réalisé. Ceux qui fréquentent l'école, notamment dans les écoles publiques, ont des niveaux de connaissances et de compétences insuffisants et ceux qui obtiennent leur diplôme ont un accès limité à un emploi décent correspondant à leur niveau de certification (Tableau 12).

**Tableau 12. Taux de chômage par région, milieu de résidence et sexe selon le niveau d'instruction (%) - 2019**

| | Taux de chômage (%) | | | | |
|---|---|---|---|---|---|
| | Non scolarisé | Primaire | Secondaire | Supérieur | Ensemble |
| Région | | | | | |
| Boké | 1,0 | 2,6 | 5,1 | 31,5 | 2,4 |
| Conakry | 6,4 | 6,5 | 10,9 | 39,4 | 14,1 |
| Faranah | -0,2 | 1,0 | 2,8 | 39,1 | 0,7 |
| Kankan | 1,8 | 1,9 | 3,3 | 33,2 | 2,6 |
| Kindia | 0,8 | 2,6 | 5,9 | 34,9 | 2,7 |
| Labé | 1,9 | 3,1 | 5,5 | 34,1 | 3,9 |
| Mamou | 2,5 | 6,4 | 8,3 | 25,9 | 3,4 |
| N'Zérékoré | 0,4 | 1,0 | 2,3 | 35,0 | 1,6 |
| Milieu | | | | | |
| Urbain | 4,6 | 4,3 | 6,9 | 35,9 | 9,5 |
| Rural | 1,5 | 2,9 | 4,7 | 35,3 | 2,1 |
| Sexe | | | | | |
| Masculin | 1,7 | 2,8 | 5,5 | 35,5 | 4,8 |
| Féminin | 3,0 | 4,5 | 8,9 | 48,9 | 4,8 |
| Ensemble | 1,7 | 3,3 | 6,8 | 37,2 | 4,8 |

Source : ENESIG 2019

Si l'accès à l'école pour les enfants s'améliore, avec un taux brut de scolarisation primaire de 90,8 % en 2018, le taux d'achèvement des écoles primaires atteint 54 % en moyenne nationale, avec de grandes disparités selon le sexe et le milieu : ce taux est de 46 % pour les filles contre 63 % pour les garçons, de 40 % en milieu rural contre 76 % en zone urbaine. Environ 1,5 million d'enfants de 6 à 16 ans ne sont (toujours) pas scolarisés. Enfin, la scolarisation de la petite enfance est très réduite car seulement 20 % des enfants de 3 à 5 ans sont inscrits dans une école maternelle (UNICEF, 2022).

L'accès à l'école et la qualité de l'école restent un défi majeur posé au secteur de l'éducation, tandis que l'adéquation des compétences par rapport aux besoins (présents et futurs) de l'économie reste au cœur des réformes engagées notamment dans le secondaire et le supérieur. Les politiques en faveur de la diversification de l'économie et les programmes en faveur du développement des petites et moyennes entreprises locales sont aussi déterminants pour agir sur la demande de travail et orienter les réformes éducatives et du système de formation professionnelle.

### 3.3. La prédominance du sous-emploi et de la sous-utilisation de la main d'œuvre

#### 3.3.1. Sous-emploi visible et sous-emploi invisible

**Le sous-emploi visible** lié à la durée du travail porte sur les personnes en emploi, travaillant involontairement moins de 35 heures et désirant travailler plus. Le sous-emploi visible concerne 31,4 % des personnes en emploi et touche 36 % des femmes en emploi contre 28 % des hommes en emploi.

**Le taux de sous-emploi invisible**, en considérant une durée de référence de 40 heures, est estimé à 9 % de la population active occupée[25]. C'est en milieu urbain que le sous-emploi invisible est le plus perceptible avec 9,5 % des travailleurs ayant un revenu horaire dans l'emploi principal inférieur à celui fixé par la réglementation en vigueur, contre 8,7 % en milieu rural. Aussi, le niveau de sous-emploi invisible est nettement plus accentué chez les femmes soit 11,9 % contre 6,6 % chez les hommes.

Selon la classe d'âge, le taux de sous-emploi invisible est plus élevé parmi les jeunes âgés de 15 à 24 ans et ceux de 15 à 34 ans, soit respectivement 15,1 % et 10,5 %. Le taux de sous-emploi invisible des handicapés reste aussi plus élevé, respectivement 14,3 % contre 8,8 % pour les personnes sans handicap (ENESIG, 2019).

---

[25] « Le sous-emploi invisible est la situation de la personne en emploi dont le revenu horaire issu de l'emploi principal au cours du mois de référence est inférieur à la norme fixée par la réglementation en vigueur. La valeur de cette norme est égale au rapport du SMIG (440 000 GNF) par le nombre d'heures de travail par mois calculé sur la base de 40 heures de travail par semaine (11 250 GNF/heure) » (rapport ENESIG 2018-2019, page 89).

D'après l'ENESIG, en moyenne par mois les hommes gagnent 216 215 GNF contre 113 498 GNF chez les femmes. Le revenu mensuel moyen est de 177 792 GNF. Le revenu mensuel moyen est plus élevé en milieu urbain qu'en milieu rural. Enfin, un emploi informel est rémunéré en moyenne à 165 287 GNF et un emploi formel à 743 420 GNF.

Le déficit qualitatif se manifeste par une faiblesse de la productivité du travail et des rémunérations et par des conditions d'emploi ne respectant pas les normes légales.

Les résultats de l'Enquête Harmonisée sur les Conditions de Vie des Ménages (EHCVM, 2018/2019) ont déterminé un seuil de pauvreté de référence égal à cinq millions Gnf. La population vivant en dessous ce seuil est estimée à 43,7 % de la population totale (55,4 % en milieu rural et 22,4 % en milieu urbain). L'enquête montre que le niveau de pauvreté augmente lorsque le niveau d'instruction diminue. Aussi, le rapport de consommation moyenne des 20 % des ménages les plus aisés au 20 % les plus pauvres est de 3,97.

La même enquête indique que les deux tiers de la population (66 %) n'ont aucun niveau d'instruction, 21 % ont un niveau primaire, 10 % ont un niveau secondaire et seulement 9 % ont un niveau supérieur. La population urbaine est plus instruite : 25,4 % des individus sans niveau d'instruction vivent en milieu urbain contre 74,6 % en milieu rural. Aussi, 88 % des personnes de niveau scolaire supérieur résident en milieu urbain contre 12 % en milieu rural.

### 3.3.2. Une sous-utilisation de la main d'œuvre élevée et différenciée

La sous-utilisation de la main d'œuvre est mesurée par l'INS à travers quatre indicateurs composites[26]. Ces indicateurs présentés ci-dessous, mettent en relief l'utilisation optimale de la main d'œuvre, tout en donnant des signaux des besoins de l'économie. Ils sont saisis à travers la mesure du chômage, du sous-emploi lié à la durée du travail et de la main d'œuvre potentielle (voir Graphe 15 et Graphe 16).

[26] INS, 2019 https://www.stat-guinee.org/images/Documents/Publications/INS/rapports_enquetes/autre%20enquete/RAPPORT%20GLOBAL%20ENESIG1%20CONS%20%20(17-02-2020)_VF%20(2).pdf

Graphe 15. Les principaux indicateurs de la sous-utilisation de la main d'œuvre

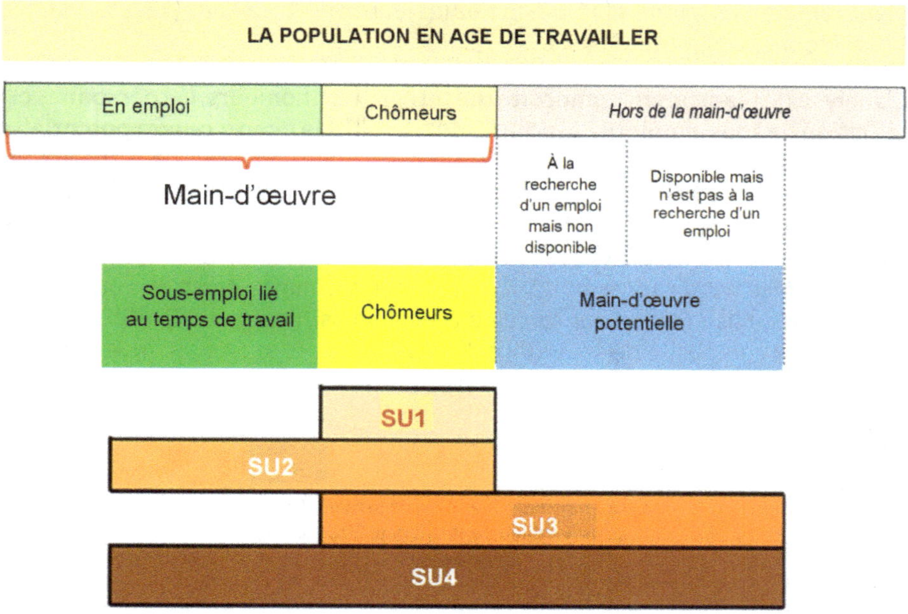


Source : BIT (2013)

La situation de l'emploi en Guinée comme pour la plupart des pays peu salarisés et caractérisés par la prédominance de l'économie informelle. En effet, le faible taux de chômage cache des situations de vulnérabilité et de précarité de l'emploi qui sont illustrées dans la description de la population en emploi, comme mentionné dans les sections précédentes. Cela montre l'utilité des indicateurs complémentaires sur la sous-utilisation de la main d'œuvre.

**L'analyse du taux combiné du chômage et du sous-emploi lié au temps de travail (indicateur SU-2)** montre que plus d'un tiers de la main d'œuvre (34,7 %) est concernée, en particulier en milieu urbain (37,8 %), chez les femmes (38,7 %) et chez les jeunes de 15 à 34 ans (37,7 %).

De même, l'enquête ENESIG montre que le taux combiné de chômage et de sous-emploi est élevé chez les personnes handicapées (45,3 %) et chez les personnes migrantes (36,5 %), et qu'il atteint des niveaux disparates selon les régions, avec des niveaux élevés dans certaines régions, telles que les régions de Boké (64 %), de N'Zérékoré (47,1 %) et de Conakry (44,1 %).

**L'analyse du taux combiné du chômage et de la main-d'œuvre potentielle (indicateur SU-3)**[27] indique que 10,4 % de la main d'œuvre élargie est sous-

[27] Ce troisième indicateur d'analyse de la sous-utilisation de la main d'œuvre s'intéresse à la main d'œuvre potentielle, en l'occurrence, toutes les personnes en âge de travailler (15 ans ou plus) qui ne sont ni en situation d'emploi ni au chômage et qui ont soit effectué des démarches pour chercher un emploi, mais n'étaient pas disponibles sur la période de référence (mais pouvant le devenir au-

utilisée. Il est relativement plus élevé à Conakry (21,6 %), en milieu urbain (16,1 %), chez les femmes (11,6 %), chez les jeunes de 15-24 ans (13,1 %) et chez les personnes migrantes (14 %).

L'**analyse de l'indicateur composite qui intègre les chômeurs, les personnes en situation de sous-emploi lié à la durée du travail et la main d'œuvre potentielle (indicateur SU-4)** indique de fortes disparités. Ce taux atteint 38,5 % de la main d'œuvre élargie totale au niveau national, avec des niveaux plus élevés chez les femmes (43 % contre 35 % chez les hommes), chez les jeunes de 15 à 34 ans (33 %) et en milieu urbain (42 % contre 36 % en milieu rural). Enfin, près de 49 % de personnes handicapées et 41 % des personnes migrantes sont concernées par la sous-utilisation de leur force de travail. Aussi, l'enquête ENESIG montre que ce taux composite de sous-utilisation de la main d'œuvre (SU4) atteint des niveaux disparates selon les régions, avec des niveaux élevés dans certaines régions, telles que les régions de Boké (65,5 %), de N'Zérékoré (49 %) et de Conakry (49 %).

**Graphe 16. Indicateurs de sous-utilisation de la main d'oeuvre, selon le sexe, l'age et le milieu de résidence, 2019 (en %)**

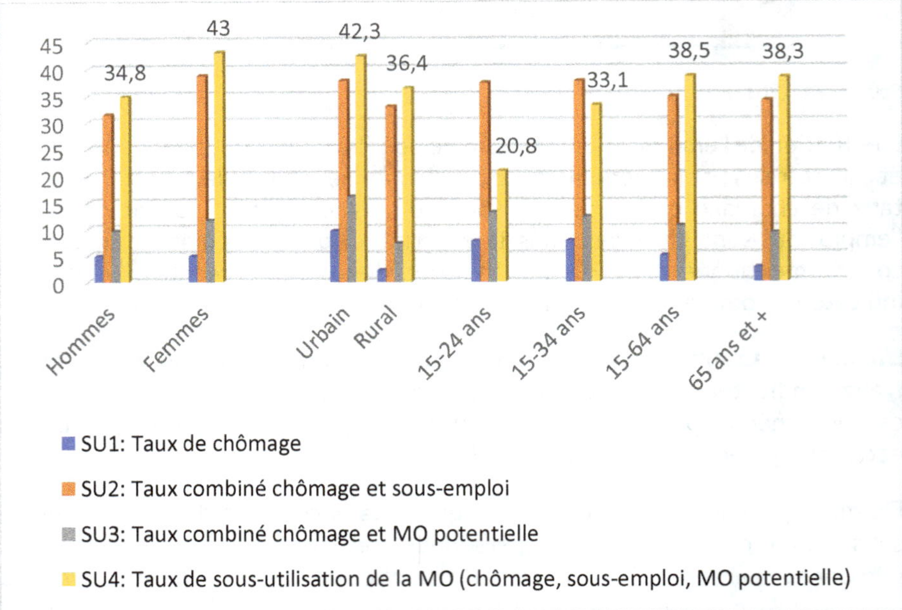


Source : ENESIG 2019 - MO : main d'œuvre.

delà des 15 jours) ; soit ils n'ont pas effectué de démarches pour chercher un emploi, mais souhaitent un emploi et étaient disponibles. En d'autres termes, ce sont des personnes qui, pour diverses raisons ne sont pas sur le marché de l'emploi et peuvent s'y retrouver à tout instant lorsque certaines conditions sont réunies (INS, 2019).

### 3.4. La prédominance de l'emploi informel

Contrairement à la notion de secteur informel qui fait référence aux unités de production comme unités d'observation, la notion d'emploi informel se réfère à des emplois comme unités d'observation. L'emploi informel comprend :

- Les travailleurs à leur propre compte et employeurs occupés dans leurs propres entreprises du secteur informel. Dans le cas des travailleurs à leur propre compte et des employeurs, le statut d'emploi informel est déterminé par la nature informelle de l'entreprise. Ainsi, les travailleurs à leur propre compte (sans employés) qui exploitent une entreprise informelle sont classés dans un emploi informel. De même, les employeurs (avec des employés) qui exploitent une entreprise informelle sont classés dans l'emploi informel.

- Les employés occupant des emplois informels, qu'ils soient employés par des entreprises du secteur formel, des entreprises du secteur informel ou des travailleurs domestiques rémunérés par les ménages. Les employés ont un emploi informel si leur relation de travail est, en droit ou en pratique, non assujettie à la législation nationale du travail, à l'impôt sur le revenu, à la protection sociale ou au droit à certaines prestations professionnelles (préavis de licenciement, indemnité de départ, congés annuels ou de maladie payés, etc.). Dans la pratique, le caractère formel ou informel d'un emploi occupé par un employé est déterminé sur la base de critères opérationnels tels que la cotisation par l'employeur à la sécurité sociale (au nom de l'employé), le droit à un congé de maladie payé et à un congé annuel payé.

- Les travailleurs familiaux collaborant à l'entreprise familiale, qu'ils exercent ou non dans des entreprises formelles ou informelles. Le caractère informel de leur emploi s'explique par le fait que les travailleurs familiaux collaborant à l'entreprise familiale n'ont généralement pas de contrats d'emploi explicites et écrits et que leur emploi n'est généralement pas assujetti à la législation du travail, à la sécurité sociale, aux conventions collectives, etc.

- Les membres de coopératives de producteurs informels. Le caractère informel de leur travail résulte directement des caractéristiques de la coopérative dont ils sont membres.

- Les travailleurs à leur propre compte engagés dans la production de biens exclusivement destinés à leur propre usage final par leur ménage (comme l'agriculture de subsistance ou la construction autonome de logements propres), s'il est considéré comme employé selon la définition statistique internationale (13ème CIST)[28].

[28] BIT *Définition statistique de l'emploi informel : lignes directrices approuvées par la dix-septième Conférence internationale des statisticiens du travail* (2003) ; Conférence internationale des statisticiens du travail (2003).

Les normes internationales font une distinction entre l'emploi dans le secteur informel et l'emploi informel. L'emploi dans le secteur informel est un concept basé sur l'entreprise et il est défini en fonction des caractéristiques du lieu de travail du travailleur. En revanche, l'emploi informel est un concept basé sur l'emploi défini en fonction de la nature de la relation de travail et des protections associées pour le travailleur. Les travailleurs de l'économie informelle comprennent donc tous les travailleurs du secteur informel et les travailleurs en emploi informel en dehors du secteur informel[29].

**Les Instruments de l'Organisation internationale du Travail et des Nations U nies pertinents pour faciliter la transition de l'économie informelle vers l'éco nomie formelle**

Ces instruments sont les Conventions fondamentales suivantes :

- Convention (n° 29) sur le travail forcé, 1930, et le protocole de 2014 relatif à la convention sur le travail forcé, 1930
- Convention (n° 87) sur la liberté syndicale et la protection du droit syndical, 1948
- Convention (n° 98) sur le droit d'organisation et de négociation collective, 1949
- Convention (n° 100) sur l'égalité de rémunération, 1951
- Convention (n° 105) sur l'abolition du travail forcé, 1957
- Convention (n° 111) concernant la discrimination (emploi et profession), 1958
- Convention (n° 138) sur l'âge minimum, 1973
- Convention (n° 182) sur les pires formes de travail des enfants, 1999 © Conventions de gouvernance
- Convention (n° 81) sur l'inspection du travail, 1947
- Convention (n° 122) sur la politique de l'emploi, 1964
- Convention (n° 129) sur l'inspection du travail (agriculture), 1969
- Convention (n° 144) sur les consultations tripartites relatives aux normes internationales du travail, 1976

[29] D'après (BIT, 2017c) *Economie informelle et travail décent : Guide de ressources sur les politiques : Soutenir la transition vers la formalité*, Genève, BIT, 2013.

### 3.4.1. Secteur informel, emploi informel et auto-emploi

Selon l'ENESIG, "*le secteur informel constitue un secteur dans lequel, les travailleurs ont un revenu de travail très bas, ils ne sont ni immatriculés à la caisse nationale de la sécurité sociale, ni bénéficiaires de congés payés et ne bénéficient d'aucune protection sociale*".

Le secteur informel est constitué par « *l'ensemble des unités de production qui ne possèdent pas de N° de contribuable et/ou ne tiennent pas une comptabilité formelle* ».

L'emploi informel est une réalité plus large : "*est considérée comme emploi informel, toute activité économique légale qui échappe à la réglementation en vigueur du travail*".

#### L'emploi informel[30]

Sur l'ensemble des personnes occupant un emploi, 96 % d'entre elles exercent un emploi informel. La proportion de l'emploi informel est plus élevée dans le secteur primaire soit 97,5 %, contre 96,4 % dans le secteur tertiaire et 94,2 % dans le secteur secondaire.

La proportion des hommes en emploi exerçant un emploi informel est presque identique à celle des femmes (95 %). Aussi, 96,1 % des personnes en emploi en milieu urbain exercent un emploi informel contre 95,3 % en milieu rural. L'analyse par rapport à la région montre des disparités (avec un taux maximum de 98,3 % à N'Zérékoré à un taux minimum de 86,5 % à Labé.

#### Le secteur informel

Selon la définition du secteur informel adoptée par l'ENESIG, le nombre des UPI est estimé pour l'année 2019 à 1,88 millions, dont 49,3 % créées par des femmes. Le milieu urbain abrite 1,27 millions d'UPI et le rural 0,6 million. La principale activité des UPI est le commerce (1,1 millions d'UPI), soit 59 % des UPI. Un plus grand nombre d'UPI dans l'activité « Commerce » est portée par des femmes, soit 665 mille contre 445 mille portées par des hommes. L'agro-alimentaire et les autres industries représentent respectivement 12,3 % et 7,1 % des UPI, alors que la construction, la confection et le transport représentent respectivement 4 %, 5 % et 6 %. La branche de restauration ne compte que pour 0,6 % des UPI.

La moitié des UPI (50,1 %) ne dispose pas de local professionnel, un quart exerce son activité dans le domicile du promoteur et un autre quart dispose d'un local dédié à son activité. Dans ce dernier quart, on trouve les UPI ayant accès aux services de réseau. Le poids des UPI branchées aux réseaux d'eau dans

[30] Voir le rapport ENESIG page 91 et 92.

l'ensemble des UPI est de 17,6 % pour l'accès à l'eau et 20,3 % pour l'électricité. En revanche, 67,2 % des UPI ont accès au téléphone.

L'âge moyen d'existence des unités de production informelle en Guinée est de 10,2 ans.

### Caractéristique de l'emploi des UPI

Le nombre d'emploi moyen des UPI est de 1,4 personnes, 1,8 dans l'industrie, 1,1 dans le commerce et 1,6 dans les services.

Les travailleurs pour compte propre comptent pour 63,7 % des emplois des UPI, les apprentis pour 15,7 % (moins du cinquième d'entre eux étant payés), les aides familiaux 6,1 % et les patrons et associés (14 %).

Les chefs d'UPI représentent 72,4 % de l'emploi des UPI. 2,6 % des employés des UPI sont des conjoints du chef d'UPI, 2,7 % ses enfants, 9 % ont d'autres liens de parenté et 13,3 % non aucun lien de parenté avec le chef des UPI.

Les durées de travail dans le secteur informel sont très élevées : 81,5 % des employés du secteur informel travaillent plus de 40 heures, et le plus souvent au-delà des normes établies par la législation du travail.

La proportion d'individus qui travaillent dans les Unités de Production Informelles (exploitations agricoles non comprises) plus de 40 heures est plus importante en milieu urbain (86 %) qu'en milieu rural (78,9 %).

La connaissance des règles de la protection sociale est très faible : 3,6 % des chefs d'UPI déclarent avoir déjà entendu parler de la sécurité sociale.

Les UPI sont aussi un espace d'apprentissage. La plupart des travailleurs (65,8 %) du secteur informel apprennent ou ont appris leur métier tout seul ou par la pratique. Une frange non moins importante (25,2 %) a été formée dans les petites entreprises et seulement 2,2 % d'travailleurs ont appris le métier dans une école.

### Caractéristiques économiques des UPI

L'investissement des UPI est principalement orienté vers l'achat des matériels roulant/motopompe (56,3 %), l'acquisition des terrains et des locaux (25 %) et l'acquisition de l'outillage et d'autres matériels (8,9 %). Cette tendance est respectée en milieu urbain. Cependant, en milieu rural la priorité des investissements est consacrée à l'achat de matériels roulant/motopompe (89,9 %), des terrains et des locaux (10,5 %), viennent ensuite l'outillage/autres équipements (7 %).

L'analyse du mode de financement du capital des UPI montre qu'une part importante de leurs capitaux est financée par l'épargne propre (52,3 %), le don/héritage (26,4 %), les prêts de la part des amis/parents (12,8 %), les tontines (4,2 %) et la contribution des associations (1,0 %). Quant aux systèmes bancaires (0,0 %) et Institutions de microfinances (0,1 %) sont quasiment inexistants.

La valeur ajoutée des UPI représente en moyenne 39 % de la valeur de leurs ventes. Ce ratio est de 75 % dans les activités manufacturières (74 % pour l'agro-alimentaire, 54 % pour la confection et 96 % pour la construction). Le taux de valeur ajoutée est de 28 % pour le commerce et de 72 % dans les services.

Les rémunérations des chefs d'UPI représentent en moyenne 82 % de la valeur ajoutée. Les salaires comptent pour 14,5 % de la valeur ajoutée et les taxes pour 3,5 %.

Les services et les activités du bâtiment, ainsi que les industries autres que la confection et l'agroalimentaire sont les plus taxées, avec en moyenne des taxes allant de 9,6 % (autres services) à 5,5 % (commerce de gros). Le commerce de détail et l'agroalimentaire sont les activités les moins taxées.

Le revenu moyen mensuel tiré de l'emploi des travailleurs dans le secteur informel est de 502 659 GNF (Tableau 11.17). Il est de 496 712 GNF en milieu urbain et de 514 008 GNF en milieu rural. Cette valeur moyenne cache de fortes variabilités. En effet, le revenu médian est de 450 000 GNF. En d'autres termes, la moitié des travailleurs gagnent au plus ce montant par mois.

### 3.4.2. Vulnérabilité et précarité de l'emploi

#### Vulnérabilité de l'emploi

Comme les travailleurs dans l'emploi informel, les travailleurs considérés dans l'emploi vulnérable, ne bénéficient ni de la protection sociale ni de moyen de protection en période de rupture de demande de service. De façon générale, ils sont dans le secteur informel.

Le taux d'emploi vulnérable est la part du nombre de travailleurs pour leur compte propre et de travailleurs familiaux non rémunérés dans l'emploi total. Ce taux est de 83 % pour l'ensemble de la population. Il est nettement plus élevé en milieu rural (90,7 %) qu'en milieu urbain (68,1 %)

L'analyse selon la région montre que, quelle que soit la région administrative de la Guinée, le taux d'emploi vulnérable se situe dans l'intervalle du taux de l'Afrique (plus de 75 %), sauf à Conakry dont le taux d'emploi vulnérable est 63 %. Ce taux est relativement plus élevé à Faranah et à Mamou respectivement 93,4 % et 93,5 %.

**Précarité dans l'emploi**

La précarité dans l'emploi est une situation dans laquelle l'emploi exercé laisse peu de place à une certitude sur l'avenir qui ne permet pas d'accéder à un niveau de vie acceptable, qui s'accompagne d'une instabilité et insécurité du travail, caractérisé par une rémunération minimale. Dans la population en emploi, il y a ceux qui n'ont pas un emploi stable. Soit l'emploi est occasionnel, temporaire ou saisonnier. Cet indicateur renseigne les améliorations réalisées dans l'emploi et le progrès en cours vers un emploi décent.

Le taux de précarité de l'emploi est le rapport entre le nombre d'emploi précaire et le nombre total d'emploi. Le taux d'emploi précaire est de 10 % pour l'ensemble de la population en emploi. Il est plus élevé dans la région de Conakry (21 %) et plus faible dans celle de Faranah (3,1 %). Il est plus élevé en milieu urbain (18,9 %) et chez les hommes (25,8 %).

Toutefois, au niveau régional, la région de Conakry connait la plus grande proportion (21 %) devant la région de Kindia (11 %) et de Labé (9 %). Les plus faibles taux de précarité sont enregistrés dans les régions de Faranah (3,1 %), Mamou (4,5 %) et de Nzérékoré (7,5 %).

### 3.4.3. Pluriactivité

En Guinée, 8,4 % de la population en emploi effectue au moins une activité secondaire. Cette pluriactivité concerne plus les hommes (11,6 %) que les femmes (4,4 %) et est plus fréquente en milieu rural (10,4 %) qu'en milieu urbain (4,3 %).

En Guinée, le nombre des unités de production informelles (UPI) est estimé à un près de 1,9 millions sur l'ensemble du territoire national, dont près de la moitié (67,8 %) se trouve en milieu urbain, 32,2 % en milieu rural. 950 000 promoteurs d'UPI sont de sexe masculin et 925 000 de sexe féminin.

En milieu rural, le taux de pluriactivité des hommes est supérieur à celui des femmes (respectivement 14,6 % contre 5,2 %) et c'est parmi la main d'œuvre âgée de 15-64 ans qu'on enregistre la plus grande proportion de pluriactivité des femmes (10,7 %). En milieu urbain, le taux de pluriactivité des hommes est encore plus élevé à celui des femmes (5,4 % contre 3,1 %).

Selon la région administrative, les taux de pluriactivité sont plus élevés dans les régions de Faranah, Mamou et N'zérékoré (respectivement 17,3 % ; 10,4 % et 10,3 %). C'est dans les régions de Conakry, Kindia et Kankan qu'on enregistre les plus faibles taux de pluriactivité (respectivement 3,9 % ; 5,7 % et 8,0 %).

Tableau 4. Effectifs et structure des actifs occupés en pluriactivité

| | Industrie | Commerce | Services | Total |
|---|---|---|---|---|
| **Effectifs employés** | | | | |
| **Emploi principal** | 480283 | 1014214 | 218945 | 1713442 |
| **Emploi secondaire** | 55150 | 90594 | 16227 | 161971 |
| **Ensemble** | 535433 | 1104808 | 235172 | 1875413 |
| **Répartition sectorielle** | | | | |
| **Emploi principal** | 28,0 % | 59,2 % | 12,8 % | 100,0 % |
| **Emploi secondaire** | 34,0 % | 55,9 % | 10,0 % | 100,0 % |
| **Ensemble** | 28,6 % | 58,9 % | 12,5 % | 100,0 % |

Le taux de pluriactivité est plus élevé chez les personnes de 15-64 ans (8,5 %) et 65 ans ou plus (7,0 %) que chez les jeunes 15- 34 ans (6,8 %).

## 4. La situation de l'emploi des jeunes

Cette section présente une analyse condensée de la situation de l'emploi des jeunes en Guinée, à partir des résultats de l'Enquête Nationale sur l'Emploi et le Secteur Informel en Guinée (ENESIG) de 2018-2019 menée sur la base du RGPH 3 et actualisé de 2017.

L'analyse se réfère aux indicateurs du travail et de l'emploi calculés par l'INS (Rapport des Enquêtes nationales emploi et secteur informel). Elle présente les indicateurs relatifs à la participation au marché du travail, à la main d'œuvre, à l'emploi, et à la sous-utilisation de la main d'œuvre (chômage, sous-emploi, main d'œuvre potentielle), ainsi que les indicateurs sur la qualité des emplois occupés, en particulier les mesures de la vulnérabilité dans l'emploi et de l'informalité.

L'analyse de l'emploi des jeunes est menée à travers la désagrégation d'indicateurs de l'emploi au niveau national selon plusieurs variables (sexe, lieu de résidence, niveau d'éducation, existence d'un handicap, statut de migrant, etc.), à partir de données d'enquêtes ménages et auprès des unités de production informelles.

### 4.1. Statut d'activité, insertion économique et statut social des jeunes

#### 4.1.1. Statut d'activité des jeunes

En 2019, avec près de 3,3 millions de jeunes de 15 à 34 ans, la jeunesse guinéenne représentait 52 % de la population en âge de travail. Elle comptait pour 43 % de la population active, soit 31 % de la population active occupée (1,35 millions sur 3,25 millions) et 69 % de la population en chômage (113000 chômeurs sur 164 000).

La classe d'âge des 15-24 ans, avec un effectif de 615 000 jeunes en formation, compte pour 70 % de l'effectif total en âge de travail en formation, les personnes de 25-34 ans et celle de 35 ans et plus représentant respectivement 17 % et 13 %.

**Tableau 5. Effectif de la population en âge de travail selon le statut d'activité et les classes d'âge**

| | 15-24 | 25-34 | 35-64 | 65 et + | Ensemble |
|---|---|---|---|---|---|
| Population en âge de travail | 1753753 | 1514032 | 2510769 | 523603 | 6302157 |
| Population active | 501573 | 959126 | 1757955 | 196351 | 3415006 |
| Population active occupée | 464745 | 881583 | 1716306 | 191115 | 3253749 |
| Chômeurs | 37934 | 74992 | 45752 | 5353 | 164031 |
| Main d'œuvre potentielle | 42863 | 43906 | 114540 | 13974 | 215283 |
| Population totalement hors main d'œuvre | 1210090 | 508765 | 638795 | 313114 | 2670764 |
| - En formation | 615839 | 148430 | 109740 | 0 | 874009 |
| - Exclusivement consacrée aux tâches domestiques | 594251 | 360335 | 529055 | 313114 | 1796756 |

Source : ENESIG 2018-2019

Les jeunes de 15-34 ans représentent 40 % de la main d'œuvre potentielle (87 000 sur 215 000). Ils représentent 64 % de la population totalement hors main d'œuvre, dont 87 % de la population en formation et 58 % de celle consacrée exclusivement à des tâches domestiques.

**Tableau 6. Structure de la population en âge de travail selon le statut d'activité et les classes d'âge**

| | 15-24 | 25-34 | 35-64 | 65 et + | Ensemble |
|---|---|---|---|---|---|
| Population en âge de travail | 28 % | 24 % | 40 % | 8 % | 100 % |
| Population active | 15 % | 28 % | 51 % | 6 % | 100 % |
| Population active occupée | 14 % | 27 % | 53 % | 6 % | 100 % |
| Chômeurs | 23 % | 46 % | 28 % | 3 % | 100 % |
| Main d'œuvre potentielle | 20 % | 20 % | 53 % | 6 % | 100 % |
| Population totalement hors main d'œuvre | 45 % | 19 % | 24 % | 12 % | 100 % |
| - En formation | 70 % | 17 % | 13 % | 0 % | 100 % |
| - Exclusivement consacrée aux tâches domestiques | 33 % | 20 % | 29 % | 17 % | 100 % |

Source : ENESIG 2018-2019

Parmi les jeunes de la classe d'âge des 15-24 ans, près de 70 % font partie de la population totalement hors main d'œuvre, avec près de la moitié de cette catégorie en formation et un peu moins que la moitié exclusivement consacrée aux tâches domestiques.

Tableau 7. Structure de la population en âge de travail selon le statut d'activité et les classes d'âge

| | 15-24 | 25-34 | 35-64 | 65 et + | Ensemble |
|---|---|---|---|---|---|
| **Population en âge de travail** | 100 % | 100 % | 100 % | 100 % | 100 % |
| **Population active** | 29 % | 63 % | 70 % | 38 % | 54 % |
| **Population active occupée** | 27 % | 58 % | 68 % | 37 % | 52 % |
| **Chômeurs** | 2 % | 5 % | 2 % | 1 % | 3 % |
| **Main d'œuvre potentielle** | 2 % | 3 % | 5 % | 3 % | 3 % |
| **Population totalement hors main d'œuvre** | 69 % | 34 % | 25 % | 60 % | 42 % |
| **- En formation** | 35 % | 10 % | 4 % | 0 % | 14 % |
| **- Exclusivement consacrée aux tâches domestiques** | 34 % | 24 % | 21 % | 60 % | 29 % |

Source : ENESIG 2018-2019

Pour les 15-34 ans, le poids des personnes totalement hors main d'œuvre est de 34 %. Seulement 30 % de la catégorie hors main d'œuvre de cette classe d'âge est en formation et 70 % ont une activité exclusivement consacrée aux tâches domestiques. Les deux tiers de des 25-34 ans font partie de la main d'œuvre ou de la main d'œuvre potentielle.

### 4.1.2. L'insertion économique des jeunes

Les jeunes qui ne sont ni en emploi, ni en éducation ou formation sont désignés par l'expression NEET (Youth not in employment, education or training). La proportion de ces personnes parmi les jeunes de la tranche d'age, représente un indicateur complémentaire au taux de chômage et au taux d'emploi des jeunes.

Tableau 8. Proportion ( %) des jeunes (15-35 ans) ni en emploi, ni en éducation, ni en formation selon le statut migratoire, le milieu de résidence et le sexe

| Statut migratoire | Urbain | | | Rural | | | Ensemble | | |
|---|---|---|---|---|---|---|---|---|---|
| | Masculin | Féminin | Ensemble | Masculin | Féminin | Ensemble | Masculin | Féminin | Ensemble |
| **Natif** | 20,9 | 36,8 | 30,0 | 25,6 | 51,1 | 41,0 | 23,8 | 46,1 | 37,1 |
| **Migrant** | 24,8 | 44,1 | 36,7 | 17,3 | 54,6 | 42,2 | 23,2 | 46,9 | 38,0 |
| **Total** | 21,9 | 38,8 | 31,8 | 25,1 | 51,2 | 41,0 | 23,7 | 46,1 | 37,1 |

Source : ENESIG 2018-2019

L'ENESIG 2018-2019 distingue le statut migratoire, en distinguant le statut des natifs qui renvoie au lieu de naissance dans la localité où l'enquête est effectuée et le statut des migrants qui sont les personnes nées en dehors de la localité où l'enquête est effectuée.

Dans l'ensemble, les jeunes natifs seraient mieux intégrés dans la formation et l'emploi que les migrants, puisque le taux des jeunes NEET est plus élevé parmi les migrants. Aussi, le taux des jeunes NEET est plus élevé chez les jeunes femmes (46 %) que chez les jeunes hommes (24 %) et reste plus élevé en milieu rural (41 % contre 32 % en milieu urbain). A noter que parmi les jeunes hommes (15-34 ans) en milieu rural, les migrants qui ne sont ni en emploi ni en éducation/formation atteint 17 % contre 26 % chez les jeunes natifs.

Parmi les jeunes femmes de 15-34 ans, la proportion des jeunes NEET est très élevé en milieu rural, avec une moyenne nationale de 51 % pour l'ensemble du pays, un taux très élevé à Faranah (68,4 %), ainsi qu'à Kankan et à Mamou.

**Tableau 9. Proportion (%) des jeunes (15-35 ans) ni en emploi, ni en éducation, ni en formation par région selon le milieu de résidence et le sexe**

| | Urbain | | | Rural | | | Ensemble | | |
|---|---|---|---|---|---|---|---|---|---|
| | Masculin | Féminin | Ensemble | Masculin | Féminin | Ensemble | Masculin | Féminin | Ensemble |
| Boké | 19,6 | 42,6 | 32,3 | 31,5 | 48,0 | 40,7 | 28,0 | 46,4 | 38,3 |
| Conakry | 27,4 | 37,7 | 33,3 | - | - | - | 27,4 | 37,7 | 33,3 |
| Faranah | 12,9 | 39,3 | 27,8 | 27,0 | 68,4 | 53,0 | 23,5 | 62,6 | 47,5 |
| Kankan | 14,9 | 42,1 | 30,0 | 13,7 | 50,3 | 36,1 | 14,0 | 48,5 | 34,6 |
| Kindia | 21,5 | 43,6 | 36,1 | 24,4 | 38,5 | 33,2 | 23,3 | 40,5 | 34,3 |
| Labé | 15,4 | 41,8 | 31,2 | 17,9 | 42,5 | 32,9 | 21,4 | 45,6 | 36,0 |
| Mamou | 20,5 | 31,4 | 27,1 | 20,0 | 50,2 | 39,8 | 20,1 | 47,0 | 37,5 |
| N'Zérékoré | 8,3 | 31,7 | 22,7 | 15,2 | 38,1 | 27,8 | 13,6 | 36,3 | 26,5 |
| Total | 21,9 | 38,8 | 31,8 | 25,1 | 51,2 | 41,0 | 23,7 | 46,1 | 37,1 |

Source : ENESIG 2018-2019

C'est à Nzérékoré que le taux des jeunes NEET est le plus bas en milieu urbain et en milieu rural. La région de Conakry présente le taux de jeunes NEETs le plus élevé parmi les jeunes hommes.

**Tableau 10. Proportion des jeunes (15-35 ans) ni en emploi, ni en éducation, ni en formation par statut de handicap selon le milieu de résidence et le sexe (%)**

| Statut de handicap | Urbain | | | Rural | | | Ensemble | | |
|---|---|---|---|---|---|---|---|---|---|
| | Masculin | Féminin | Ensemble | Masculin | Féminin | Ensemble | Masculin | Féminin | Ensemble |
| **Sans handicap** | 21,4 | 38,7 | 31,6 | 23,0 | 50,2 | 39,8 | 22,3 | 45,5 | 36,3 |
| **Avec handicap** | 43,7 | 50,8 | 46,6 | 67,1 | 92,7 | 77,7 | 61,0 | 81,9 | 69,6 |
| **Total** | 21,9 | 38,8 | 31,8 | 25,1 | 51,2 | 41,0 | 23,7 | 46,1 | 37,1 |

Source : ENESIG 2018-2019

Bien que la population des jeunes handicapés soit une faible proportion de la population des jeunes, il est important de souligner le grave déficit d'insertion des jeunes vivant avec un handicap, en milieu urbain et en milieu rural, avec un taux de NEET très élevé parmi les jeunes femmes handicapées en milieu rural (92,7 %).

### 4.1.3. Le statut social des jeunes

Le positionnement des jeunes par rapport à l'emploi est à établir au regard de différentes institutions, qui sont l'Etat, le marché, le ménage ou la communauté, qui interagissent selon des spécificités propres à la Guinée et à ses différentes régions géographiques.

L'Etat est détenteur du pouvoir politique qu'il exerce par le biais de la loi et des règlements et d'un appareil administratif, employant des corps spécialisés dans la réalisation des diverses fonctions assumées par l'Etat. Le marché est une réalité sociale mettant en relation des espaces communautaires disposant de droits sur des territoires définis de façon à leur assurer la couverture de leurs besoins individuels et collectifs (alimentaires, vestimentaires, logement, éducatifs et culturels). Les communautés régissent des règles, par exemple la mise à disposition des droits sur la terre et sur les ressources naturelles du territoire, la mobilisation des jeunes dans des activités économiques ou sociales, et dans le système éducatif.

## 4.2. Les Jeunes en formation et en éducation

### 4.2.1. La marginalisation des jeunes vis-à-vis du systeme d'éducation et de formation

Les données du RGPH 2014 montrent qu'une proportion importante des adultes de plus de 34 ans (plus de 4 personnes sur 5) n'avaient jamais fréquenté l'école. La proportion des jeunes n'ayant pas été scolarisés est aussi élevée : 71 % et 63 % des jeunes, respectivement, de 30-34 ans et de 25-29 ans n'avaient jamais fréquenté l'école, contre 51 % pour les jeunes de 20-24 ans et 45,5 % pour ceux de 15-19 ans.

**Figure 1. Fréquentation des établissements scolaires ou de formation en 2014 (en pourcentage de l'effectif de la classe d'âge)**

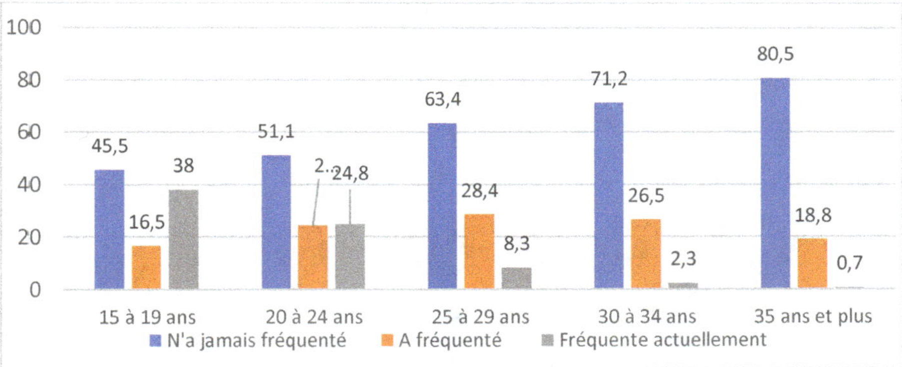


Source : RGPH 2014

En 2014, près de 25 % des jeunes de 20-24 ans étaient scolarisés et de 24 % étaient déscolarisés. Le taux de déscolarisation parmi les jeunes de 15-19 ans pour les 55 % qui ont fréquenté l'école était de 26,5 %. Le pourcentage de femmes n'ayant jamais fréquenté l'école est plus élevé que celui des hommes pour toutes les classes d'âge et il diminue avec l'âge (figures 16 et 17).

**Figure 2. Pourcentage de jeunes scolarisés en 2014 par classe d'âge et sexe**

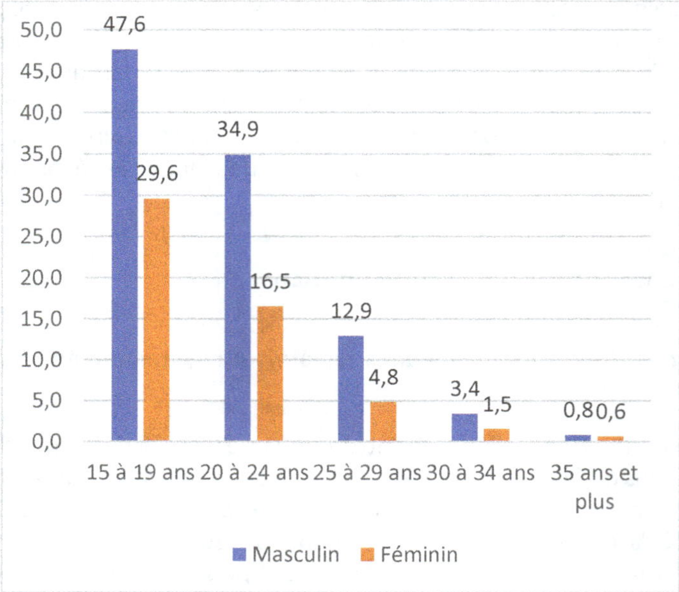


Source : RGPH 2014

**Figure 3. Pourcentage de jeunes n'ayant jamais fréquenté l'école observé en 2014 par classe d'âge et sexe**

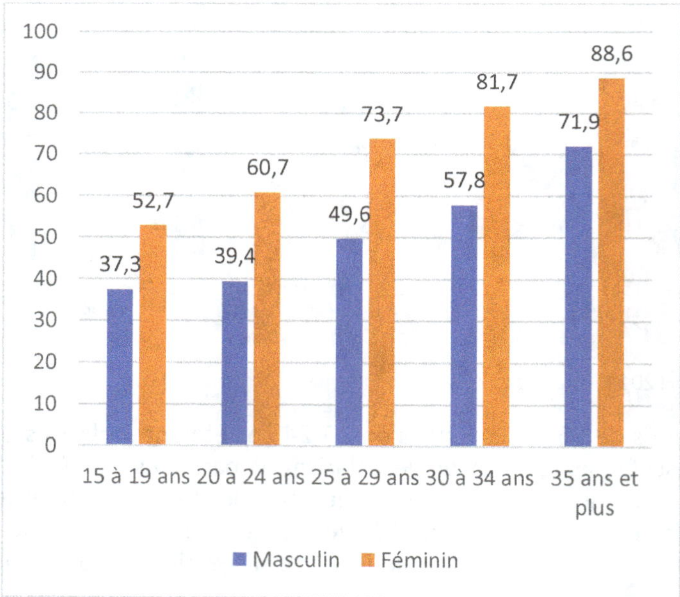


Source : RGPH 2014

C'est dans la région urbaine de Conakry que le taux de fréquentation de l'école des jeunes de 15-24 ans est le plus élevé, ainsi que la région de N'zérékoré. Dans toutes les autres régions, le taux de non-fréquentation scolaire est plus élevé que la moyenne nationale, notamment la région de Kankan.

**Figure 4. Pourcentage de jeunes de 15-24 ans n'ayant jamais fréquenté l'école par région observé en 2014**

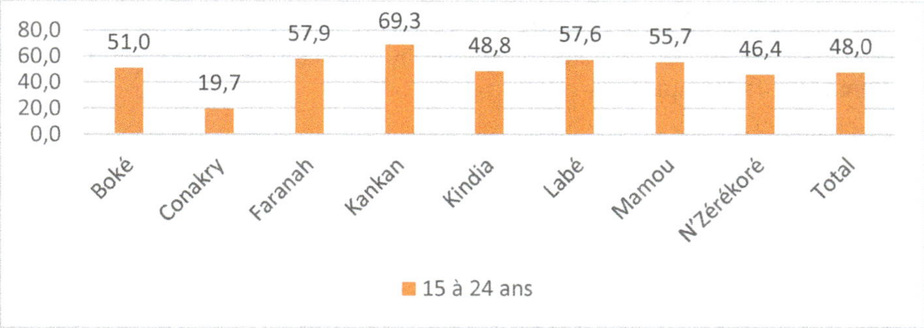


Source : RGPH 2014

### 4.2.2. Les modalités d'acquisition des compétences

En 2019, on estime que les deux-tiers des personnes occupant un emploi dans l'économie informelle ont appris leur métier seuls ou par la pratique. Un quart d'entre eux a été formé dans les petites entreprises et seulement 2,2 % d'entre eux ont appris le métier dans une école. Cette tendance reste la même suivant le sexe, le statut dans l'emploi et le milieu de résidence de l'actif occupé.

**Figure 5. Répartition (%) des travailleurs selon le type d'apprentissage de la main d'œuvre dans les UPI en 2019**

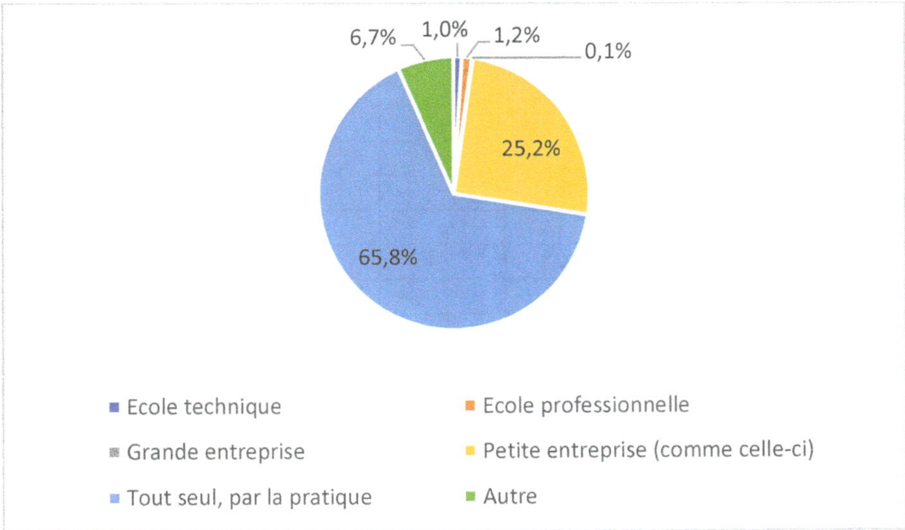

L'apprentissage dans les ateliers des artisans et les petites entreprises, concerne 29 % des travailleurs en milieu urbain et 17 % des travailleurs en milieu rural. L'apprentissage traditionnel bénéficie à 32 % des travailleurs hommes et 17 % des travailleuses.

### 4.2.3. Chômage et niveau scolaire des jeunes

D'après l'ENESIG 2019, la population de 15 à 34 ans représente de près de 3,3 millions, dont près 1,45 millions de personnes dans l'emploi et près de 113 000 de demandeurs d'emploi.

Les personnes qui pourraient potentiellement rentrer dans la main d'œuvre sont autour de 87 000. Les jeunes représentent 69 % de la population au chômage et 40 % de la main d'œuvre potentielle. En 2022, la cohorte des jeunes atteignant l'âge légal de travailler (15 ans) est de 313 000.

Le nombre de jeunes candidats à l'insertion dans un premier emploi est élevé. Toutefois, le problème de l'insertion est différent selon le niveau d'étude, en particluier dans l'accès à un emploi de qualité, mesurée par le niveau de revenu et la stabilité dans l'emploi. La qualité de l'emploi occupée s'améliore fortement pour les titulaires de diplômes supérieurs. Il en découle un effet d'attente dans l'insertion et un taux chomage nettement plus élevé parmi les lauréats de l'enseignement supérieur.

**Tableau 11. Taux de chômage des jeunes (15-34 ans) par région, milieu de résidence et sexe selon le niveau d'instruction**

| Région Administrative | Aucun | Primaire | Secondaire | Supérieur | Total |
|---|---|---|---|---|---|
| *Boké* | 2,0 | 3,7 | 6,7 | 46,7 | 3,7 |
| *Conakry* | 9,6 | 9,5 | 14,5 | 56,3 | 20,2 |
| *Faranah* | 4,5 | 1,5 | 3,7 | 45,2 | 1,3 |
| *Kankan* | 2,1 | 2,8 | 5,4 | 50,7 | 3,7 |
| *Kindia* | 4,5 | 2,6 | 7,0 | 46,7 | 3,2 |
| *Labé* | 4,6 | 4,8 | 7,2 | 48,7 | 5,7 |
| *Mamou* | 5,0 | 8,7 | 10,2 | 45,2 | 6,5 |
| *N'Zérékoré* | 4,5 | 4,8 | 3,1 | 50,4 | 1,3 |
| **Milieu de résidence** | | | | | |
| *Urbain* | 7,0 | 6,4 | 11,0 | 53,0 | 14,3 |
| *Rural* | 2,1 | 3,3 | 4,9 | 44,2 | 2,8 |
| **Sexe** | | | | | |
| *Masculin* | 3,3 | 4,5 | 8,4 | 49,5 | 7,7 |
| *Féminin* | 4,3 | 5,8 | 9,2 | 56,9 | 6,7 |
| **Ensemble** | 3,6 | 5,1 | 9,0 | 52,1 | 7,2 |

Source : ENESIG 2018-2019 tableau 6.16

## Conclusion

Les grandes tendances de l'emploi en Guinée, indiquent la prédominance des formes informelles, précaires et vulnérables dans l'emploi, e particulier parmi les femmes, les jeunes et les travailleurs en milieu rural.

Ces grandes tendances peuvent se résumer comme suit :

**1/ La main d'œuvre** représente 54% de la population en âge de travailler (15 ans et plus) et se compose de 3,8 millions de personnes dans l'emploi (activité économique générant un revenu) et près de 200,000 personnes au chômage (sans emploi, en recherche active et disponible). Ce taux de participation à la main d'œuvre connait une forte disparité selon le sexe : 44% chez les femmes de 15 ans et plus, contre 67% chez les hommes en âge de travailler.

Une proportion importante de la population en âge de travailler (46%) est engagée dans des activités non génératrices de revenu marchand, des activités de formation ou des activités bénévoles dans un cadre familial ou communautaire.

Parmi la population en âge de travailler, 28% ont au moins achevé le cycle primaire (16% en milieu rural) et 72% n'ont pas de niveau d'instruction, dont 61% n'ayant jamais été scolarisés. Les femmes représentent 55,5% de la population en âge de travailler, et 63% de la population de 15 ans et plus qui n'a jamais été scolarisée. Parmi la population totale en âge de travailler, ceux ayant un niveau égal ou supérieur au baccalauréat représentent 18,6% en milieu urbain contre 2,2% en milieu rural.

**2/ Les migrations** internationales des Guinéens sont motivées principalement par l'emploi. L'émigration guinéenne est historiquement composée d'une population jeune et orientée traditionnellement vers les pays de la sous-région. Elle représente moins de 5% de la population totale et la plupart des ressortissants (74 %) se trouvent dans les pays voisins contre 17 % en Europe. Les raisons professionnelles priment (56 %), ainsi que la formation (16 %) et le regroupement familial (13 %).

**3/ La population occupant un emploi** travaille aux deux-tiers en milieu rural, et les statuts dans l'emploi restent avant tout liés au travail indépendant et familial. Les principales composantes de l'emploi sont dans l'économie familiale ou communautaire et dans le secteur informel, avec des proportions très fortes des travailleurs à compte propre et de travailleurs familiaux, qui comptent pour 79% de la population dans l'emploi (88% en milieu rural, 59% en milieu urbain), en raison de la prédominance des activités du secteur informel. L'économie salariale compte pour 18% de l'emploi au niveau national (34% en milieu urbain).

**4/ L'analyse de la structure de la valeur ajoutée et de l'emploi** montre que le secteur agriculture, élevage, forêts et pêche contribue à un quart de la valeur ajoutée totale et représente 41% des emplois. Le commerce contribue à 17% de la valeur ajoutée totale et 29% des emplois. Le secteur manufacturier et industriel contribue à hauteur de 8% des emplois et de 8% à la valeur ajoutée nationale. Le secteur des activités extractives contribue à hauteur de 16% de la valeur ajoutée, et n'emploie que 3% de la main d'œuvre occupée. Le secteur des transports et des communications contribue à 4% de la valeur ajoutée et 3% des emplois et le secteur de la construction contribue à 3% des emplois et 4% de la valeur ajoutée totale.

Les secteurs les plus fortement employeurs (l'agriculture, élévage, forêts et pêches, le commerce, l'éducation et les autres services) présentent une valeur ajoutée très fortement inférieure à la moyenne nationale et dénote leur faible attractivité pour les entreprises et les travailleurs, en particulier dans certaines zones. Le déficit dans les services de base explique la migration interne et externe et l'exode vers les agglomérations urbaines les mieux servies.

Les grandes disparités en termes de productivité révèlent des disparités en termes de qualité des emplois occupées par type d'unités économiques. Les micro-entreprises non agricoles pèsent pour 62% des emplois, les exploitations agricoles familiales contribuent à 32% des emplois, l'administration publique regroupe 3,5% des emplois, et les PME contribuent à 2,1% des emplois tandis que les grandes entreprises contribuent à 0,4% des emplois occupés (ENESIG, 2019).

5/ **Les déficits quantitatifs** de l'emploi se conjuguent avec **des déficits qualitatifs** :

- **Le taux d'emploi atteint 52%** au niveau national et il est nettement plus élevé chez les hommes (64% contre 42% chez les femmes en âge de travailler). Le taux d'emploi est plus élevé en milieu rural (55%, contre 46% en milieu urbain).

- **Le taux de chômage urbain** est nettement plus élevé, soit 9,5% contre 2,1% en milieu rural. Il est également plus élevé chez les hommes en milieu urbain (soit 11,1% contre 7,1% chez les femmes) alors qu'il est relativement plus élevé chez les femmes en milieu rural (soit 3,2% contre 1,4% chez les hommes). Aussi, le taux de chômage touche 37% des diplômés du supérieur et près de 7% des diplômés du secondaire.

- **L'analyse du taux combiné du chômage et du sous-emploi lié au temps de travail** montre que plus d'un tiers de la main d'œuvre (35%) est concernée, en particulier en milieu urbain (38%), chez les femmes (39%) et chez les jeunes de 15 à 34 ans (38%). Ce taux est aussi élevé chez les personnes handicapées (45%) et chez les personnes migrantes (36%).

- **L'analyse du taux combiné du chômage et de la main-d'œuvre potentielle** indique que 10,4% de la main d'œuvre élargie est sous-utilisée. Ce taux est relativement plus élevé à Conakry (22%), en milieu urbain (16%), chez les femmes (12%), chez les jeunes de 15-24 ans (13%) et chez les personnes migrantes (14%).

- **L'analyse de l'indicateur composite qui intègre les chômeurs, les personnes en situation de sous-emploi lié à la durée du travail et la main d'œuvre potentielle** indique de fortes disparités. Ce taux atteint 38,5% de la main d'œuvre au niveau national, avec des niveaux plus élevés chez les femmes (43% contre 35% chez les hommes), chez les jeunes de 15 à 34 ans (33%) et en milieu urbain (42% contre 36% en milieu rural). Enfin, près de 49% de personnes handicapées et 41% des personnes migrantes sont concernées par la sous-utilisation de leur force de travail.

- Aussi, **95,6% des personnes en emploi exercent un emploi informel**. La part de l'emploi informel atteint 97,5% dans le secteur primaire et le 96,4% dans le secteur tertiaire, contre 94,2% dans le secteur secondaire.

- Les deux-tiers des personnes occupant un emploi dans l'économie informelle ont appris leur métier seuls ou par la pratique. Un quart d'entre elles a été formé dans les petites entreprises et seulement 2,2% d'entre eux ont appris le métier dans une école. L'apprentissage dans les ateliers des artisans et les petites entreprises, concerne 29% des travailleurs en milieu urbain et 17% des travailleurs en milieu rural. L'apprentissage traditionnel bénéficie à 32% des travailleurs hommes et 17% des travailleuses.

- **Le revenu moyen mensuel** tiré de l'emploi des travailleurs dans le secteur informel est estimé à 502 659 GNF et le revenu médian à 450 000 GNF.

- **Le taux d'emploi vulnérable** – proportion des travailleurs à compte propre et travailleurs familiaux non rémunérés dans l'emploi total - atteint 83% des personnes en emploi. Il atteint 91 % en milieu rural contre 68 % en milieu urbain.

6/ **La situation précaire des jeunes dans l'emploi**

- Les jeunes (15 à 35 ans) représentent 52% de la population en âge de travailler

- Les jeunes représentent 43% de la population occupant un emploi ou à la recherche d'un emploi, et 31% de la population occupant un emploi, au niveau national.

- Les jeunes représentent 69% de la population en situation de chômage (sans emplois, à la recherche d'un emploi et disponibles).

- La proportion des jeunes ni dans l'emploi ni en formation ou éducation atteint 37% au niveau national. Ce taux est plus élevé chez les jeunes femmes soit 46 %, contre 24% chez les jeunes hommes. Il est aussi plus élevé en milieu rural soit 41% contre 32% en milieu urbain. Aussi, parmi les jeunes hommes en milieu rural, les migrants qui ne sont ni en emploi ni en éducation/formation atteint 17% contre 26% chez les jeunes natifs.

Maquette et réalisation : L'HARMATTAN GUINEE

## Structures éditoriales du groupe L'Harmattan


**L'Harmattan Italie**
Via degli Artisti, 15
10124 Torino
harmattan.italia@gmail.com

**L'Harmattan Hongrie**
Kossuth l. u. 14-16.
1053 Budapest
harmattan@harmattan.hu

**L'Harmattan Sénégal**
10 VDN SICAP AMITIE 3
BP 45034 Dakar-Fann
direction@senharmattan.com

**L'Harmattan Cameroun**
Tsinga/Derrière polyclinique FECAFOOT
BP 11486 Yaoundé
Jacques.koukam@harmattan.fr

**L'Harmattan Burkina Faso**
Villa 281, secteur 23 623, rue 14.32
Ouagadougou
zagbie@outlook.fr

**L'Harmattan Guinée**
Almamya, rue KA 028 OKB Agency
BP 3470 Conakry
harmattanguinee@yahoo.fr

**L'Harmattan RDC**
185, avenue Nyangwe
Commune de Lingwala - Kinshasa
matangilamusadila@yahoo.fr

**L'Harmattan Congo**
219, avenue Nelson Mandela
BP 2874 Brazzaville
deunovmikhael@gmail.com

**L'Harmattan Mali**
Immeuble Mgr Jean Marie Cissé
Aci Hamadallaye
BP 145 Bamako
syllaka@yahoo.fr

**L'Harmattan Togo**
Djidjole - Maison Amela
face EPP BATOME
02 BP 20680 Lomé
didieramela11@gmail.com

**L'Harmattan Côte d'Ivoire**
Résidence Karl - Cité des Arts
Abidjan-Cocody
03 BP 1588 Abidjan
harmattan.ivoire@gmail.com

**L'Harmattan Bénin**
Rue 604, (Immeuble à l'entrée
de la rue UCAO- Cite de Saint-Jean)
Cotonou
stepcorpus@gmail.com


## Nos librairies en France


**Librairie internationale**
16, rue des Écoles
75005 Paris
librairie.internationale@harmattan.fr
01 40 46 79 11
www.librairieharmattan.com

**Librairie des savoirs**
21, rue des Écoles
75005 Paris
librairie.sh@harmattan.fr
01 46 34 13 71
www.librairieharmattansh.com

www.ingramcontent.com/pod-product-compliance
Lightning Source LLC
LaVergne TN
LVHW080929071026
849535LV00013B/4149

* 9 7 8 2 3 3 6 5 1 3 2 2 5 *